若き日の田沼意次（鈴木白華作、静岡県、牧之原市史料館蔵）

一橋治済（茨城県立歴史館蔵）

田沼意次・意知父子を誰が消し去った？

海外文書で浮かび上がる人物

著
秦　新二
竹之下誠一

目次

第四章　一橋治済の確信的大陰謀

第五章　田沼意次から松平定信へ――権力争奪戦

《凡　例》

・引用文中の著者注は［　］で表記した。
・オランダ語の文献は、原文を翻訳・適宜要約し、〈　〉で示した。
・文書や古書からの引用は、現代語訳になおして意訳した。
・『星月夜萬八実録』は現代語訳して意訳し、〈　〉で示した。また、筆者注は適宜［　］で表記した。

《お断わり》

・本書は、『田沼意次・百年早い開国計画――海外文書から浮上する新事実』（文藝春秋社　二〇二二年刊）に加筆・修正を施したものである。

プロローグ

田沼意次《おきつぐ》は江戸中期の悪徳老中と言われ、二百数十年もの間、悪名のレッテルを張り続けられている。なぜかというと、歴史の中から当時の政治に関する資料すべてが跡形もなく消されているからだ。その後の政権が悪名のみを語り続け、歴史家たちもまるで真実のように悪徳を書き続けている。

だが、当時の資料を丹念に調べていくと、そうではないということがよくわかる。具体的にそれら国内外の資料をつなぎ合わせ、田沼の悪業を改定するにはあまりにも断片的すぎるものばかりで、調査には時間がかかった。しかしながら、私たちは田沼の悪名を晴らすことを主にするつもりはない。その背後に隠された田沼意次の開国計画と政治没落、開国計画を阻止した、陰に隠された壮大な幕内クーデターを暴くことだった。

それは、田沼政権が終わるターニングポイントであった。封建制において、将軍擁立時における宿命である。田沼意次は、第十代将軍家治《いえはる》の息子・徳川家基《とくがわいえもと》に将軍職を継がせることができなかった。御三卿《ごさんきょう》の一橋家斉《ひとつばしいえなり》に継ぐしかなく、この継承を意次は成功と思っていたが、そこには大きな罠が仕掛けられていた。

以前から指摘されていることではあるが、田沼を消し去った人物は、のちの政権をとった御三卿一橋家当主の徳川治済《とくがわはるさだ》なのである。このことは一部では言われていたが、はっきりした証拠がなかった。彼は我が子の家斉を将軍職に就け、自ら大御所になろうとした影の人物だった。一橋家はそれ以降、封建上のトップである将軍職を独占していき、十四代の徳川家茂《いえもち》（紀伊徳川家に養子に行った家斉の子・斉順の嫡男・慶福《よしとみ》）まで続くことになる。

したがって、すべての文書等について破棄・改竄《かいざん》するなどのコントロールは一橋家でできることであり、田沼に関する文書を破棄することは難しいことではなかった。また、当時、一橋治済と田沼意次らは互いにあるときは協力し、あるときは利も得るなど、とても微妙な関係であったのである。しかし、一七八〇（安永九）年、前年に没した次期将軍と予定された徳川家基の事件をきっかけに、治済は裏切りと言われてもしかたがないような形で意次から手を引いた。そのうえ天候不順、災害、飢《き》饉《きん》も意次に追い討ちをかけた。根本的には意次の近代的政治は、天候不順もあり、オランダよりもたらされた進歩的間接税などの導入で税負担が重くのしかかったことで、豪商、大名、そして庶民に受け入れられなかった。

私たちはオランダ国立公文書館で、三五年ほど前（一九八六年）に、シーボルトの文書を発見し、シーボルト事件の真相を解明した。そのときの影の中心人物が島津重豪《しげひで》であり、盟友の一橋（徳川）治済であった。

シーボルト事件（一八二八年）の後、治済は没し、それは田沼失脚の最終局面でもあった。手を下したのは、治済の実子・将軍徳川家斉である。意次が家斉将軍職に手を貸していたことはほぼ間違いない。つまり、歴史は数十年の月日をかけ、そこまでつながっていたのだ。のちに家斉は眼病になり、将軍になるはずだった大納言・徳川家基と田沼の亡霊に苛《さいな》まれ、父・治済のおこなった悪業に怯えていた。その将軍側の資料から、私たちはオランダでも日本でも何十人ものリサーチャーを雇い三〇年の歳月をかけ、オランダの公文書を調べ翻訳した。そして若き日の田沼意次、一橋治済の姿を映し出すいくつかのできごとを知りえた。日本の公開文書とは大きく違っていたのである。

それによると、田沼意次は吉宗が残した膨大な紅葉山《もみじやま》文庫の文書、書籍を利用し、奇才なる人物もいて、経済の発展を計画していた。意次が長崎や箱館を開港し、利根川と江戸湾を結ぶ運河を造り、江戸開港を目論んでいたということもわかってきた。それればかりか、オランダ船トレンペンバーグ号を借り受け、コピーした船を造船（三国丸《さんごくまる》）し、日本人水夫を育成していた。

その船は、完成の翌一七八七年六月二日（天明七年四月十六日）、処女航海で箱館から俵物を積んで長崎に帰ってくる途中、隠岐《おき》の北西海上でラ・ペルーズ率いるフランス艦隊と遭遇している。ラ・ペルーズ乗艦隊は国王ルイ十六世の命を受け、太平洋を探検調査の途中で日本海を北上中であった。北緯三七度三八分、東経一三二度一〇分で目撃した日本船二艘のうち、一艘は乗組員の顔が見えるほどの至近距離で通過し、おたがいに声を掛け合ったという。フランス艦隊のプロンドラ海軍中尉がその日本船をスケッチ（一四三頁参照）していた。日本人の水夫は洋風の服装をしていた。

このことはオランダ側の資料からも裏付けられている。長崎のオランダ商館長ウルプスからチンスラのティチングに宛てた一七八七年十一月三十日付の手紙のなかに次のような記述がある。

「昨年、オランダ式の約一〇〇フィートのバーク船が造られた。その船は何日か前にここの入り江に投錨した。船長は隠岐国の近くで二隻の三本マストの船をみたと報告した。おたがいにだいぶ近くを通過して、親しく挨拶を交わした。彼らはオランダ式の服装をしていたという」

一橋治済が自らすべての指示を出していたということを証明するいくつかの文書がある。ひとつ目は松平定信の老中昇進である。松平定信が最終的に老中になるまでには、かなりの紆余曲折があったようで、一橋治済が関与していたことが、一七八七（天明七）年二月六日の記事（水戸徳川家文書「文公御筆類」）によってわかる。大奥老女大崎が市ヶ谷の尾張邸を訪ね、尾張宗睦《むねちか》に次のように尋ねた。

大崎が「将軍家斉様が老中水野忠友に松平定信を老中にすることについて聞いたところ、忠友は同意せず、そのことを家斉付の老女の私に相談してきました。尾張様はどのようにお考えですか」と尾張の徳川宗睦に聞いたところ、宗睦は、これを紀州と水戸に伝え、連名で「いかがしたらよいでしょうか」と治済に意見を求めてきた。筆まめの治済は早速返事を書いたが、これは将軍職を狙った定信へのいやがらせであると同時に、将軍家と御三家への配慮だった。

「家重公がいっておられたのは外戚のことであり、定信は、御三家や治済と先祖が同じなので九代将軍家重の意向に背くものではありません。御老女より将軍のお耳に入れられたらよいのではないでしょうか」

一週間後の二月十三日、尾張邸で、尾張と水戸はそのことを老女・大崎に伝えた。しかし、このことについては治済はすでに将軍家斉から聞いて知っていたのであり、形式上おこなわれたにすぎなかった。のちに大崎が尾張邸を訪れて、尾張宗睦に対面したとき、次のようなことを述べたという。

「先日、一橋邸に花見に招かれた際、一橋邸老女高橋を通して、治済様の作られた書付けをみせられました。その書付けには名が書かれ、奏者番松平乗完《のりさだ》、寺社奉行阿部正倫《まさとも》、それに奏者番板倉勝尭《かつとし》、秋元永朝《つねとも》の名があったのです。高橋が治済様の言葉としていうには、『これらの者は人柄がよくないので、老中に起用しないように大崎から高岳を始めとする大奥の老女へ伝えるように』とのことでした。しかし、私［大崎］は、このようにいつも治済様があれこれと将軍様に指示するのはいかがなものかと思ったので、『人事については、御三家が御相談のうえで決まったものを大崎が承り、それを大奥の老女高岳に伝えるようにしたい』と答えました」

宗睦もこの回答を了承したが、治済はこのように大奥を通じ、老中職にまであれこれと注文をつけていたのである。御三家も面白くなかったらしく、三月六日、尾張宗睦と水戸治保《はるもり》は、次のような手紙を治済に送っている。

「先日、治済様より一両日中は政務の用件について、将軍様ではなく治済様へ相談するように御三家でも了承して頂きたいという要望が出ましたが、御三家としても、検討を重ねた結果、情勢はいまだもってはっきりせず、治済様の御身分もはっきりしないので、いまのところ治済様に相談する件、保留にしたいと思います」

さらに、後にも説明する治済の性格を示す文書もある。一七八七（天明七）年十月に入ると、田沼意次が蟄居《ちっきょ》させられ、三万七〇〇〇石は没収されることになった。田沼派への粛清はすさまじかった。

その張本人が一橋治済とわかる経緯は、次のようなものである。五月二十三日、水戸治保は本丸大奥の親しい老女大崎をまたも藩邸に招いた。大崎が語るところによると、

「先日、使者として一橋邸に赴いたとき、治済様は、いまもって田沼意次以来の風潮が止まらないと嘆き、なかでも側衆横田準松《のりとし》の人柄がよろしくないので排除する方法はないものだろうかと聞かれました。私は『このことはたいへん難しく、自分の手には余るものです』と答えました。それに、五月一日に横田が三〇〇〇石加増されたのは、実は、元々は五〇〇〇石と決まっていたのを、老女たちの意見により三〇〇〇石に止められたということでした」

このころには田沼派の凋落は明らかで、家斉付きとはいえ、どちらかといえば田沼派だった大崎も今や一橋派といってもよいくらいに御三卿と親密な関係を持つようになっていた。

しかし、治済の要請にもかかわらず、逆に横田準松の出世はかなりの勢いだった。もともと側衆として家斉を補佐する役目だったが、田沼派のなかでも一橋治済には邪魔な存在だった。横田はもともと定信の老中就任に反対だった。ところが、同じ年の五月から六月の江戸の打ちこわしの続発にからんで、ある日突然側衆を免ぜられ、菊之間縁頬詰となってしまったのである。

この人事の直接の原因は『天明期の御庭番打ちこわし報告』であり、横田が江戸の打ちこわしの状況を将軍に報告しなかったという落ち度のためだった。一橋と深い関係にある村垣、明楽《あけら》、それに川村などの御庭番が江戸市中を徘徊し、とくに村垣は克明な報告を一橋治済に提出していたのだ。治済

は、この打ちこわしを巧みに利用し、将軍への報告義務が少し遅れた横田を失脚させてしまったのである。しかし、江戸時代を通して最大の打ちこわし事件の結果は、あまりにも統率が取れ、手際がよくできすぎている。

五月二十日の赤坂・米屋襲撃に始まり、江戸各所に波及していくこの事件は、明らかに計画的で、ただの自然発生的な打ちこわしとは思えない。村垣ら御庭番が克明に報告書としてまとめること自体、一橋治済の手によって起こされた江戸打ちこわし事件と思われても仕方ないだろう。そのうえ首謀者は特定できず、捕まった者は二三人の無宿人にすぎなかった。

打ちこわし事件が終了し、治済はそれを利用して横田を解任に追い込み、一カ月後の、六月十九日、松平越中守定信はようやく老中に就任した。定信がなかなか老中になれなかったのも、急転直下老中に就任したのも、鍵を握っていたのは側衆御用取次の横田であった。

御庭番が諸国の調査「遠国御用」に出向く時に作成した御証文を読み解くと横田がいかに田沼派の大物だったかがわかる。田沼派の御用取次・横田準松は、松平定信の老中就任を阻害した張本人であり、逆に定信派の御用取次・小笠原信喜《のぶよし》は、一橋治済の意をうけて定信の老中首座就任実現にきわめて重大な役割を果たしており、田沼時代末期のこの政争にみられるように、田沼時代の御用取次は老中の人事をも左右するほどの強大な権勢をふるったのである。

そして側衆御用取次の手足あるいは治済の手足、耳となって、あらゆる情報を集めていたのが御庭番だったのである。「御証文」には、御庭番の情報収集活動の様子が説明されている。

一七八七（天明七）年七月の史料に記載された大名は一〇〇名以上、遠国奉行（所）は七名（箇所）、幕府代官（所）は十一名（箇所）に及ぶ。その探索内容は不明だが、将軍直属の隠密である御庭番の探索は前もって実情を把握するうえで重要な意味があったものと思われ、たとえ御三家や大老・老中の国許といえども例外ではなかったのである。結果、治済は態度を覆し、念願の松平定信を老中にさせた。次には意次の追い落としに走る。

八月十五日、治済は尾張宗睦と水戸治保に書状を送り、次のように指示した。

「昨年十月、田沼意次の処分について意見を述べましたが、その後、意次の諸悪が露見することもなくこのまま済んでしまってはあまりに安直すぎ、まったくもってよくないと思います。意次の領地である遠江国相良《さがら》は土地柄も良く、これを取り上げて転封すれば、意次にとっては大きな痛手となり、民衆も納得して新しい政策を受け入れるでしょう。もし、尾張と水戸、そして紀伊がこの案に同調して頂けるなら、御三家からも老中に申し入れて頂きたいと思います」

田沼意次の諸悪が露見することはなかったと、治済は正直に述べている。これは、田沼意次にそれほどの悪業はなかったことを意味する。実際、治済は田沼意次の悪業を調べさせるために配下の目付を放っていたが、その目付は「何も悪《あし》きことなき」という報告を送り、治済はことのほか困っていた。田沼を蟄居させ、所領三万七〇〇〇石を召しあげる計画は、治済が思いつきで書いた一通の手紙により御三家に伝えられた。

八月二十五日、尾張と水戸から治済に返事が届く。

「我々、水戸・尾張も治済様の意見に賛成でございます。八月二十三日に麹町の紀伊邸にて紀伊治貞《はるさだ》様とよく話し合ってみたところ、紀伊治貞様も賛成されたので、来月一日に登城したおり、老中に正式に伝えることに致します」

結果は歴史に残っている通り、十月二日、意次は所領三万七〇〇〇石を没収され、隠居・蟄居を命じられた。家名は孫の意明《おきあき》に相続（一万石）が許されたが、遠江国相良城は正式に幕府に引き渡された。意次は心身疲れ、病気になったという噂が広がった。

このようにしてほんの少し残されていた書状類をみていくと、政治の真の姿がみえてくる。のちに、意次の相良領は、一旦は幕府領（天領）となったが、一七九三（寛政五）年には一橋治済のものとなり、治済が意次から奪ったのは明白だった。

従来、松平定信が次々と打ち出す政策や田沼追い落としは、すべて松平定信が「田沼憎し」の気持ちからおこなってきたものと見なされてきたが、右に示した手紙や経緯からわかるように、根本の部分で一橋治済がすべてを操り、人事を決定していたのである。松平定信は人事の大部分に関与せず、ただ治済の望み通りに田沼派を罷免していったのかもしれない。

冒頭でも述べたが、私たちは田沼の悪業のみを見直すつもりはない。この時代に起こった真実に近い、開国計画、それを阻止した幕府内の最大クーデターを見ることだ。そこには、オランダの開国要求やロシアの南下も脅威となり、田沼意次の開国計画、つまり、禁令を破ってほしくない保守派がいた。その筆頭であり、さらに封建上の将軍職を息子・家斉に継がせ、徳川幕府を思い通りに操りたかった人物、それが一橋治済だった。これまでの日本国内の歴史の動きもさることながら、海外から見た日本の歴史と比較しよく見ていくと、歴史はいかに歪曲されていたかがわかる。それは、驚くばかりの内容であった。

しかし最後には、田沼を陥れた黒幕・治済にも、考えさえしなかった大どんでん返しが待っていた。それは、治済自身も思いもよらない信じがたい結末であった。

まずは田沼意次の活躍した時代に立ち返り、当時の莫大な資料をもとに、百年早い開国の事実を紐解き、田沼政権終焉のきっかけを徹底的に紐解いていくことにしよう。

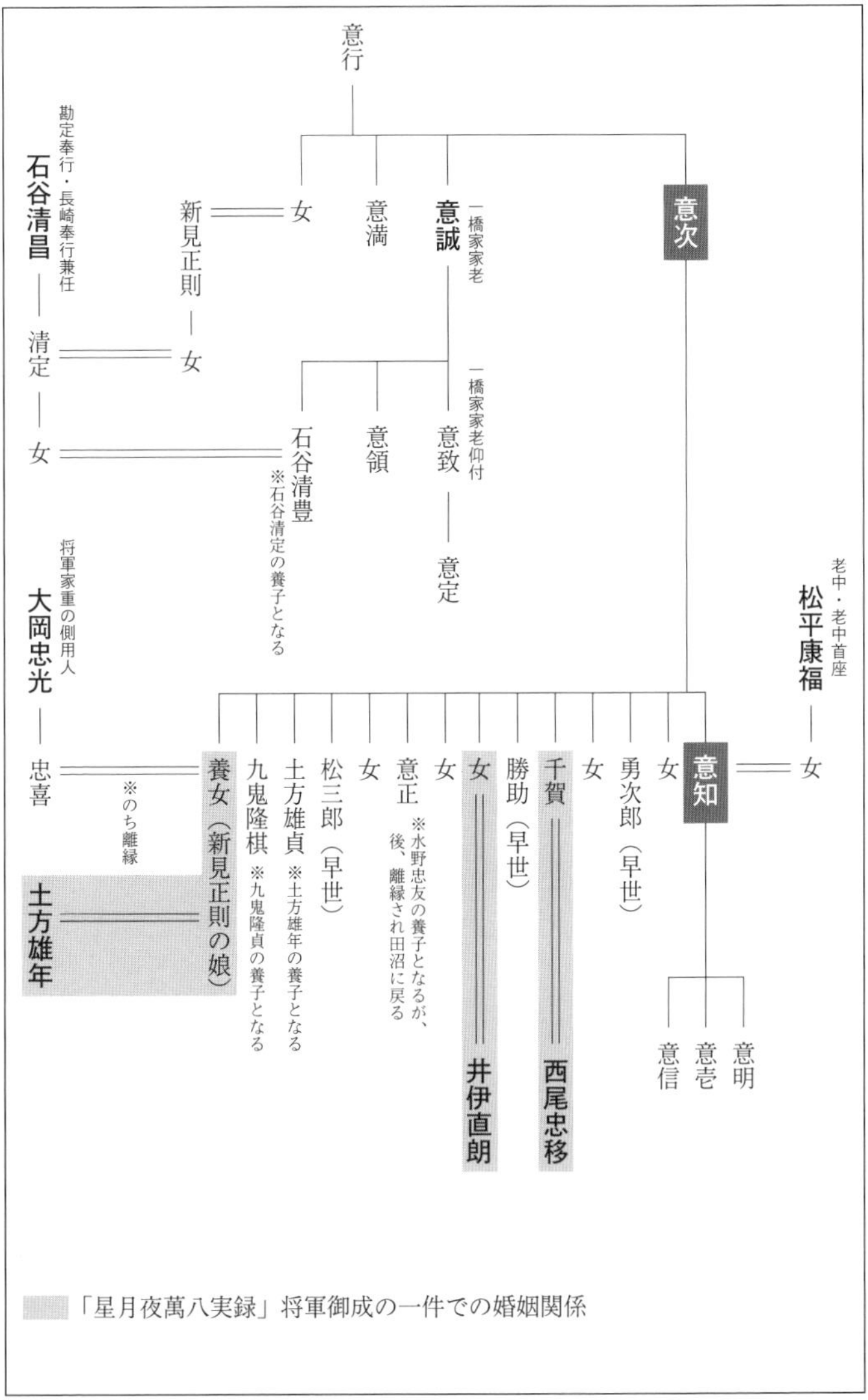

田沼意次の系図と婚姻関係

第一章・田沼意次の重商政策

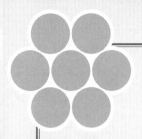

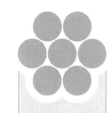

1　徳川吉宗の治政と海外交易

大御所政治と田沼意次

田沼意次を語る前にまず説明しておかなければならない人物、それは八代将軍徳川吉宗である。一七四五（延享二）年九月二十五日、吉宗は宿敵老中松平乗邑《のりさと》を辞任させ息子・家重に政権を譲り、九代将軍徳川家重が誕生した。吉宗は「大御所」として残り、言語不明瞭である家重に代わって政務をおこなった。なお、大御所となった将軍は、家康と吉宗だけであった。田沼意次は、家重の小姓でこのとき二十七歳。家重が将軍になると本丸に移り、小姓組番頭格から同番頭になった。

吉宗は「大御所」となり、将軍職を長男の家重に譲ったが、二男・宗武《むねたけ》を田安家、四男・宗尹《むねただ》を一橋家とし、吉宗の死後、家重の子・重好《しげよし》を清水家とすることで、御三卿の地位が生まれた。これは長男を第一とする朱子学の影響もあったが、オランダ商館を通じて聞いていたヨーロッパの混乱を日本では起こしてはならない、という吉宗の強い意志でもあった。事実、英蘭戦争は第一次、第二次、第三次と続き、最後はイギリスのヨーク公の娘メアリーをオランダのウィレム三世に嫁がせることで同盟を結んだ。吉宗はこうした事態が幕府に起こることを恐れていた。そのための家重の将軍就任であり、御三卿の設立であった。ところが、この御三卿がのちに幕府内の大事件につながっていく。

享保の改革ばかりが注目されるが、吉宗のおこなった米《こめ》政策の裏には、実はオランダ商館を通じてもたらされる書物や情報がベースにあった。これは、私たちがオランダ関連の書物を調査してわかったことである。東アジアの小さな島国である日本の運命を変えようとする吉宗の指示を受けた人物、田沼意次の登場まで、あと十数年である。

九代将軍家重の時代になっても政治は変わることなく、吉宗が大御所として実質的な指揮を取り、吉宗亡きあとは将軍家重の御用取次が、吉宗の政治を継承していくことになる。

吉宗の大御所時代、意次は吉宗が亡くなるまで仕え、吉宗も政治などを包み隠さず教えた。一七二〇（享保五）年、吉宗の指示のもと、禁書令を一部解除した。キリスト教に関係ない漢訳洋書の輸入を認めたのだ。結果、意次は紅葉山文庫の文書にアクセスして多くの情報を手に入れ、吉宗のおこなった政策を自分の目で見て吸収し、家重の側近として日増しに力を持ち、次第に頭角を現していった。意次自身が政治の中枢（老中）になったときには、吉宗が超えられなかったものを、側近として超えようとしていた。意次は、吉宗の大御所時代の六年間に国政運営の術を体得し、紅葉山文庫、西の丸などで二十七歳になるまでに基礎学問を身につけた。本丸に移った翌一七四六（延享三）年にはすぐ小姓頭取に昇格、千五〇〇俵に知行が増し、小川町屋敷を拝領した。吉宗は優秀な人材として意次を高く評価し、意次は一七四八（寛延元）年には二〇〇〇石に加増された。

このとき、のちの老中首座松平武元《たけちか》も吉宗に抜擢され、家重の教育と吉宗の意向を幕府に伝えるため、西の丸老中から本丸老中として家重政権を支えていた。のちに将軍家治《いえはる》にも仕え、一七七九（安永八）年に六十七歳で亡くなるまでの三二年間、老中であった。意次とは同じ時代を生きたのである。吉宗の隠居から見えてくるのは、徳川政治体制が「老中・若年寄」という剛構造と「側用人」という柔構造の二つのシステムをバランスを取りながら併用していたことである。

長崎奉行による貿易の変革と日蘭貿易戦争

海外政策は、吉宗の命により長崎貿易の制限が強化されて取引額が縮小すると、利潤も減少し、長崎会所も年間五万両の運上金の捻出はできなくなった。運上金は減額され、さらに一時徴収を差し止め、ついには廃止となる。

長崎貿易の状況は悪化の一途をたどり、一七四六（延享三）年には長崎会所は幕府から二一万両もの拝借金を抱えてしまうまでになっていた。一七四八（延享五）年、幕府は勘定奉行の松浦《まつら》河内守信正《のぶまさ》に長崎奉行も兼職させ、対応に当たらせた。

松浦は、長崎会所の組織を改革し、勘定所の直接の統制下に置いた。

幕府にとって、長崎貿易を幕府の思い通りに運営していくには、長崎の地下《じげ》に対する統制を強化して、幕府による長崎貿易の独占体制を完成させる必要があった。それは長い間の課題だった。

一七四九（寛延二）年から松浦が始めた改革によって、長崎の年寄、町年寄など地下役人が自宅で貿易業務をおこなうことを禁じ、すべての業務を会所に集中させた。そして長崎奉行と勘定方役人の管理のもとに会所を運営していくことを徹底させた。また唐船《からふね》が長期滞留することを禁止し、裏取引の横行を排除するとともに、輸出品である銅や俵物の集荷体制を整備した。これによって、松浦が長崎奉行に就任する前の、幕府への運上金の滞りや幕府からの拝借金によって会所の赤字を補填しているような状態は改善されたのである。

だが、松浦の改革は、オランダとの軋轢《あつれき》を生み、江戸時代唯一の日蘭貿易戦争に発展していく。当時、両国は互いに不信感を抱いている状態であった。

一七四〇年代前半、オランダ政府総督のファン・インホフの意見もあり、日本との貿易を改善することを目的に、バタビアからはしつこく幕府に要求や抗議をするように命令が出された。オランダ商館は、銀・銅の輸出量が五代将軍綱吉の頃に戻ることを期待し、一七三〇年代から幕府と毎年のように銅の輸出量の交渉を続けていた。歴代の商館長は将軍や幕府高官に対して世界各地から取り寄せた珍しいものを贈り、なんとか御機嫌を取って、貿易交渉を有利に進めようと努力していた。とにかくオランダ側は貿易減少に困っていたのだ。

オランダ商館長は、再三日本側に銅の輸出量を増やすように、通詞《つうじ》を通じて要求していく。のちに説明するが、発明家平賀源内などはオランダの情報を手に入れるため各藩の採掘情報などをいつものごとくオランダ側に流していた。

オランダ側の交渉相手は、常に長崎奉行である。長崎奉行の力量や差配によって、交渉の状況は変わってくる。当時の長崎奉行は松浦河内守（江戸在勤）で、オランダにとって有利になるように働きかけてくれるとは言うものの、一七四九（寛延二）年秋から商館長を務めたヘンドリック・ファン・ホムッドはあまり期待していなかった。松浦が返答をあいまいにし、実際は何もしないままに放っておくのではないかと疑念を抱いていた。交渉の間に立つ通詞たちはことなかれ主義で、保身に懸命のため消極的であった。

しかし、実は松浦は吉宗から直々に任命されており、老中以上の力を持っていた。そのことを知らないオランダ商館長は、自分たちの思い通りに働いてくれない通詞や、幕府と直接交渉することのできない状況に、苛立ちを感じながら幕府もいやがるほど質問要求（開国要求）を繰り返した。

だがそれは、開国とは真逆の日蘭貿易戦争の勃発へとつながる。

このオランダ商館の再三の要求に切れた松浦は突然兵を投入し、出島を取り囲み、オランダとの戦争も辞さないという構えを見せたのだ。オランダ商館長は驚きたじろいだが、結局、この我慢比べは日本側の勝利に終わった。商館長の努力は何の役にも立たず、船の出港予定や、ベンガルへの寄港予定などを考慮して、日本側が示した条件を飲まざるを得なかった。松浦はねばり勝ち、幕府はいっさい譲らず、より強硬になっていった。これがあまり知られていない日蘭貿易戦争である。

吉宗死後の長崎貿易と薩摩藩

一七五一（宝暦元）年、吉宗が死去し、田沼意次は小姓から御用取次になった。田沼の出世は吉宗の深い肝いりだった。翌一七五二（宝暦二）年、意次は三十四歳となった。

このとき、本書の主要な登場人物である島津重豪はまだ八歳で、父・重年《しげとし》が島津本家へ戻ったときに加治木島津家（分家）を継いでいた。

同年、バタビアの総督府は、松浦の出島包囲に驚き、今後の策を考慮し、正式にオランダ商館長を通じて長崎奉行松浦河内守と将軍家重に鎖国を解くように新たに進言してきた。今回は、長崎奉行も通詞たちも止められなかった。商館長の手紙ではなく、総督府からの手紙である。また将軍も代わったばかりで、政権も不安定であろうというオランダの思惑もあった。

一七五三（宝暦三）年、大奥改革の経費節減を実現した田沼意次は三十五歳になり、忠勤ぶりは秀でていた。老中松平武元と共に六月、長崎奉行松浦河内守に抜荷《ぬけに》（密貿易）を厳禁させ、九月、長崎奉行所に目安箱を設置した。長崎会所に不満はないか、松浦の一件で長崎の人々からさまざまな意見を聞こうとしていたのである。つまり実態調査である。幕府に上がってくる数字だけではなく、長崎貿易の姿を知っておきたかったのである。

この頃、出島の貿易戦争の結果は意次にも伝わり、松浦の処遇を含めて論議されていた。

松浦の正当性を推す意見は少なからずあったが、いちばんの問題は吉宗と次の政権の引き継ぎで、ここに意次は大きくかかわっていた。

しかし、オランダ側の希望に反して貿易は何も変わらなかった。

一方、十歳になった薩摩の島津重豪は、一七五四（宝暦四）年、加治木家から本家の世子となり、綱吉、吉宗に寵愛された祖母・竹姫（二人の養女、島津継豊の継室）に直接教育を受け、父・重年とともに木曽川治水工事の現場にいた。島津家は手元にお金がなく、工事に二二万両余りの借金を幕府からしていた。重豪は、すでに莫大な借金を背負った島津家を再興していかなければならない立場であった。島津家の借金の始まりは、薩摩藩家老の平田靭負《ゆきえ》をはじめ八〇余名（自害五一名、病死三三名）もの殉職者を出した木曽川治水であり、のちに債務は数百万両に膨れあがっていく。

一七五五、（宝暦五）年、三十七歳になった意次の昇進ぶりはより目覚ましく、三〇〇〇石を加増された。端正な顔立ちで、礼儀正しい意次は、諸大名、旗本にも重宝された。あれほど経費カットした大奥との関係も良好で、ある年の正月など、将軍とともに大奥に入った意次を一目見ようと、大奥の女性たちが周りを取り囲み、たいへんな騒ぎになったとも言われている。

同年七月、島津重年が心労からわずか二七歳で死去すると、島津重豪は正式に家督を継ぎ薩摩藩主となった。重豪は、十一歳で島津家を継ぎ、明和、安永、天明期に幕閣との結びつきを強め、基礎を築いていく。蘭学に傾倒し、技術の導入には積極的であった。藩内は大いに活気づき、十一歳ながら木曽川の治水工事を完成させ、家来の労苦をねぎらった。

外様である島津重豪は、幕府からの度重なる普請命令に苦しんでいた。薩摩藩は、木曽川治水普請で数十万両もの金を注ぎ込まされて多大な借財を抱え、財政はより深刻になっていた。このころ幕府内では、賄賂《わいろ》が当たり前のことだった。何十万両という普請を課せられるなら、賄賂を使ったほうがいいと考えるのが自然だった。江戸時代、賄賂が悪いという習慣はなく、現在の中元や歳暮と同じような考え方だった。

薩摩藩は琉球との貿易の窓口になり、実質的に琉球を支配して利益を独占していた。しかし、木曽川治水工事の普請は、その利益だけでは埋め合わせすることができず、大々的な抜荷にも手を染めていた。薩摩藩の実質的な収入のほとんどは琉球を通じた抜荷によるものだったのである。

琉球の中国貿易は、薩摩藩によって厳重に管理されていたが、薩摩藩は独自におこなった琉球を通じての中国貿易の利益のほとんどを、幕府には報告していなかった。幕府と琉球王府の政治的な関係は、あくまで大名島津氏の家臣の扱いであり、朝鮮国と幕府との関係とは異なっていた。琉球を「内国」とする幕府と薩摩藩は、一部で琉球を「異国」とみなすことによって鎖国に抵触しないスレスレのところで二世紀半にもおよぶ琉球支配を続けたのである。そして琉球には抜荷を禁じながら、同時に自らは抜荷をおこなっていたのである。

しかし、抜荷はあくまでも抜荷であり、堂々と貿易をして利益をあげたいというのが薩摩藩の本音だった。琉球だけではなく、もし他の国と自由に交易ができれば、それに越したことはない。若き日の重豪は木曽川の現場に立ち、海外計画（開国）にひそかに期待を寄せ、さまざまな考えをめぐらせていた。薩摩藩はそれほど逼迫《ひっぱく》していたのだった。

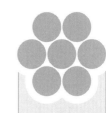

2 田沼意次がおこなった真の政治

税制改革と郡上一揆

忠義で正義感の強い意次は、実際に頭が切れ、やり手だった。将軍家重に認められ、一七五八（宝暦八）年、四十歳のときには一万石に加増されて大名に列せられ、相良《さがら》の地を拝領した。

意次の節約政策以外に大きな政策としてあげられるのは、当時としては初めての、あらゆる税制改革である。吉宗の指示で青木昆陽《こんよう》を指南役につけられ、紅葉山の所蔵文書からオランダやイギリスの情報にアクセスし、エッセンスを洋書の漢訳本から学んでいたことが参考になった。当時、幕府の元禄バブルの財政は破綻しかけ、吉宗の緊縮財政と新田開発による米の増産促進にもかかわらず、米に頼るだけの財務体制は解消できない矛盾を抱えており、財政は悪化する一方だった。意次が実施した税制改革は、これまでにない間接税の導入であった。これについては、後で述べる。

したがって、意次の政策課題は財政再建である。しかし、年貢率をあげた結果、各地で一揆が頻発した。少しでも年貢が上がるとなれば、農民は大反対をした。

この頃のいちばん大きな農民一揆は、郡上八幡《ぐじょうはちまん》で起きたもので、意次が見事に解決した。藩主金森頼錦《よりかね》が決定した大増税に農民たちの反発は強く、足掛け五年にわたる一揆だった。農民たちは幕府に直訴するに至り、評定所で審議するという事態にまで発展した。

郡上藩を治めていた金森氏はもともと飛驒《ひだ》を領地としていた。飛驒は名目三万石だが、実質は十万石といわれる豊かな国だった。ところが、一六九二（元禄五）年、当主、頼旹《よりとき》のときに突然出羽国上山に領地替になった。その理由は不明だが、数年後には飛驒に隣接する郡上八幡に再び領地替になった。頼錦は、奏者番を足がかりに出世し、旧領である飛驒に復帰しようと考えていた。奏者番はその後寺社奉行を経て、若年寄や老中といった要職に就く出世コースの第一歩である。頼錦は奏者番になるために、幕閣の有力者に金をばらまくつもりで、その資金作りを目的に大増税をはかったのだ。

郡上八幡の一件の後、幕閣では大きな人事異動があり、それによって、吉宗の時代から続いていた年貢増徴政策を支持する保守重農主義の幕閣たちがほとんど処分され、幕閣からいなくなった。この結果は、重商主義者である意次にとって、大改革を進める上で有利に働くことになった。

通常の評定所詮議に参加するのは寺社奉行、勘定奉行、町奉行の三奉行だが、将軍家重から側衆意次の参加が許され、このときの詮議に参加することになった。評定所の詮議に参加したことで、保守派を追い落として重商主義・実力主義を進める大きなターニングポイントともなった。その上、民衆が潜在的に持つ力の大きさも再確認したのではないだろうか。実際、意次は参加した奉行たちにさまざまな指示を出し、この吟味の主導的役割を担った。

こうして意次は実力主義を中心とした政権を考え、勘定方（今でいえば財務省官僚）に有能な人物を集めていった。その筆頭にあげられるのが、勘定奉行の石谷清昌《いしがやきよまさ》と安藤惟要《これとし》の二人である。のちに自分の親戚となる石谷清昌を二〇年も手元におき、勘定奉行、長崎奉行として重商貿易に突き進ませていった。石谷は紅葉山文庫のデータすべてに目を通し、通詞を通じてオランダにも質問した。この石谷なくして先進的改革や開国の展開はありえなかった。そしてのちの重商主義を進める長崎奉行久《く》世《ぜ》広民《ひろたみ》に引き継いでいくのである。

希代のアーカイブ・紅葉山文庫

紅葉山文庫は、江戸城内富士見亭に設けた文庫が基になっている。これは徳川家康が蒐集した古書・古文書をはじめ、伏見や駿河で刊行された古活字版などを収めたものであった。家康以後、歴代将軍の書籍・文書や幕府の蔵書、編纂物、文書等を保存し、主に将軍が利用することを目的として、幕府が維持管理してきた。

三代将軍家光のとき、文庫を管理する書物奉行を設け、四名の幕臣に命じた。そして防火上、類焼を避けるため、霊廟や具足蔵、鉄砲蔵などがあった紅葉山のふもとに新たに文庫を築き、紅葉山文庫と呼ばれるようになった。

紅葉山文庫の蔵書は代を増すごとに充実していった。なかでも八代将軍吉宗は、積極的に蔵書の充実を図った。紅葉山文庫に対する関心は並々ならぬものがあり、将軍就任の二カ月前には林大学頭《だいがくのかみ》に命じて目録を提出させ、それを座右に置いたという。新たに出版された書物、写本、それまで欠けていた版本や各地の文書、中国で出版されたものなどの蒐集に努め、分野も幅広く、史書、法律書、地誌、政治、経済、税制、農業、医学、天文学など偏りのないよう、輸入される書物の目録から吉宗自ら選択して購入させた。吉宗が蒐集した書物のなかで最も多いのは法律書である。中国の物産を知るための地理書が次いで多い。

一七二〇（享保五）年に、吉宗は最初の目録作成を命じた。その後も将軍在位中、三回にわたって目録を作成させ、欠本調査や重複本の整理を図った。紅葉山文庫の目録は幕末までに十回作成されているが、そのうち三回が吉宗によるものだった。これにより、紅葉山文庫は本格的なライブラリー、アーカイブとなっていく（柳田直美『徳川家康の文蔵と紅葉山文庫』）。

紅葉山文庫を語る際に避けて通れない人物がいる。青木昆陽である。一七三九（元文四）年、吉宗より幕府御書物御用達を拝命し、翌一七四〇（元文五）年にオランダ語学習を命じられ、のちに『和蘭文字略考　蘭文訳』などオランダ語の入門書を著している。また、一七四二（寛保二）年には『和蘭貨幣考』を著した。つまり、のちの貨幣改革はほとんど青木昆陽の書物翻訳の成果によるといっても過言ではない。

一七六七（明和四）年二月、意次はオランダ語に精通する青木昆陽を紅葉山文庫のアーカイブの管理を担当する幕府書物奉行とした。彼こそが、オランダと書物による窓口であり、意次の政策のデー夕訳本を石谷とともに演出していた。

田沼時代の始まり

田沼時代は、意次が一七六七（明和四）年に側用人に昇格し、二万石に加増されたときに始まる。

意次の権力集中は進み、同年七月一日、意次は側用人に昇格した。また遠江国相良の領主となり相良城の築城を拝命、位階は従五位下から従四位下に上り、遠江国榛原《はいばら》、城東二郡のうちの五〇〇〇石の加増を受け、二万石の城持ち大名・城主となった。神田橋御門内に移り神田橋屋敷を拝領した。家治が将軍となってから七年で、意次は幕閣政治の中心にいた。遠州相良の地は、かつて郡上一揆に連座して領地を没収された若年寄本多忠央《ただなか》の領地があった所で、息子・意知《おきとも》は従五位下大和守となっている。

側用人は幕閣でいえば大老のようなもので、常設の役職ではなく、御用取次よりも格上の扱いである。表向きは老中がとりしきるが、中奥では御用取次あるいは側用人がすべてを握っていた。将軍家治は奥にいることが多く、あまり政庁には赴かず、意次は評定所に出席して訴訟の審理に加わるように命じられた。そこでは将軍に審理の進行具合を報告するとともに、幕閣中枢の大名や旗本との間をうまく立ち回らなければならなかった。中奥の役人の御用取次だった意次が、表向きの政治にも加わることになったのである。

江戸時代において側用人と老中を兼任したのは、田沼意次しかいない。八代将軍の吉宗、九代将軍の家重、十代将軍の家治の将軍三代につかえたが同様な人物は他にいなかった。田沼の権勢はこのとき徳川三〇〇年の中で随一であった。

結果として、意次は異例の大出世を遂げた。しかし、六〇〇石の旗本から五万七〇〇〇石の城持ち大名へという石高の増加だけをみれば、前例がないわけではない。その増加も役職に応じたもので特別ではない。しかし、意次が特別だったのは、奥向きで将軍の意志を老中に伝える御用取次・側用人と、表向きで幕政を担当する老中とを兼任したことだ。これまでの側用人は将軍一代のみで辞職したことを考えるとこれも異例だ。

もともと五代将軍綱吉は側用人を置いて、将軍の権力を強化した。結果、老中や諸大名を牽制したが、今度は側用人の権勢が強くなった。八代将軍吉宗は側用人を廃止し、再び老中・奉行に仕事をさせて大名の信頼を得たが、側用人の代わりとなる御用取次や将軍直属の御庭番を作った。将軍の直轄にし、権力を強くして、重要な政策を決める場合に御用取次・側用人などを用いた。しかし、将軍が幼かったり、将軍が政治に消極的な場合には、側近の力が強くなる。意次のように、側用人と老中を兼任すると、その権力は絶大なものとなってしまった。

翌一七六八（明和五）年になると、四月十一日、意次は相良に城を着工し、五月、物価安定、経済基盤の強化、輸出促進のため、真鍮銭を鋳造、六月、長崎に竜脳座を設置し、改革を推し進めていく。意知は二〇〇石の小姓頭となり、意次と同じ道を進み始めた。

意次はさらに一七六九（明和六）年に老中格として幕政に関与し、一七七二（明和九）年には側用人のまま老中を兼任。このときまでに田沼派を作り上げ、一七八一（天明元）年には、幕閣すべてが田沼派となり、幕政を手中に収めていく。

賄賂にまみれた伊達重村の昇進工作

江戸時代の賄賂、それに悪名の原因となった意次の賄賂政策とは何か。それを検証する。

権力を持った意次の周りには、役職や家格をあげようという望みを持った大名や旗本が後を絶たなかった。彼らに対しても、意次は親身に対応したので、このような態度が、のちに賄賂の権化のようにいわれる原因の一つになったのかもしれない。実は意次は、のちの悪名の由来とは異なる実直な人物だった。これは当時の賄賂の実態で、意次とは無縁の出来事だった。幕閣のなかには保守派からも実力のある人物が送り込まれ、のちに信頼していた人たちが思わぬ裏切り者となっていく。

伊達重村の寄進になる相良域の仙台河岸
（37間現存、牧之原市）

意次に泣きついた大名のなかに、仙台藩主伊達重村《しげむら》がいる。伊達重村は薩摩藩の島津重豪と同じ官位をめざして中将昇進を望み、意次や老中松平武元への工作をおこなってきた。『伊達家文書』には仙台藩の昇進のための工作が詳しく書かれている。数年前の一七六五（明和二）年の文書からは、「手入」する（賄賂を贈ること）も重村の中将昇進は実現しなかったことがうかがえる。

●仙台藩主伊達重村から側用人田沼意次への書状

・一七六七（明和四）年『伊達家文書』二八一八「伊達重村書状案」

「私大望之儀、御家来井上寛司迄、家来古田舎人を以内々申入候義、段々被御聞受、御厚情之御挨拶、誠に共近比忝、何分不斜存事候、

（中略）

兼々御懇意之儀、毎度何角申入置候上之儀に候間、胸中不相残申進候、事に御座候品々巨細《こさい》之義は、寛司御聞に入、御承知可被下と存候条、何とぞ《ぞ》御厚慮被相加、是非今年者大望相立候様致御頼候」（『大日本古文書　家わけ三ノ八』）

これは重村が古田に持参させた自筆の書状である。意次に対して、「中将昇進の件での依頼を井上から聞いているはずだ」と念押ししている。重村→古田→井上→意次というルートで中将昇進工作がおこなわれたことがわかる。

この年、重村は参勤交代で江戸にいた。二年前（一七六五年）に中将昇進はかなわなかったが、江戸駐在になると工作を再開した。二年前と同じく、家臣を経由しているが、今回は重村の自筆であった。一七六七（明和四）年は意次が側用人に昇進したこともあり、地位や存在感の増した意次に対して自ら手紙を書いていることは、工作が本格化してきた証拠である。

それればかりか仙台藩は大奥を経由するルートにも工作し、大奥の高岳に手紙を出している。高岳は明和初期の大奥の実力者・老女（侍女の最高位）であり、表に対して影響力を行使できた。また、重

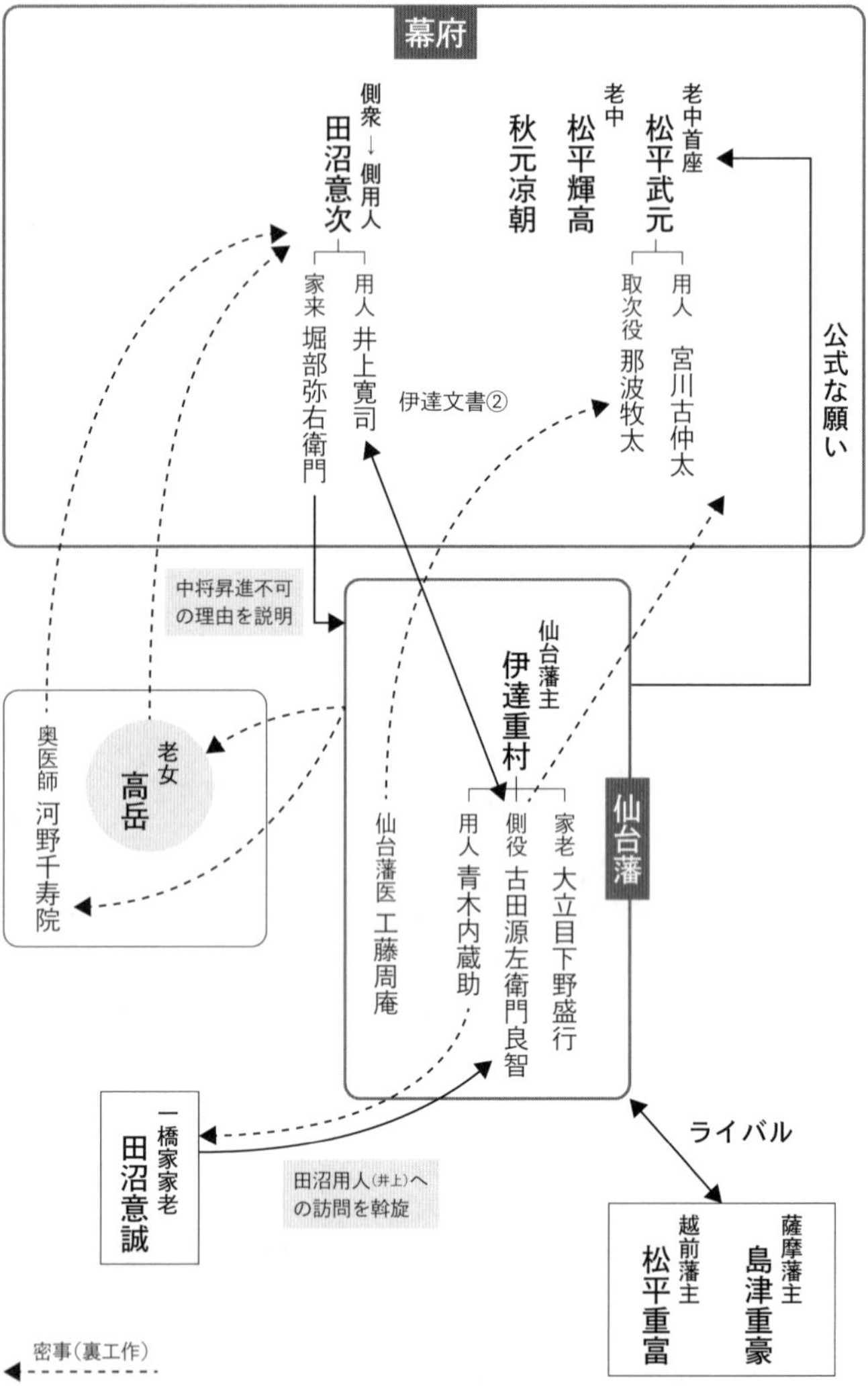

伊達家文書の人間関係図

村の養母は吉宗の養女・利根姫《とねひめ》であり、重村と高岳は旧知の間柄でもあった。

意次は大奥の女中たちに対して以前から細かに気遣いをしてきた。将軍や世子のそばに仕えるのだから、大奥とのつながりもおろそかにできない。高岳は老中首座武元とも近く、意次ではなく武元の指示もあったのかもしれない。

仙台藩はこの年、二年前にはなかった行動をとっている。意次、武元の推薦から手伝い普請を受注した。中将昇進のためのアピール材料であり、伊達重村は普請を受けることを積極的に希望したことがうかがえる。

幕府から大名が請け負う手伝い普請として知られているものは、前述したように一七五三（宝暦三）年に薩摩藩が受けた木曽川治水工事がある。島津家はこれを受注したくはなく、断りたかったがなぜか受けた。背負った借金は大きな負担となって島津家、のちの藩主重豪も苦しめた。このとき仙台藩も長年、幕府の手伝い普請受注を希望していたが、官位昇進のための工作をしたものの、賄賂が少ないため受注できなかった。治水工事は幕閣の意向で薩摩藩に押し付けられ、結果、薩摩藩は中将を得ることができた。

多くの資金や人手を必要とするため大名家は工事を回避したがる傾向が強いなか、伊達家は自ら普請を買って出た。巨額の予算がかかる挑戦だった。

一七六七（明和四）年の『伊達家文書』には、大奥老女高岳から仙台藩主伊達重村への返書がある。それは次のような内容であった。

重村は関東の川普請を命じられ、それが中将昇進に響くかどうか高岳に問い合わせた。その質問に対し、高岳から「御首尾合の所、すこしも〱御あんじ遊ばし候事は御座なく候」と、心配する必要はないとの返書が届いた。

重村は中将昇進のため禁裏普請関連にも名乗りをあげていた。この普請希望は実現しなかったが、一連の工作の結果、重村の中将昇進は実現した。意次の後押しも功を奏したと考えられるが、すべての人事および進言は、筆頭老中（老中首座）松平武元が握っており、その手先高岳の取り込みが大きかった。つまり、意次には大きな賄賂そのものは存在しなかったといえる。

3　田沼の開国構想の始まり

オランダの動きと外洋船建造計画

この時期、オランダ商館は幕府との出島戦争に負けはしたが、貿易拡大しなければ死活問題で、なんとか挽回しようと模索していた。だから、近代的な書物も吉宗時代より通詞を通じて手渡し続けているし、すでに開国の話は何度も幕府側に提案している。意次が紅葉山文庫の青木昆陽を通じ、近代化を見据えていることも知っていた。そのため、長崎奉行石谷備後守の指示で、次の将軍家治に対しても贈り物をしている。献上品を贈ることも続け、ねばり強く交渉をしていた。

〈幕府の老中サクエイモンが、将軍の注文として再び三頭のペルシャ馬とサングラスを要求していることについて。商館長は、将軍の望みを叶えてさし上げるために一銭も要求せず、また何の努めも求めていないと告げる。馬はスーラトかマラッカから、サングラスはオランダから送るようにと記している〉（一七六七〈明和四〉年十月二十日付、総督宛の手紙）

ヤン・クランス（三度来日）が、オランダ式船舶建造の提案をしたのは、この年、石谷が長崎を離れる直前である。その内容は、総督宛の手紙によると以下のようなものであった。

〈もし日本が海外へ出て行き、また、外国人の入国を許すならば、世界の珍しいものに触れ、手に入れることができ、さらに日本人は多くの技術や学問を学ぶことができる。一〇〇年以上前の禁令を後生大事に守らなければならない理由はない。中国からの生糸や薬種の輸入も直接中国へ行って買い付ければ輸入額を抑えることができる。また、現地へ行けばいままで手に入らなかったものも手に入れることができる。いまこそ、日本は自ら海外に出ていくべきである〉（同前）

これに対して、以前から長崎貿易の改革を試みていた石谷は、一考の価値があると思い、江戸に帰ると早速若年寄の松平摂津守忠恒《ただつね》に極秘に報告した。本来、若年寄は旗本や御家人などを統括支配するか、将軍家の家政部分を担当するのであるが、石谷は田沼意次の推薦で外交担当の松平忠恒に検討をまかせたのである。

前にも述べたが、石谷はのちに意次の親戚となる者で、吉宗の小姓を十一年つとめ、田沼はそのころ家重の小姓だったので、二人は若いころからの付き合いがあった。そして、松平忠恒も奏者番となり、接触する機会が多かった。

この時期、意次をはじめとする重商主義を唱える改革派は幕内の一部であったため、両替商の協力が得られず、意次が発行した通貨、明和五匁銀は一七六五（明和二）年に発行されたが流通せず、一七六八（明和五）年には通用停止となってしまった。明和五匁銀の発行は江戸における通貨統一の画期的なことだった。江戸（金本位）と上方大坂（銀本位）を統一することは、商業がとてつもなく発展するということだ。この通貨統一をやろうとしたのは江戸時代では意次一人しかいなかった。だが、金銀の両替で儲けていた両替商は烈火のごとく反対した。保守派の大名も商人に味方し、結果としてはお金のある両替商の勝利で、意次の力では重商主義的な方向にはまだ至らなかった。

一方、オランダ側は、一七六八（明和五）年の参府の後、石谷の言っていたとおり、銅の増量が認められた。しかし、これ以上の要求は一切認めないと幕府から通告された（一七六八年六月十七日付、ヤン・クランスの商館長日誌による）。

この年、若年寄松平忠恒は石谷の報告を元に船舶建造、禁令の緩和について建議書をまとめ、意次に提出した。しかし、その翌年十一月九日、松平忠恒は四十九歳で突然病死してしまう。建議が具体的に幕府内で検討される前に立案者が死亡してしまったため、この件はうやむやのうちに忘れ去られてしまった。

このことについて、のちの商館長ティチングは次のように告白している。これが忠恒の死の原因の一つだったのだろうか。

「彼らが近隣の諸国民の上に目を向けるとき、彼らは外国人の入国を許しても政治には害はないということを知り、また他国人の入国を許すことによって、彼らが漠然としか知らないいろいろの技術や学問を学ぶ方法を知ることができる、ということを知るのである。若年寄松平摂津守［若年寄松平忠恒であろうか、正確にはわからない］は一七六九年［明和六年］に船舶の建造を許して、日本人が他国に航行することを容易ならしめ、同時に外国人を日本に誘致しようという提議をしたが、それは、まさにこの例であった。ただし、この提議は同執政が死んだため実現はしなかった」（『ティチング　日本風俗図誌』）

その後田沼意次はあきらめず、この建議をもとに、のちの長崎奉行久世広民を通じて商館長ティチングにオランダ船を模倣して外洋船を建造するなどの計画を持ちかけている。これについては第三章で説明する。

ロシアの南下

開国の機運はオランダからだけでなく、実は北からもあった。列強の考えは同じく海外に向いていた。一七六〇年頃のロシアの南下は意次にとっての開国を考えるうえで、もうひとつの大きな要因である。ロシアはこれまで日本近海に姿を現すことはあまりなかった。しかし、宝暦・明和期（一七六〇年代頃）から、ロシアは千島（クリル列島）や蝦夷地《えぞち》に接近していた。一七六八（明和五）年には、コサックの百人長イワン・チョールヌイが択捉《エトロフ》島まで南下。頻繁にエトロフや国後《クナシリ》、あるいは東蝦夷地の厚岸《あっけし》などに姿を現し、安永期（一七七〇年代）には再びロシア船が蝦夷地に現れた。

この時期の老中は首座松平武元のほか、松平輝高《てるたか》、板倉勝清、阿部正右《まさすけ》、そして田沼意次だった。長崎奉行は、明和期が田沼派の石谷備後守清昌と新見《しんみ》加賀守正栄《まさなが》、のちの安永期が桑原盛員《もりかず》と柘植《つげ》正《まさ》寔《たね》、久世広民である。彼ら一同はすでに御庭番の報告でロシアの南下、出没については知っていた。

しかし、特段の出来事も起こらなかったのでそのままにしていた。その頃は、気候変動、内政及び幕閣の新しい人事・調整等で忙しく、外に目を向けている時間《ひま》はなかったのである。

だが、この時期、本書の登場人物たちにはとてつもないことが起きようとしていた。それはのちに歴史をもゆるがす徳川家の大内紛の始まりだった。

その始まりは、一七六八（明和五）年のことで、御三卿のなかでおかしな事件が起きている。のちの大きな伏線とも言える出来事である。御三卿田安家の六男・田安定国《さだくに》（松平定信の兄）が伊予松山藩の松平家（久松家）の養子となる。田安家は御三卿で将軍御三家の次に通ずる筆頭家である。それがなぜ格下の松平、伊予松山なんぞへ行くのか、信じられない縁組だった。

これは田安家が将軍家から遠ざけられる道の始まりでもあった。裏では、松平武元だけではなく意次もこのことを知っていた。伊達家文書同様、おそらく多くの工作がおこなわれていたに違いない。定国の縁組は、さらにその六年後の一七七四（安永三）年に、次期将軍候補とも目されていた田安定信をまさに白河藩へ養子に出させる伏線ともなるとても重要なものだった。

このとき意次五十歳、意知二十歳、島津重豪は二十四歳、一橋治済は十八歳だった。田安定信はまだ十歳で自らの意見を述べることはできず、大きな影響を与えることすらできなかった。

この年に日本に派遣されるオランダ船は二隻となり、商額銅九〇万斤になった。増量はなく、商館長カステンスと将軍家治と大納言家基に献上するための馬を乗せたフリーデンホップ号は、長崎に到着しなかった。商館長ヤン・クランスは焦り始めた。馬が届かなければ、将軍の気を悪くさせてしまう。すでに次期将軍とされていた（大納言）家基の馬好きは有名で、吉宗を彷彿とさせていた。

第二章　田沼意次の時代を読む眼

1　田沼派の権力強化

株仲間奨励と予算制度の導入

一七六九（明和六）年も、飛ぶ鳥を落とす勢いの田沼意次政権は大躍進した。正式に石高も二万五〇〇〇石になり、側用人のまま老中格となった。意次が政治を動かす時代が来たのである。老中に意次が入ったことで、首座松平武元に対しても発言力を持つことになった。さらに磐石な政権を築いていく必要があり、島津重豪や一橋治済との関係は深くなり、意次も新しい時代に入っていくかに見えた。

そんな中、紅葉山文庫よりの情報を生かし、さまざまな開放政策の用意が整いはじめた。意次は、一七七〇（明和七）年、新しい書物奉行と一丸となってオランダの書物を参考にした「株仲間」を再編して新しい株仲間を構築させた。つまり、誰でも株仲間へ入ることを許可したのだ。

江戸の十組問屋や大坂の二十四組問屋に、通常の税金とは別に毎年一〇〇両、質屋など二〇〇〇戸の組合を作らせ、一戸に銀二匁《もんめ》五分（現在の銀価に換算すると約一四〇〇円）の税金（冥加金）を取り

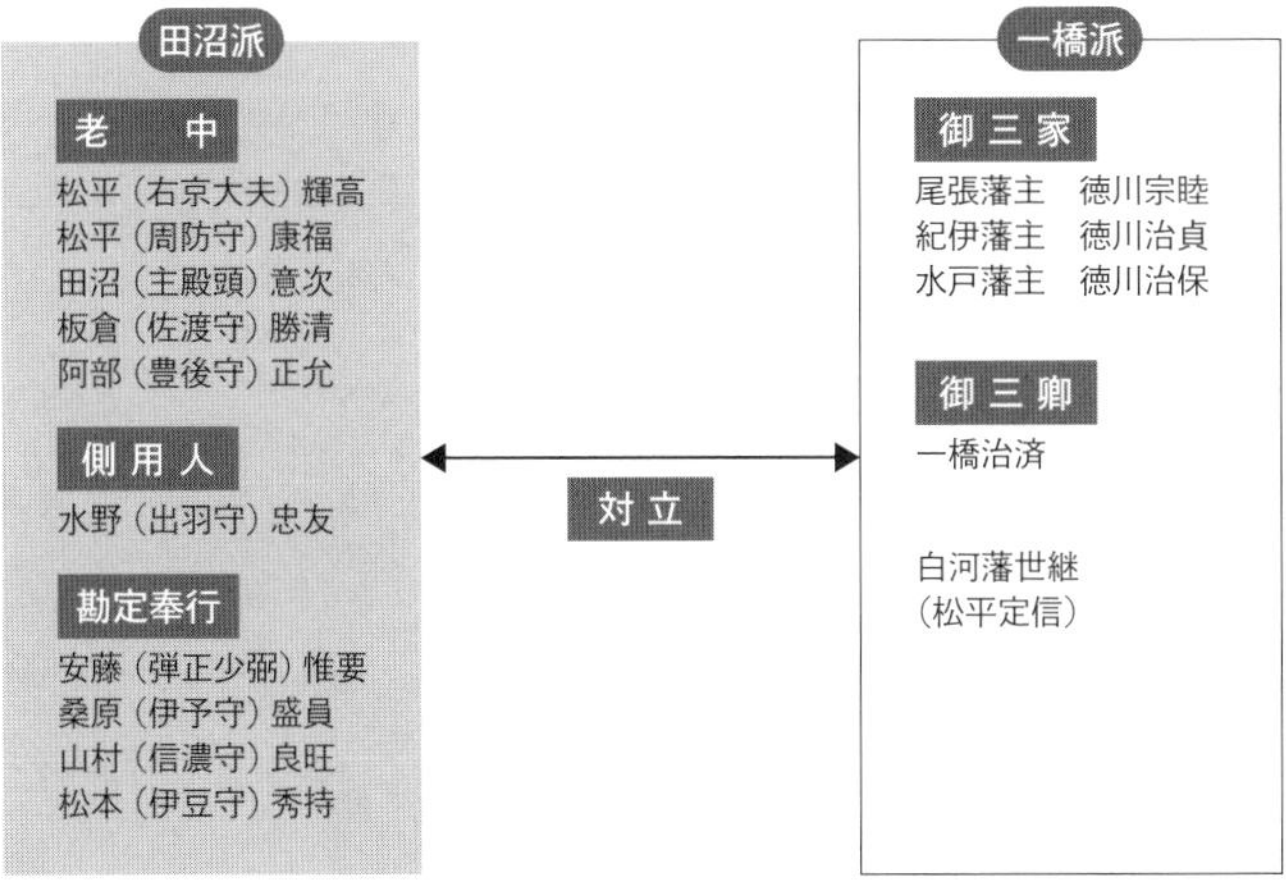

1780（安永９）年の対立関係

始めた。一種の営業税のようなもので、士農工商の時代には信じがたい重商主義的な発想だった。意次は海外のように近代的な形ですべての産業にこのような税をかけ、納めさせた。田沼意次は「賄賂政治家」ではなく、「新しい形の税金を課す政治家」だった。こんな人物は江戸時代にはそれまでもそれ以後もいなかった。意次は商人、貸金で儲けていた両替商人、保守派の武士から嫌われた。しかし意次はまったくめげずに、オランダの税法より学んだことを実践し、経済を前へ前へと進めようとしていた。

こうして幕府の財政は豊かになり、物価は安定した。すべては順調に見えていたが、まだ天は意次に味方していなかった。天候の不順で干魃《かんばつ》が起こり、十一月、意次自身すら領内凶作のために御用金三〇〇〇両を拝借した。不幸の連鎖は各地で起き、この年の夏の大干魃でより凶作となり、百姓一揆が多発した。もちろん意次は対応に終始した。

災害下でも、一橋治済は翌一七七一（明和八）年一月七日、家基に御目見し、四月十五日、西の丸で乗馬し将軍家治より鞍《くら》と鐙《あぶみ》を拝領した。意次の弟の一橋家家老田沼意誠《おきのぶ》は、一橋家で三〇〇石加増され家禄が八〇〇石となった。治済は意次との関係を密にしたいと望んでいた。

このとき、治済は二十歳、老中首座松平武元との関係が見え隠れする。一方、武元に多大な寄進をおこなっていた島津重豪二十六歳は、この年の参勤交代の途中、京都へ寄り、祖母・竹姫の進言どおり大納言甘露寺《かんろじ》規長《のりなが》の娘・綾姫と再婚した。天皇へ再接近し、官位を上げている。これは家の家禄を上げるという前代未聞の策略だった。これが幕府が外様大名島津家を抑えつけることができない所以であった。官位は将軍家に肉迫していたからだ。また当時、後桃園天皇が即位したばかりで、重豪と治済は官位的にもより濃密な関係になっていった。

また意次は、一七七一（明和八）年一月、頻発する一揆を乗り越え、国内産業育成の姿勢を自ら示すため相良での養蚕を奨励した。そればかりか、四月には幕府の役人は各災害遠国赴任のほか公費拝借を認めず、諸役所の経費削減を命じた。各藩にも厳重な倹約令を通達し、出羽国米沢藩の上杉治憲《はるのり》、長州藩の毛利重就《しげなり》など、通常は手をつけることのない有力大名の藩に対しても次々と改革を断行した。こうしたことから、意次の反対勢力は次第に結束しつつあった。また同月、大坂に銀小貸会所を設立させ、意次は経済への前向きな姿勢を続けていた。

また意次は吉宗時代の単純な質素倹約では効果が薄いということを知っていた。支出を抑えるだけでは、経済は停滞する。使うべきところには使い、無駄なところは省く。そこで意次が導入したのが、予算制度である。それまで予算という考え方はなく、必要な分だけ使うというやり方をしていた。はじめのうちは家康時代に貯めこんだ資産が豊富にあったからよかったが、これではいくら貯えがあってもすぐに足りなくなってしまう。将軍の身の周りを担当する御納戸方《おなんどかた》や、大奥などの御賄方は湯水のように使っていたので、意次はここにもメスを入れた。

この予算制度についても、オランダの書物よりみたものを活用していたとしても不思議ではない。優秀な勘定方がそれをより日本風にアレンジして考えを出した画期的なものだった。ともかく意次は日本的ではなかったのだ。

薩摩藩の密貿易と「ハンベンゴロウ事件」

十八世紀後半、田沼意次や松平定信が生きた時代は、十九世紀中頃のアヘン戦争や明治維新など東アジアが激震する前夜であった。東アジアは、産業革命によって勃興するイギリス・オランダなどヨーロッパ諸国の最後の植民・交易地として、さらにシベリアに勢力圏を広げ南下する帝政ロシア、そして繁栄が翳った大清帝国などが競合する地域であった。東洋、特に日本は、西欧諸列強にとっては未開の地であり、まだ地理すらはっきりわかっていなかったほどである。

徳川幕府は一六三九（寛永十六）年のポルトガル船入港禁止から、一八五四（嘉永七）年の日米和親条約締結までのあいだいわゆる海禁「鎖国」政策をとっており、対外関係は中国（明・清）、オランダ、朝鮮、琉球との通商・交流だけだった。

抜荷《ぬけに》に明け暮れていた薩摩に大きな事件が起きる。一七七一（明和八）年、長崎で起きた「ハンベンゴロウ事件」だ。

ヨーロッパでの戦争でロシアの捕虜＝カムチャツカの流刑囚「ハンベンゴロウ（バンペンゴロ）男爵」ことハンガリー人モーリッツ・アウグスト・ベニョフスキー男爵（自称）が、ロシア船を奪って脱走した。俗にいう「ハンベンゴロウ事件」であり、この年ロシア船で阿波に到着、その後七月に薩摩の奄美大島に漂着したベニョフスキーは、オランダ商館長に宛てたドイツ語文の書面を持っていた。奄美諸島を支配していた島津重豪はこの書状を受け取り、幕府老中松平武元に知らせた。そして、武元より指示された重豪が長崎に持っていき、オランダ商館長に翻訳を頼むことになった。なぜ直接長崎奉行経由ではなかったのか。それは重豪が武元のほうに近かったからである。ロシアの南下と野心を知った商館長はすぐ幕府に通告した。日本との貿易に頭を悩ましている最中の出来事で、オランダ商館としても悩みの種がまたひとつ増えた。

ここで、ベニョフスキーの文書の内容に行く前に、まず重豪の大胆不敵な行動を説明する。

すべての中心にいるのは薩摩島津家である。前にも述べているが、島津重豪がオランダに興味を持ち、長崎会所を無視して密貿易をおこない、意次らの幕閣をはじめ、治済ら御三卿に近づいていったのは、藩の財政が破綻寸前で、抜荷するしか生きていけなかったからである。薩摩藩は琉球貿易を支配し、蝦夷と琉球で抜荷もおこない、北の昆布や俵物を中国へと運んだ。琉球から砂糖や中国の唐物

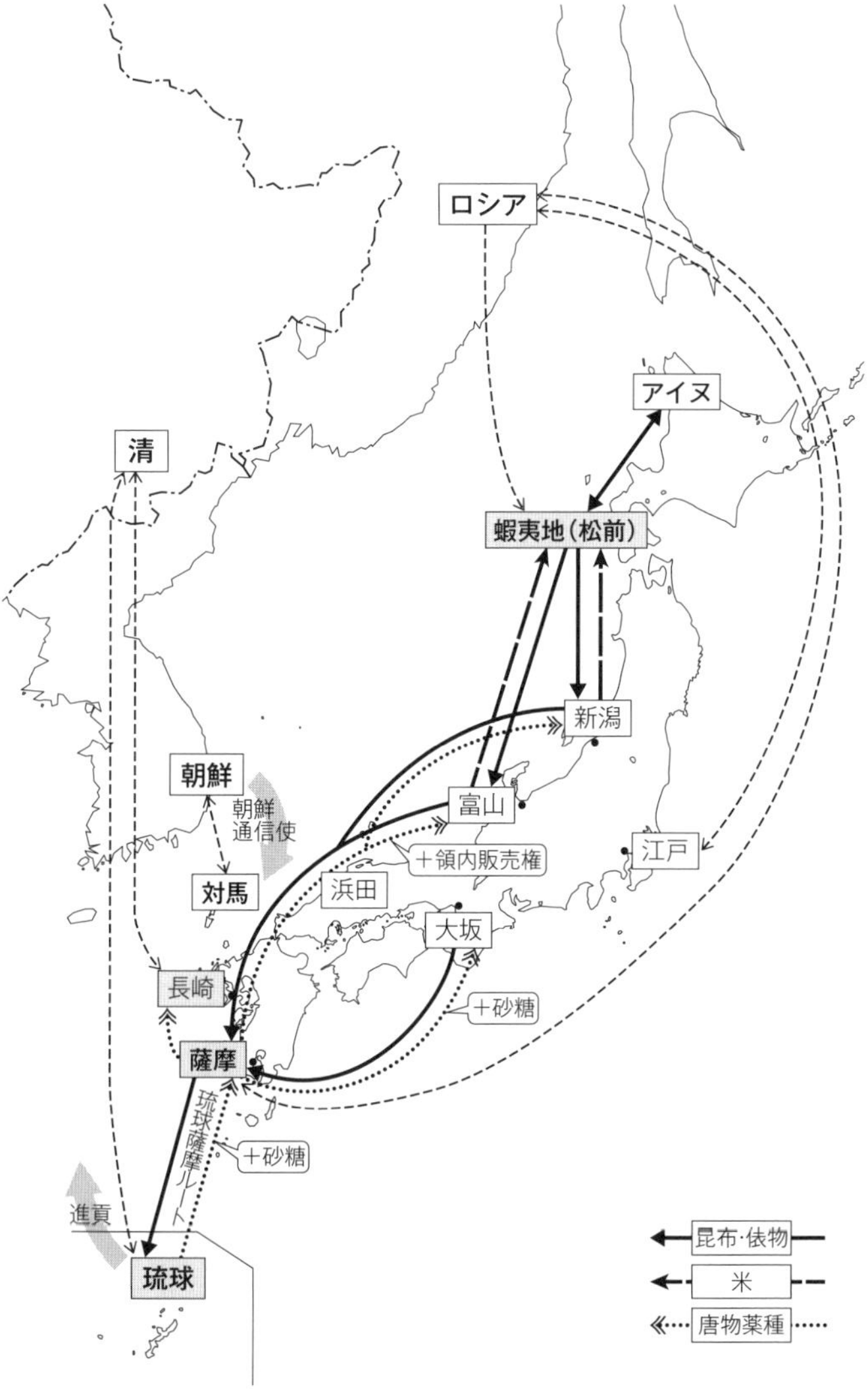
ロシア
アイヌ
清
蝦夷地（松前）
新潟
朝鮮
朝鮮
通信使
富山
江戸
＋領内販売権
対馬
浜田
大坂
長崎
＋砂糖
薩摩
琉球薩摩ルート
＋砂糖
進貢
琉球
昆布·俵物
米
唐物薬種

幕府貿易関係図

を輸入し、長崎会所を通さずに独自のルートで日本全国に販売している。もちろん違法であり、長崎会所からはクレームがついたが、官位が上位の薩摩は力で抑え、大坂の薩摩組を利用して砂糖や唐物薬種の特別販売をおこなっていた。

富山とは、富山の薬売りを利用し、薬の領内販売権などの独占権を与えるかわりに昆布や俵物《たわらもの》を手に入れていた。新潟も然り、浜田、富山、新潟、大坂、それに最終的には蝦夷地まで手を伸ばし、アイヌを無視して直接昆布や俵物《たわらもの》を飛騨屋などの商人と共に入手していた。その先にあるのは、当然のことながらロシアであり、薩摩はロシアもターゲットに入れていた。

薩摩はオランダとの貿易に行き詰まりを感じていたので、新たな貿易の拠点として蝦夷地松前・ロシアはどうしても必要な場所であった。意次に近づき、さまざまな北ルート開発を模索していた。重豪の目的は蝦夷開発計画で、ロシア貿易を直接おこなうのは重要な財源になるからであるが、そのことを表に出すことはなく、裏で確実に動いていた。

オランダ文書によれば、島津重豪は幕府の許可を得て、参勤交代の折、長崎に赴き、オランダ船に興味を示して見学した。本来、オランダ船を見学することなど言語道断のことだが、幕府老中首座松平武元に表向きの許しを得ていた。重豪はオランダ船に乗り、構造の素晴しさと技術に魅せられた。島津重豪の場合、個人的な興味のほかに、薩摩藩の財政を支えるために抜荷という切羽詰まった問題もあり、外洋船がほしかった。当時、属国の琉球を利用した中国との貿易を拡大していた。薩摩が表向き輸出するのは主に樟脳《しょうのう》であったが、蝦夷地から手に入れた大物の昆布など俵物の輸出も拡大したく、海外、バタビアなどに輸出できる外洋船の発注も念頭に入れていた。

十八年後の一七八九（寛政元）年六月二十一日付シャッセのティチング宛の手紙には、重豪について信じられないことが書かれている。一七八八（天明八）年九月五日の日付で、公然の秘密として薩摩藩のバーク船が毎年中国とタタールの沿岸を航海し、ヨーロッパと中国の品物を持ち込んでいることを記しているのである。また、以前から松前には薩摩の船が出入りしていたことも明らかになっている。このことから薩摩はオランダ船を参考にバーク船を建造し、琉球だけに留まらず、松前を拠点にして中国やロシアと大規模な密貿易をおこなっていたことがわかる。いずれ説明するが、薩摩は事実上、半独立国化して貿易をしていた。

当時薩摩ではしばしば唐物《からもの》の密輸をはかり、これらを国産品に混ぜて大坂市場に流していた。富山の廻船問屋は薩摩から、砂糖のほかに、生蝋《きろう》、菜種、樟脳等の特産品、青貝細工（螺鈿《らでん》）など琉球特産品、琉球を経由して輸入した漢方薬種などを仕入れていた。その見返りとして昆布などの俵物を廻送し、薩摩はそれを、琉球を通して中国へ輸出した。北前船主である敦賀の廻船問屋高嶋屋は大坂心斎橋の日野屋を通じて、琉球の砂糖を仕入れている。砂糖（奄美大島産や琉球産）を大坂に廻送するにあたっては、阿波の藍商《あいしょう》がかかわっていた。たとえば、阿波宮島浦の鈴屋は阿波藍を薩摩に運び、その見返りとして砂糖のほかに薩摩の特産品を大坂へ廻送していた。その際、薩摩小間問屋嶋屋と組んでいる。

こうして大坂、富山、阿波などの商人に資金を出させて密貿易を拡大していった薩摩は、松前での密貿易をするにあたっても、これらの商人と手を組んでいた。さらにロシアとの貿易を目論む薩摩がこれらの商人ネットワークを頼りにしていたことは疑いようもない。

さて、重豪の手に入れたベニョフスキーの文書には何が書かれていたのだろうか。

「ハンベンゴロウ事件」と呼ばれたのは、ベニョフスキーが署名に貴族の家柄であることを表すvon（フォン）を入れたこととロシア語の「スキー」の部分を省略したためである。また通詞も大きな間違いをしてvon（フォン）をオランダ風のvanに変えたため、BenyowをBengoroに読み違えたことなどによって、ベニョフスキーが「ハンベンゴロウ」になってしまった。彼はカムチャツカからロシア船を奪って南下し、途中、阿波の日和佐《ひわさ》、奄美の伊須浜に寄港し、長崎出島のオランダ商館長に何通かの手紙を出そうとした。

彼とともに逃亡したリューミンがマカオに着いてから回想している。

〈日本人は、はじめは近寄らないよう制止したが、興味を持ったのか結局丁重に迎え、家に招待してもてなしてくれた。水や食糧といった必要なものを手に入れられる場所に行くことができた。しかしそこに移動すると、日本の役人が来て拘束し、厳重な監視を受けた。のちには釈放され、多くの日本人が我らの船を訪れ、米や塩をもらい、水の補給もできた。そのときベニョフスキーは、自らをオランダ人であると称し、交易のため長崎に行くところであると知らせた。オランダ商館長に手紙を書き、これを商館長に届けてほしいと、手紙を日本人に託した。しかし、次第にオランダ人と思われなくなり、危うくなったため、ベニョフスキーがすぐに出発することを決め、準備をはじめると役人は引きとめようとした。ベニョフスキーは大砲を撃ち、強引に出帆した。日本人が引きとめたのは役人が領主の命令を待っていたからだと考えた。もし領主の指示を待っていれば、船は焼き払われていたかもしれない〉（「ベニョフスキーとの冒険に関する記録所書記リューミンの回想録」）

一方、日本側の記録では、この阿波滞在に関して気の毒に思った阿波藩主が、彼らを憐れんで食糧と薪、水を補給させ、長崎のオランダ商館長宛の手紙をあずかったとある。

その記録と日本側に残されたもう一つの資料から、ベニョフスキーの行動がわかる。ベニョフスキーは一七七一（明和八）年、暴風にあい食糧や飲料水がなくなり、日本に漂着した。

一　土佐国崎之浜（佐喜浜）。端艇《たんてい》に乗ってベニョフスキーは上陸。村人たちと会い、水を要求し、村役人は彼らの船に行き身振り手振りで問答した。

二　阿波国日和佐では水を与えられ、出航した。

三　ウスマイ・リゴン島（奄美大島）へ上陸。積荷を陸揚げし、船体を修理した。日本側の記録によると、上陸して小屋を作り、大砲を据えつけたりしたが、問題も起こさず出帆した。身振りで空腹を訴えたので、米を与えたら喜んだという。

最初の手紙が江戸から送られてきたとき、オランダ商館長日誌では単に「江戸から送ってきた書状」となっているが、総督宛の手紙では「薩摩藩主が訪れた理由は、江戸から送られてきた手紙を渡しに来たため」とあり、ベニョフスキーの手紙を薩摩藩主（島津重豪）が持ってきたと記している。これは重豪が薩摩に帰るついでに頼んだのではなく、重要な事柄なので、老中首座松平武元から正式に許可状を得たうえでのことであった。重豪は田沼意次とも共有した可能性がある。

もう一通の七月十二日付の書状は、日誌では八月三十一日に渡されたことになっている。その後、ベニョフスキーらはさらに南に向かい、薩摩藩領の奄美大島にたどり着いた。ここでの待遇は阿波と違い、奄美の人々はすぐにイモや米、魚を持ってきてくれ、長い間ともに生活してきたかのように親切だったという。これは商館長日誌の原文に書かれており、リューミンの記録やベニョフスキーの回想録には書かれていない。

しかし、彼らの行動が、これまた阿波のときと同様に日本側の記録にも残されていた。それを見ると、幕府に対してロシアの実情を伝え、ロシアに対する警戒心や敵意を伝えたことがわかる。阿波でも一通の手紙を商館宛に書いているが、それが届かなかった場合のために、四通の手紙と二通の写しを書いて、日本人に託している。「日本にとって重要な意味を有する事柄を幕府に知らせたい」という言葉とともに手紙を渡したため、手紙を受け取った奄美の人々は急遽、薩摩藩主（島津重豪）に知らせ、重豪も役人を派遣して手紙を受け取った。どうやら「これは容易ならざること」と判断して、それらの手紙を長崎奉行に持っていった。奉行はすぐに通詞に翻訳させようとしたが、オランダ語ではなかったため通詞は翻訳できず、オランダ商館長に翻訳を依頼することとなった。

重豪は書状の一通を長崎に持っていき、ほかの何通かは幕府の武元や意次にも共有された。幕府は重豪が商館に届けて翻訳することを許可した。

〈通詞が高地ドイツ語で書かれた書状をもってきて、翻訳して書面で提出するようにと依頼。明日、翻訳して渡すと約束。言葉を翻訳するとオランダは低地、ドイツは高地となる。

一隻の船が暴風にあい、食糧と飲料水が欠乏していたので、日本の地に寄港して水先案内人と食糧などを求めようとした、と書かれていた。

通詞からの情報で、この船は阿波の国に難破漂着したもので、同地の領主から薪水を与えられ、再び出帆したらしい。

書状の日付は七月八日、署名はローマ皇帝陛下の中佐にして艦長たるバロン・モーリッツ・アラアダル・ファン・ベンゴロ〉（一七七一年八月二十六日付、アルメノールトの日誌）

翌日、商館長アルメノールトは約束した通り、長崎のオランダ通詞に正式に翻訳した書状を渡した。以下がその手紙である。

〈オランダ王国連邦と私の国王（ハプスブルグ）の合意によって同盟が成立していたので、私は致命的な暴風と荒れ狂う嵐の海を何とか耐えぬき、勇気を持ってオランダ商館に助けを求めようと思いました。（中略）私は、我々が北緯三〇度ですでに日本からそう遠くないところにいることがわかりました。そこで私は、貴殿（商館長）を深く信頼しつつ上陸することを決意しました。

我々の同盟国である貴殿から、日本の統率者（将軍）に連絡していただき、わずかな期間、我々がここに停泊できるよう取り計らって頂きたく思います。もし可能なら、許可された水先案内人を付けて頂きたく思います。そうして頂けたらとてもうれしいです。この緊急事態に食糧と水が切羽詰まっております。特に水はもうありません。（中略）貴殿には、我々が生き延びることに協力援助して頂けるよう、くれぐれもよろしくお願い申し上げます〉（ベンゴロ男爵から商館長宛書簡、一七七一年七月八日付／日本の海岸で座礁したロシアのフリゲート艦司令官ベンゴロ男爵の商館長宛の手紙、ドイツ語の写しとオランダ語訳）

ともかく、詳細な状況はわからなかったが、ロシアの南下をめぐり時代は大きく動いていた。重豪も実はベニョフスキーの手紙を見て画策し、意次も世界の流れを感じていた。たわいない記録と思われがちだが、すべては禁令を破る開国へ向けての道筋の始まりだった。

意次、老中となる

近代化への切符をオランダの書物より得た意次は、新しい道に邁進していた。一七七二（明和九）年一月十五日には、意次はとうとう正式に老中となった。それまでの老中格より五〇〇〇石がさらに加増されて三万石になり、意次政治は円熟期を迎えつつあった。すべては意次のコントロール下に入り、貿易開放に向かってより具体的に国づくりが始められる。これからは、意次が繰り出したより近代的な重商主義的政策において、彼の実力がいかんなく発揮される。

松平武元は六十歳になり、幕閣はすでに田沼意次派で囲い込まれていたが、忠義者の意次は武元にも気を遣っていた。

田沼が政権を担う天明期以前から依然として老中には、松平武元が一七四六（延享三）年五月から一七七九（安永八）年七月までと、長期政権として田沼意次の政権の中にいた。

武元はほとんど政治らしい政治をおこなったことはなく、政治に口をはさむような人物ではなかった。武元はもともと吉宗のイエスマンとして長く生きのびた。この名門出身の筆頭老中武元がどれくらい力を持っていたか、辻善之助氏は著書『田沼時代』のなかで、「その頃から意次は多少老中たちにも恐れられておったのであるが、しかしながらその頃には館林侯の松平武元というのがおって、この人が頗る方正な君子で、将軍に重んぜられておったので、意次も未だあえて専らにせず、憚《はばか》っておったのである」と書いている。武元には意次も少しずつ遠慮していたことがうかがえる。

意次は実力的には幕政改革を強引に進めることもできたが、先任者を軽んじるようなことはしなかった。前にも述べたが、武元などは老中職に三三年もつき、いわば生き字引であった。在職の長さは官僚らも同様で、勘定奉行になった石谷清昌も二〇年も奉行職にあった。本当の意味で意次が将軍を含め、自分のブレーンで政治をおこなうようになるのは、順調にいけば安永期の終わりになってからだった。

一月、まず意次が老中となった後、外交・経済と温めていた政策を実行する。

オランダの干拓の技術書を参考に埋め立ての方法を得ると、意次と意知は薬研堀《やげんぼり》・中洲に埋立地を造成しようとした。それから大きな次の干拓の計画も考えた。二月には江戸の大火（目黒行人坂火事）で神田橋上屋敷が全焼し、自身も御用金一万両を拝借することもあったが、それにもへこたれずに九月には南鐐《なんりょう》二朱判（銀貨）を発行して、翌年には樽《たる》廻船問屋株を公認した。

一七七〇年の意次の株仲間奨励による株仲間ブームにより、商人以外の業種、つまり今でいうベンチャー企業が次々と興った。一七七二（安永元）年に、大坂綿屋仲間株、大坂三所綿問屋株、大坂天満《てんま》青物市場問屋・仲買株、一七七三（安永二）年には菱垣《ひがき》廻船問屋が認められ、江戸薪炭仲買組合を含めて株仲間全体に税金の冥加金《みょうがきん》を課すことができた。さらに煙草、薬類、茶、藍、養蚕などにも広がっていき、商品作物の栽培が普及し、新興産業であるベンチャービジネスが一気に花開いていった。また、そこから税として法人税（運上金《うんじょうきん》）を取り、意次の天才的経済政策は実に安定していった。

しかし、反比例するように災害は意次に味方してくれず、風水害のため各地が続いて凶作に見舞われた。

通貨政策

この頃、意次はオランダの通貨制度も勘定方に勉強させて、上方（大坂・京）の銀と江戸の金を一つの大系にまとめようとしていた。一七七二（明和九）年、明和二年の「明和五匁銀《もんめぎん》」に引き続き、新たに発行された通貨「南鐐二朱銀（判）」は、それまでの経済の仕組みを変える可能性のある、斬新なものだった。両替商にとっては生命線で、明和五匁銀のときと同様に反対した。

南鐐二朱銀の裏表（牧之原市史料館蔵）

「『南鐐』とは極上の銀という意味であり、『二朱』とは金の単位である（一両は四分、一分は二朱《ママ》［四朱］だから、二朱判八枚で一両になる）。つまり、明和五匁銀よりもさらに金貨に近づいた銀貨が出るわけで、これで完全に日本を覆ってしまえば、東の金と西の銀が南鐐二朱判［銀］によって統一されることになるのである」（大石慎三郎『将軍と側用人の政治』）

当初は、オランダから輸入した銀貨をつぶして南鐐二朱銀を造っていた。市場に受け入れられるようになれば、回収した丁銀を改鋳すればいいので、輸入銀貨を使う必要はなくなるはずだ。

後世には南鐐二朱銀は質の悪い銀貨と見なされ、インフレを招いたとされる。だが、南鐐二朱銀が流通しても、急激なインフレは起こらなかった。つまり、南鐐二朱銀が質の悪い貨幣だとか、物価上昇を招いたというのは、意次に反感を持つ重農主義保守派や両替商が言いふらしたデマだった。当時は、流通が盛んで、江戸時代を通してもっとも物価は安定していた。

田沼時代の新貨幣といえば、明和五匁銀、真鍮四文銭、南鐐二朱銀の三つがあげられるが、鋳造の命は勝手掛老中の松平武元の名で常是《じょうぜ》（銀座の俗称、最高責任者）から出された。

「この政策がもう少し推進されていたら、日本の通貨はこの時代には完全に一本化されていただろう。（中略）

しかし、結局、田沼の革新的な通貨政策は松平定信によって潰されてしまい、明和五匁銀も南鐐二朱判も鋳造停止となる。吉宗時代から田沼時代へとせっかく順調な経済発展を遂げていた日本経済は、通貨の面からストップをかけられてしまうのである」（『将軍と側用人の政治』）

と大石氏が言っているが、そうなれば、日本経済はこの段階でもっと発展していたに違いない。

間接税導入

一七七三（安永二）年になると、意次はより周りを身内で固めた。意次は五十五歳、息子・意知は二十五歳、（島津重豪二十九歳、一橋治済二十三歳、松平定信十六歳）となり、意次は矢継ぎ早に革新的な手を打っていく。

四月、幕府は菱垣廻船問屋株を公認、六月、大坂正米切手の流通保障のため蔵出延滞切手の官銀立替制を発令した。株仲間は物品販売ばかりでなく、廻船問屋・飛脚問屋から水車の営業にまでおよび、幕府は公認された商売から上る利益金の一部を現在の法人税にあたるものとして運上金、または営業許可税にあたる間接税として冥加金を徴収した。間接税という概念と制度は、意次や石谷たちが考えだしたとは考えにくく、やはり紅葉山の文書の御書物奉行青木昆陽の翻訳と長崎オランダ通詞と江戸参府に来たオランダ人への聞き取りや出版物から得たと考えられる。

これまで、吉宗は「米将軍」であり、三〇年間以上、米（相場）と向き合い、農業中心の重農主義を主体としていた。ところが米による市場は相場に左右され、重商主義的な米市場主義になってしまった。

吉宗も重商主義にかえようとして、田沼意次ら紀州家臣の実力主義者を取り込んで試みたが、意次の時代になってようやく市場経済に移行していった。

新田を開発したところで、大幅な米の増産は見込めないし、新田開発によってできた新しい耕作地には、米ではなく現金収入となる商品作物を栽培するケースが増えてきた。これまでは米以外には年貢は課さないのが原則であったが、すでに都市をはじめ農村に至るまで、貨幣による流通経済が普及し、米を中心とした経済は崩壊しつつあり、税金も含め、意次の政策は、すでに重農主義から重商主義に変わっていた。

通貨の統一もさることながら、まさに間接税導入は画期的なことだった。すでにヨーロッパでは進んでおり、蘭書翻訳から知識を得ない限り、理解することは不可能だっただろう。新しい税である間接税は商人の統制もはかることができ、株仲間の公認は流通経済の発展をもたらした。個人ではなく、株仲間という商人のグループに課税することは、より税の徴収を容易にした。意次はこれをさらに積極的に利用して、それぞれの産物や商品についても同じように独占販売権を与えることへの見返りとして、冥加金・運上金を徴収した。意次は徳川幕府における年貢以外に税を取る大名であり、幕府の財政を立て直すまさに新たな重商主義の代表だった。

もともと株仲間は物価高騰を抑えるために公認した同業者組合であり、いわばこの運上金の成功は、意次の近代化への道しるべだった。何度も言うが、彼一人で近代的な政策を思いつくことはできなかった。

一方、意次には悲運が続いた。この一七七三（安永二）年は全国で天然痘が猛威を振るい、六月十二日、長崎奉行の和泉守信政が六十三歳で亡くなった。この死は『徳川実紀』に簡単に記されているが、オランダ商館長の日記によると毒殺の疑いがあるとされている。さらに十二月十九日、一橋家家老だった意次の最愛の弟、田沼意誠が亡くなった。一橋家との大きな架け橋で、一橋家と田沼家にはなくてはならない人物だった。これまたあまりにも不自然な死である。経済発展、重商主義の反面、天災も続き、いくら財政が税収入でよくなっても、意次政権にはまたもや暗雲が漂っていた。政治的には次なる一手、秘策である経済開国を考えるしかなかった。

2　近代的な干拓事業と大運河建設

薬研堀と中洲の埋立

税の大構想により経済のイノベーションが起こると、次に意次は多角的干拓計画を立ち上げた。一七七〇～七三年頃、意次は薬研堀および中洲の埋立地を造成する。薬研堀とは、現在の中央区東日本橋一丁目十番から二丁目十番・九番にかけてあったL字型の堀割である。このあたりには、米澤町、矢ノ倉町という町があり、米蔵（あるいは「矢ノ倉」の文字通り矢を納める倉）があった。その関係で大川（隅田川）から荷の積み降ろしのための堀割が作られていた。堀の断面が、薬研という薬種を砕くために用いる船形の器具に似ていたので、薬研堀と呼ばれた。しかし、倉が別の場所に移転したため、使用されなくなった堀割の一部が埋め立てられて薬研堀埋立地となった。この場所は両国に近いことから料理屋や商家が多く、埋め立てによってその賑わいは増した。わずかな金で遊ぶことのできる大衆娯楽場として、多くの茶屋や湯屋《ゆや》が営業を始め、ほかに見世物、楊弓場《ようきゅうば》などの庶民の遊び場ができた。ここから意次は運上金・冥加金を取った。また酒、醤油、酢にも税金をかけた。茶屋

薬研堀と中洲の埋立図

や湯屋、見世物小屋や楊弓場などの風俗店・娯楽場まできりなく、すべての店から税金を取った。売春婦からも、仕事は見て見ぬふりをしたが税金を取った。江戸百万人すべてからきっちりと税金を徴収したのである。これは、徳川幕府政権下で、田沼意次を除いて誰一人としておこなわなかった。

また、中洲は現在の中央区日本橋中洲で、その名の通り、大川（隅田川）の河口付近にできた中洲である。そこを埋め立てるという計画は一七七〇（明和七）年に持ち上がり、翌一七七一（明和八）年に普請が始まり、一七七二（安永元）年に埋め立てが完成した。中洲富永町、あるいは三俣富永町と名づけられ、面積は九六一七坪、茶屋が十三軒建てられた。一七八八（天明八）年までの十六年間に茶屋九三軒、湯屋が三軒と江戸の一大歓楽街となった。北東の隅にあった料理屋四季庵はとくに派手な造りで人目を引き、この中洲ができたおかげで両国に近いあたりは客足が途絶えて寂しくなってしまったという。江戸のこの一角は明るくなり、それに伴って税により幕府の財政も明るくなっていった。

この薬研堀・中洲の干拓という小さなプロジェクトは、次のもっと大きなプロジェクトに向けての序章だった。

干拓の大計画と新たな舟運ルート

大プロジェクト、それはこれまた青木昆陽が得た資料を用いて計画された印旛沼《いんばぬま》・手賀沼《てがぬま》干拓事業であった。ここは江戸に通じる大動脈となるもので、意次が印旛沼・手賀沼干拓事業や蝦夷地の調査・開発などのために大金を融通できたのも、冥加金・運上金という現金収入があったからこそといえる。だが、頼みの綱の青木昆陽は一七六九（明和六）年に没しており、のちの書物奉行には干拓計画は荷が重すぎた。

後の一七八二（天明二）年、印旛沼・埴生《はにゅう》郡の代官宮村孫左衛門は幕府首脳に働きかけた。四月、勘定の猪俣要右衛門が印旛沼周辺の各地を視察し、調査結果を勘定奉行に報告した。その報告を受けて勘定奉行は、この事業計画をどうするかを評議する。七月、奉行所での評定が決定し、印旛沼干拓事業は正式に幕府によって決定され、本格的な干拓事業が始められることになった。この時点で資金は民間に出させ、工事の主導は幕府がおこなうという方針になった。

印旛沼の干拓計画の決定は一七八二（天明二）年で、最初から那珂湊《なかみなと》から北浦をへて利根川、印旛沼、検見川《けみがわ》、江戸湾という新たな内川江戸廻りの大運河（舟運）ルートが幕府の構想にあった。勘定奉行から内々に指令が出ていたと考えられる。この計画全体は意次の経済活性化政策の一環と位置

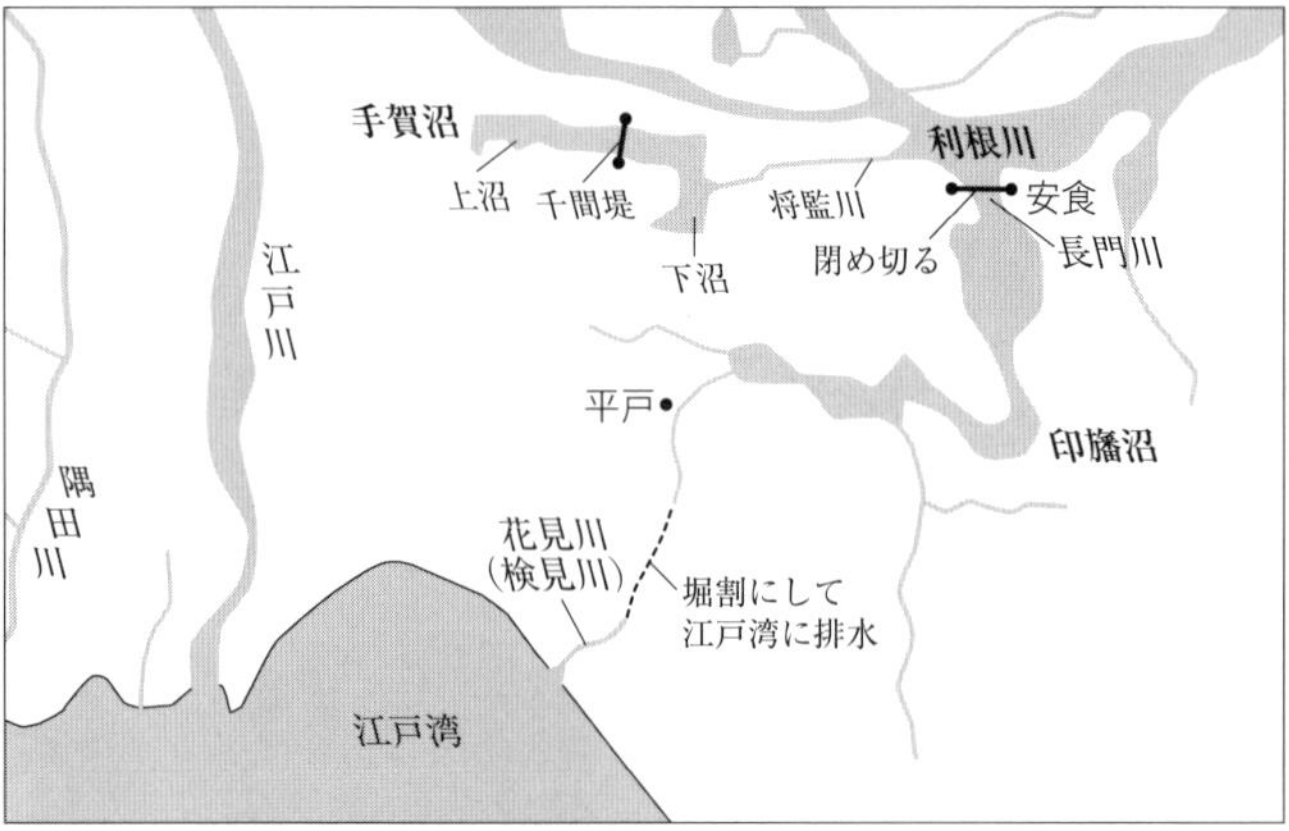

印旛沼・手賀沼干拓図

づけられ、意次自らが主導していたといっても過言ではないだろう。

この干拓事業の最初の目的は、新田開発とともに暴れ川利根川を鎮める治水事業にあった。そもそも利根川は今よりもずっと西側を流れていて、直接江戸湾に流れ込む川だった。利根川は昔から「坂東太郎」の異名をとり、日本三大暴れ川の一つに数えられるほどの氾濫の多い川で、何度もその流路を変えていた。江戸時代、新田開発の推進や北関東、奥州からの水運ルートの整備の必要性から徳川家康の号令で渡良瀬川《わたらせがわ》水系や鬼怒川《きぬがわ》水系とつないで銚子に流すように流れを変えたのだ。この利根川東遷事業をきっかけに利根川流域の舟運も発達したのである。大運河建設構想はこの利根川流域の舟運をさらに飛躍的に発達させるものとして期待がかけられていた。

しかし、天明期に計画された印旛沼干拓事業の本当の目的は、すでに述べたように舟運ルートにあった。

奥州太平洋側の物資を江戸に運ぶためには、房総半島を回って江戸湾に入ってこなければならない。だが、外房は途中に立

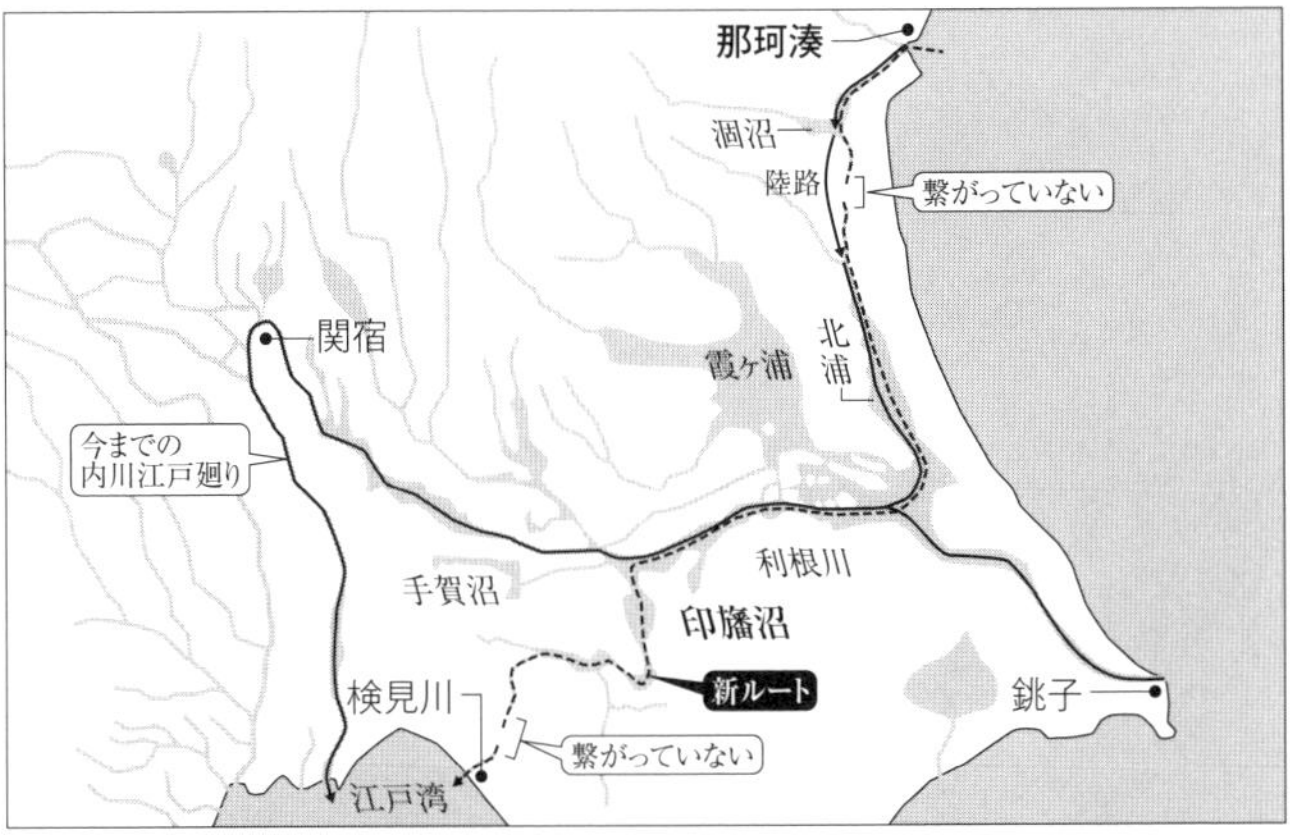

舟運ルート図（構想）（江戸時代の水域状況図より作成）

ち寄る港もなく、太平洋の荒波にさらされてその運行は困難を極めていた。さらに、房総半島を回って直接江戸湾に入ってくることは、当時の船の性能では困難だった。そこで、いったん三浦半島か伊豆下田まで行き、そこで風待ちをして江戸湾に入ってくるしかなかった。後で詳しく述べるが、外洋船が必要となる理由のひとつはここにあった。しかし、当時は大きな船を造ることは禁じられていたので、太平洋の荒波に耐えられる船を造る技術も発達していなかった。

そこで、太平洋廻りのルートを利根川から内陸水路で江戸湾に至るようにすることが考えられたのである。いままでの那珂湊内川江戸廻りでは十分な物量を捌けない。一般に米は大坂の蔵屋敷に納められることが多いが、それは西国や日本海側の諸藩のことで、奥羽地方の太平洋側の諸藩やそれらの地域の幕府直轄領の米は、一部は江戸に運ばれていたのである。したがって、那珂湊から江戸湾に入るコースを用いた東廻り航路の重要性は高かった。

このため新しい効率のよいルートとして考えられたのが印旛

沼の干拓事業であった。意次がこの事業を開始したときには、新田開発や利根川の治水よりも内陸舟運の新ルート開発が主たる目的になっていたのだった。

那珂湊から利根川を経て江戸に入るルートは、「那珂湊内川江戸廻り」である。このルートには二つの問題点があった。一つは那珂湊から北浦あるいは西浦へ抜けるためには、涸沼《ひぬま》を経由するが、ここで一度荷を降ろし、陸路を運ばなければならない。那珂湊ではなく、銚子から利根川に入るにしても積み替えが必要となる。関宿から江戸川に入るにしてもかなり遠回りとなる。

内陸運河は舟運の発達と絡んでくる。舟運の発達は流通の発達である。勘定奉行石谷備後守清昌を中心に利根川本流、江戸川、荒川、新河岸《しんがし》川などをはじめとして関東全域の主要河川の河岸《かし》を調査し、領主ルートの河岸だけではなく、農民のルートの河岸を含め、公認の河岸問屋株を設定している。これによって、運上金による財政確保と舟運機構の再編と統制を図った。また、ここで内陸舟運がさかんになれば、運上金のほかに通行料収入も見込めると踏んだのである。

幕府が「内川江戸廻り」の新ルートを開発しなければならないもう一つの秘密の理由は次のような事態である。

十八世紀半ば、ロシアが蝦夷地でアイヌとの交易を求めて南下し、たびたび千島アイヌとトラブルを起こしていた（詳細は第三章）。日本に接近する外国勢力に対して幕府も真剣に対応策を考えなければならない状況に立たされていた。三陸沖にもロシア船が出没したという事件（元文の黒船事件）もあった。ロシアなど外国船の接近が頻繁になると、外国勢力による江戸湾への進入、あるいは逆に、外国船の進入を防ぐために江戸湾を封鎖することも考えられる。もし江戸湾に進入されてしまったら、あるいは外国船の進入を阻止するために江戸湾を封鎖してしまえば、奥州方面ばかりではなく上方からの船も入れない。江戸に入ってくる物資が大幅に減少し、江戸は機能停止してしまうだろう、という問題があった。那珂湊でワンクッション置けば、いざというときに直接江戸湾に入ってこられる危険性をさけることができる、という考えだ。

蝦夷支配についても同様である。もうすでに松前藩に蝦夷の経営を任せておくわけにはいかなかった。幕府による蝦夷の開発、直轄も考えはじめていた。直轄となれば、蝦夷の物資を迅速かつ安全に江戸に運ぶことが必要となる。当時、冬季のみに限られていた外海江戸廻りの航路や、積み替えが必要だった内川江戸廻りの航路では不十分なのだ。だからこそ意次は交易地として、ロシアは箱館〔函館〕、オランダは長崎、というプランを考えた。

実際の開国から七〇年前、この意次の計画は経済開国の一つであったといっても過言ではない。意次はこの開国を経済的なものに限定して考えていたらしい。政治的開国については次の段階、次世代（家基・意知）に託すつもりでいた。

と同時にロシアもオランダも開国に期待をふくらませていた。幕府がその気になれば開国はできる。国内文書は消され残ってはいないが、なかでも領地を持たない一橋治済や貿易の野望のある島津重豪は、家基を中心とする田沼政権を補佐することにより、こうした思惑で得られる利益の分け前を得ようとしていた。

こうして、一七八二（天明二）年七月、幕府は印旛沼の干拓を開始する。翌年十一月には田沼意知《おきとも》が若年寄に就任し、外交政策部門の責任者、今でいう外務大臣の役割を果たすことになる。

田沼意次と平賀源内

意次のブレーンは勘定方だけではない。民間にも広がっており、なかでも、発明家ほかで有名な平賀源内は、田沼意次の用人三浦庄二ともいろいろな局面で深い関係があった。また源内はオランダともかかわりが深く、そのつながりは意次の政策遂行と実現にとっても大きくかかわってくる。

ここで、見え隠れする用人を通じた二人の関係と源内の動向をまとめておこう。

一七六八（明和五）年二月、源内は通詞を通じてオランダ商館長よりもらい受けた最新の昇降器を模造して「寒熱昇降器」（寒暖計）を製作し、のちには『日本創製寒熱昇降記』を著した。

一七七〇（明和七）年十月、源内は意次の援助のもと「阿蘭陀《オランダ》翻訳御用」の名目で長崎に遊学し、島津重豪の用人や通詞の手配でオランダ船の調査をおこなった。このとき初めて電気を作るエレキテルを通詞《つうじ》とともにオランダ商館長より見せられて驚いている。この渡来エレキテル（摩擦起電器）はのちに復元に成功し、一般にも公開している。長崎行きについては不明な点が多いが、意次の命で用人三浦庄二によって通行証、経費の用意をしてもらい長崎に行くことになったのは確かである。のちに知人に宛てた手紙に「田沼侯御世話ニテ」長崎に行ったと書いている。また、別の知人には「此度《このたび》阿蘭陀翻訳御用仰せ付けられ」とも書いている。

「阿蘭陀翻訳御用」という名目は、表向き私的な遊学に近いものだった。オランダ商館で多くの重商主義、光学、科学等の調査をすることが主要な任務だったと思われ、最初の長崎遊学は二十代の半ばであった。このときオランダ通詞吉雄耕牛《よしおこうぎゅう》（幸左衛門、幸作）に会い、蘭書の博物書の数々を目にした。その後、源内は蘭書の図鑑・図譜を買いあさり、ヤン・ヨンストンの『動物図譜』やドドウネスの『紅毛本草』も手に入れた。

源内の鉱山事業についてもオランダの銅貿易が大きく関与している。もともと源内主催の物産会がきっかけで知り合った武州那珂郡猪俣村（現・埼玉県児玉郡美里町）の中島利兵衛らと共同で、奥秩父・中津川で金や石綿、鉄の採掘を試みている。きっかけは石綿であった。一七六六（明和三）年からは金山事業に着手している。この金山事業には中島のほか千賀道隆も投資していた。意次による印旛沼・手賀沼干拓が本格的に始まる十数年ほど前の安永年間に、源内と千賀道隆・道有《みちあり》父子は奥秩父・中津川で鉱山の開発を手がけている。しかし、水抜きに悩まされ、思うような鉱脈が見つからず、一七六九（明和六）年には金山は閉山となった。

その後、源内は意次の援助のもと、前述したように長崎遊学を果たし、一七七二（安永元）年に長崎から江戸に戻り、翌年、あらためて中津川の鉄山事業に着手した。実は、この鉱山調査について、オランダ商館長より通詞を通じて秘密裏に依頼もされていた。また、源内はこれと同時並行で秋田藩の依頼を受けて銅鉱山調査に赴いている。秋田から戻って、再び中津川の鉄山に取り組むが、これも結局は失敗に終わってしまう。

この一連の鉱山開発にともなって、源内は精錬に必要な炭を調達するための炭焼き事業を秩父で始めている。この鉱山から産出する金や鉄を、河川を利用した舟運で江戸に運ぼうとしたのだ。

一七七四（安永三）年八月、源内は新規通船を幕府に出願し、船改めのあと運上金を納め、贄川《にえがわ》村（現・秩父市荒川贄川）から久下《くげ》村（現・熊谷市）までの通船株を取得した。一七七五（安永四）年に通船工事が完成した頃には実際には鉄や金が運ばれることはなかったが、鉄山事業と並行しておこなわれた炭焼き事業には役立ち、材木や炭などの輸送に利用された。

この時の源内の経験が内陸の運河による舟運の整備に結びつくことを三浦庄二は意次に伝えた。意次が源内に期待していたことは、荒川舟運の実績を踏まえて、運河建設に関してのさまざまなアイディアを出してもらうことだった。オランダの運河建設の技術を、民間を通じて導入しようというのである。オランダは干拓と運河の国であり、明治の初期には、オランダ人技術者が来日し、砂防ダムや放水路、分流工事を指揮したり、利根運河を建設したりしている。これらの技術はこの時代に突然完成したのではなく、以前から高い技術を持っていたオランダにゆだねたのである。

オランダと平賀源内の深い関係は、本草学の師である田村藍水《らんすい》と既知の書物奉行青木昆陽がいたことも捨てきれない。

しかしながら、のちにオランダ商館に伝わっている源内の評判は必ずしもよいものではなかったようだ。

〈そして、商館長は通詞に、前年に新しい鉱山が発見されたというが、鉱山の生産性が悪く、生産量が生産コストをカバーできないことが明らかなのに、あれほどの確信と自信を持って発表された。まったくもって奇妙なことだ、と告げた。すると、通詞によると、あの発表は新しい鉱山開発のために幕府に雇われ、新しい銅山や金山が発見されたと偽って主張し、多くの領主をだました源内によってなされたものであり、源内は鉱山開発の目的のために使うはずの資金を着服したといわれているということだった。また、実際にいくつかの地方（秋田）で、金と銅の鉱山があることがわかっていながら、幕府に知られると、その地方を取り上げられ、他の劣った地方に移動させられると恐れているため、多くの領主は幕府に秘密にしているとも話していた〉（一七八〇年十一月五日付、ティチング、フェイトから総督宛）

のちに説明する源内の死の真実が、まさにそれを証明している。評判はさておき、これらオランダ文書から源内が鉱山などの情報を、通詞を通してオランダ商館長に伝えていたことがわかる。ただし、その情報は外れのことも多く、後半はオランダ人から山師と思われていたようだ。

3　予期せぬ幕閣の動き

松平定信、白河松平家の養子となる

一七七四（安永三）年、とうとう田安家を将軍家から遠ざけるさらなる画策がなされた。田安定信が御三卿より白河藩の松平家へ養子に出されたのだ。三月十五日、治済は田安邸を訪問し、田安定信の松平家への養子縁組を祝った。治済は、定信があまりにも賢く、自分の従兄弟で血筋が近いために疎《うと》く感じていた。最終的に定信は嫌々ながらも、田安家を出て行く。結果、御三卿筆頭の田安家は当主がいない状態がしばらく続き、のちに一橋家がその座を得ることになる。定信の胸中たるやいかなるものだったかわからないが、これまでの関係を見ると、表向きは意次、実際は治済の指示のもと、松平武元が実行したのではないだろうか。定信を御三卿筆頭である田安家から追い出すことは、治済にとって大きな命題であり、得をした人物は御三卿治済とその息子、のちの十一代将軍家斉しかいなかった。直系の大納言家基も、御三卿筆頭家の定信も将軍にならなかった。定信の恨みは最終章まで続いてゆく。

意次の弟で一橋家に派遣されていた意誠の死のあと（田沼家と一橋家のパイプが一度切れる）、治済は一橋家人事を次々に進め、一月十五日、意誠の後任として新庄能登守直宥《なおずみ》を家老にした。この人物は一橋家の生え抜きで、一橋家番頭である末吉利隆《としたか》同様、のちにおこる宮廷内騒動のキーを握る重要な人物であった。二月六日、治済の長男・豊千代（のちの家斉）のお宮参りがおこなわれ、将軍家治より長刀等を拝領した。

一橋豊千代と島津重豪の娘の婚礼

御三卿内の出来事は続き、一七七六（安永五）年、一橋家の内情より汲み取れるもうひとつの暗躍事、一橋家と島津家の婚礼がおこなわれようとしていた。一橋豊千代は島津重豪の娘・茂姫との婚礼を控えていた。重豪には御三卿・一橋治済との関係を結び、徳川家と結び付くための婚礼だった。反体制派から見た『星月夜萬八実録《ほしづきよまんぱちじつろく》』によると、茂姫と豊千代の縁組について次のようなエピソードがあるので、見ていくことにする。これを読むと、この縁組についてだけでなく、当時の幕閣で意次の味方と敵は誰か、その関係をうかがい知ることができる。

〈三十　主殿頭一橋殿へ薩摩茂姫媒する事　附り薩摩守重豪より駿馬を献ずる事

主殿頭は民間の出身で、享保の昔から三代の将軍に仕えて今安永に至り、老中職に任命され、家治公の寵臣であるのをいいことに、政事は皆意次の心のままにならないということはなく、特に、主殿頭の親しい者として、松平右近将監、松平右京大夫、水野出羽守、稲葉越中守、松平下総守、阿部豊後守、阿部豊後守子息能登守、牧野越中《ママ》［備後］守、井伊兵部少輔、西尾主水正［隠岐守］、太田備後《ママ》［備中］守等がいる。その他役人や諸侯・旗本でも意次の権力の大きさにへつらわない者はいなかった。（中略）

主殿頭は敵対勢力がいることをわかっていたため、主殿頭は有力大名と親交を持とうとした。まず、島津と親交を結ぼうと考え、島津の娘を民部卿の息子豊千代の嫁にすれば、役に立つと考えた。（豊千代は一橋家家老の能登守意誠の娘が生母であるという。［創作か］）

そこで、民部卿へ能登守意誠からこの話を勧めたところ、ご了解とのことだったので、島津薩摩守重豪へお付の水谷但馬守から申し上げ、この縁組は決定した。

島津重豪はこのお礼として、将軍家治と後継者の大納言家基に献上品を贈った。

重豪からの献上の品は次の通りである。

将軍家治公へ　　三種　二荷　巻物　三〇　金馬代

大納言家基公へ　　巻物　二〇　御馬　一匹

家基には琉球から薩摩に献上された駿馬が贈られた。家基は武芸を好んだのでこの馬をかわいがった。この馬は柔和で従順な性質であり、人間のようであった〉

一七七五（安永四）年九月二十七日、治済は長男・豊千代を将軍家治に御目見させている。この年、治済の側用人である末吉利隆は島津家の芝邸に通い、島津家家老の山岡市正と、豊千代と重豪の娘・茂姫の縁組について協議を始めた。

『星月夜萬八実録』では意次がこの婚姻を主導したかのように書かれているが、実際に関与したかは不明である。まだ豊千代も茂姫も三歳に過ぎず、治済や重豪は、この子たちの行く末をどのように考えていたのだろうか。のちに幸運、いや強引にだが、豊千代は十一代将軍に、茂姫はその御台所になるのである。

第三章　迫りくるオランダ・ロシアの開国要求

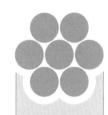

1　日本に迫る外国の脅威と幕府の動き

ロシア・オランダとの密貿易

一七七四（安永三）年頃、時を同じくして国内で意次が経済改革・税金増収で孤軍奮闘している中、ロシアは貿易のできる不凍港（蝦夷地）と、日本開国を求めて南下を続けた。当時松前藩では、ロシアと貿易することは禁じられていたが、裏ではクナシリ島付近でロシアと抜荷をおこなっていた。実際に密貿易を率先しておこなっていたのは、飛騨屋久兵衛、須原屋角兵衛という松前藩と契約した独占商人だった。陰には島津重豪もいて、一七七四年、飛騨屋久兵衛は、絵鞆《えとも》・厚岸《あっけし》・根室・クナシリの「場所」で独占的に貿易をおこなっていた。田沼意次は松前藩の密貿易を知っていたが、この時まで黙認していた。それが今後の貿易拡大の布石になることも知っていたからだ。

ロシアでは実際に、ベニョフスキーが幕府に予告していた南下政策が正式に決まり、イルクーツク政庁総督ブリルがカムチャツカ長官ベムに具体的な千島調査探検計画を訓令した。ロシアもまた強引に日本との開国貿易を検討していたのである。

〈イルクーツク政庁総督からカムチャッカ政庁長官に出された指令。目的は千島列島の地理と生息している動物の調査、海図の作成で千島からアトキス（厚岸あるいは蝦夷地、当時のロシアは蝦夷地を実際より小さいものと考えていた）まで行き、アイヌとは丁寧に接し、ロシア国籍に入るよう説得すること。また、日本人と接触した場合、日本がどのようなロシアの産物をほしがるか、日本の産物のうちどのようなものが輸入できるかを調査し、日本との交易の可能性を探ること〉（ポロンスキー『Kuriły』）

オランダはヨーロッパの国で日本と唯一長崎での貿易を許されている国だが、貿易船の船長や乗組員、商館長は長崎会所以外との密貿易をおこなって私的な財産を増やしていた。

それが発覚する事件が起こった。少し前の一七七二（安永元）年のオランダ船ブルグ号遭難事件だった。

この年、来航したオランダ船二隻のうち、ブルグ号は暴風のため被害を受け放棄せざるを得なくなった。乗組員は各自の貴重品や所持金を持って僚船に移り、ブルグ号は放棄された。しかし、沈没することなく日本の海岸に漂着した。これが大事になってしまう。日本人によって陸まで引かれてきたブルグ号からは多くの禁制品、密輸品、とくに贋物《にせもの》の人参根が発見されたのだ。しかも、それらは船長や商館長の箱から発見されたため、奉行所の怒りを買った。その結果、それまで免除されていた商館長や船長に対する検閲がおこなわれることになり、開国要求をしているにもかかわらず、微妙な状況となった。タイミングが悪かった。

オランダ商館の苦悩と日本の対応

オランダ政庁総督はこの事件の発覚に苦悩する一方、奉行所に媚るための方策を考えた。ロシアのエカテリーナ二世の南下の意図等を知っていたので、商館を通じて幕府に知らせるよう命じた。ロシアが幕府と交易することを恐れていたのだ。また、オランダ東インド会社では、イサーク・ティチングがバタビアの穀物倉庫支配人に任命された。ティチングは、開国計画に大きく関わる人物で、その後、初の在日オランダ大使として来日することになっていた。彼も次第に日本に近づいてきていた。

ベニョフスキーの話通り、安永期（一七七二〜八一年）に入ると、ロシアは本格的にアイヌを通じて日本との交易を申し込んできた。松前藩も真摯に受け止め、幕府にも伝えて対応せざるを得なくなってきた。

オランダはブルグ号事件以来、慢性的コミュニケーション不足に苦しんでいた。何か対策を講じなければならず、オランダの苦悩が仕方のない開国進言につながっていく。それは海外貿易に目を向けた意次の息子・田沼意知、そして大納言徳川家基にもゆだねられていく。

〈もし、今回われわれが貴殿（総督）に貿易の改善を報告できれば喜ばしいことであったのですが、いつも通り改善策は功を奏しませんでした。われわれは、長崎奉行に直接謁見して商館の悲惨な状況と改善を話そうとしましたが、それも禁令のためにできませんでした。逆に、オランダ貿易は一七六八年に銅の増量が認められたとき以外、もうそれ以上貿易要求は出すなと幕府より

念を押されました〉（一七七四年十一月十日付、総督宛）

この年（一七七四〈安永三〉年）の幕府の動きをみると、六月に関東八カ国で綿実仲買人を定め、八月に石灰会所を設立した。より多くの税金収入の確保のため、お触れを出していった。当然、これまで以上に過度な税金を徴収される側はおもしろくなく、商人はいぶかり、商人より金を借りていた保守派大名は天災を祈るように意次の凋落を強く望んでいた。

一七七五〈安永四〉年八月、本草学者田村藍水などの幕府の求めに応じて、オランダからは商館医で植物学者のツュンベリーが来日した。当時ヨーロッパでも本草学は盛んで、第二の朝鮮人参を見つけることが期待された。前に開国を進言したフェイトは商館長となり、長崎奉行からオランダの抜荷が再度発覚したら国外追放とするというお達しを伝えられた（ちなみに、薬になると称し、この年オランダ船はミイラを船載してきた）。

当時のオランダ文書に、ロシアの南下に対してフェイトは次のように警告を記している。

〈オランダは日本との貿易において、他の国とは違い、正直である。なぜなら今までの貿易を通じ、将来はかならず拡大につながることをすでに認識しているからだ。またそれは日本を他国から守り、互いの独占的な貿易が両国のためになり、日本が他の国と貿易することは、オランダとしては避けさせねばならない。しかし、それは当面ないであろう。なぜなら彼らは一七五〇年代

（松浦《まつら》河内守）にわたしたちの申し出を断わっているからだ〉（一七七五年十月二十七日付、総督宛）

このフェイトが言う「申し出」とは、バタビア政庁とオランダ商館長が、以前（一七五二〈宝暦二〉年）に幕府に禁令（鎖国）を解くように進言したことである。このとき、長崎奉行松浦河内守は、将軍徳川家重に限定開国草案について伝えていた。もし限定開国をすればどのような利が得られるか、意次を通し話し合いをおこなっていたのだ。この時は具体的に禁令を解き、開国をするかというぎりぎりの状況の話し合いだったが、幕府から一方的に決裂し、一時、幕府とオランダは戦争状態になり出島は包囲された。だから、フェイトはロシアが貿易（開国）を要求しても、多分幕府は応じないだろうと踏んでいた。

一七七六（安永五）年二月、オランダ商館医ツュンベリーは以前の幕府の意を汲み、田村藍水と相談して幕府から植物採集の許可を得て着手した。前にも触れたが、ヨーロッパでも本草学は有名で、イギリスなどは紅茶等で利益をあげていた。だから幕府としても、朝鮮人参の栽培成功に続く産業育成のため、ツュンベリーの来日、リサーチは必要だった。

四月、オランダ商館長フェイトの江戸参府にツュンベリーも同行し、幕府医官桂川甫周《ほしゅう》、蘭方医で本草学者の中川淳庵《じゅんあん》（二人は、前野良沢・杉田玄白とともに『解体新書』を翻訳）らと情報交換した。このとき、源内にも会った。これらをみても意次幕閣は重商主義に前向きなことがよくわかる。

オランダ商館長フェイトはより辛抱強かったが、オランダの貿易に関する苦悩は続く。一七七六年から再び、銅は一万一〇〇〇箱に戻された。奉行側としては銅産出の不振と、抜荷の心配があったからこその決定である。しかし、オランダ側はこれで十分というわけではない。商館長の交渉は続き、禁令を解くために将軍の機嫌を取り、さまざまな品物を贈り要望にこたえた。しかし、貿易改善の見込みがないのにそれらを続けることには限度があり、総督府も継続には納得しないだろう。商館長の日誌にはそのことに関する記載も残っている。

〈オランダ船に、都合一万一〇〇〇箱の銅（うち一箱は積み込む際に底が抜け、ほとんどの銅を海のなかに落としてしまった）を積み込んだ〉（一七七六年九月八日、十月二十七日付、フェイトの商館長日誌）

〈長崎オランダ商館は相変わらず、長崎奉行や幕府の役人に献上品を進呈し、サクエイモンから、ペルシャの種馬とベルベット三〇枚を送って将軍を喜ばせるようにとアドバイスを受けた〉（一七七六年十月二十六日付、フェイトの商館長日誌）

〈夜、奉行所通詞から将軍の要請書を受け取った。調達の困難な品物が多く含まれている。銅の供給量が増えるという希望が持てるならば喜んでこれらの品々を用意し将軍に差し上げるだろうと付け加えた〉（一七七六年十一月十五日付、フェイトの商館長日誌）

さらに、総督の決議に対する返信として、フェイトは次のような書簡を書いている。

〈対日貿易の不便さは、様々な法律によってもたらされています。我々は、この不利な結果をもたらすかもしれない成り行きには、ただ辛抱強く懐柔策をとりながら、幕府に改善の要求書を出すなどで対処していくほかないと信じます。こちらから強い態度で臨んでは問題を悪化させるだけに思われます。というのは、商館は結局追放されてしまうでしょうから。我々は、日本の法律は最初かなり厳格であっても、時が経つにつれ緩くなり、また最初のレベルに戻ることを知っております。ですから、日本からバタビアへ船が戻るのを待っていただいて、それまでに何が起こったかまたお伝えします。

つまり、発展を達成するために唯一可能な方法は、通詞と話し合い、禁令開国要求書を提出することです。しかし、通詞たちは彼らの地位を剥奪される恐れがないときのみ、奉行や上司に日本式のやり方で要望書を提出してくれるのです。総督によって、時折出される密貿易に関する声明文は改定されなければなりません。今後は、密貿易という言葉は避け、秘密裏に陸揚げされるものすべてを含むべきでしょう〉(一七七六年四月一日付、アルメノールトとデュルコープから総督宛書簡。バタビアにも保管)

出島商館の立場は辛かった。幕府に従わない限り、いつ日本から追い出されるかわからない。もし出て行けば、イギリスやほかの国が来ることはわかっている。同じことは近くの台湾でも起きていた。オランダは鄭成功《ていせいこう》の追撃を受けて、統治下にあった台湾から追い出された経験があるのを当然商館長は承知していた。

とくにフェイトは幕閣とバタビア政庁とのつなぎ役を担い、江戸幕府がきたるべき貿易開国に興味があると進言した。彼はその後十年にもわたり、日本とバタビアの間を通い、調整をおこない、長崎奉行と共に開国計画を進めていった。当時の天候不順も加わって、経済は悪化し、彼らは早急に計画を進める必要に迫られていた。そこに、久世丹後守広民が意次によって長崎奉行として派遣された。それはチャンスだった。

この年七月、列強のイギリスは、ジェームス・クックが北太平洋と大西洋を結ぶ北方航路を発見するためレゾルーション号艦長として出帆した。アメリカでは、七月四日、トーマス・ジェファーソン起草による独立宣言が大陸会議で採択され、これから捕鯨貿易を含め、東洋すなわち日本に来るチャンスをうかがっていた。開国を求めるのはロシアだけではなかった。

大納言徳川家基

封建社会での政権は、田沼意次が自ら密接な次の将軍を擁立できなければ立ち行かない。それが社会での掟だった。

一七七七（安永六）年、これまでこの時代見向きもされなかったもっとも重要な秘密の主人公がいた。次の将軍となる大納言徳川家基十六歳である。彼は十歳のころから遊行だけでなく鷹狩《たかがり》にも出かけるようになり、吉宗を彷彿《ほうふつ》とさせる青年に成長しつつあった。武芸にも秀で、とくに弓は誰にも負けないほどの腕前だったという。吉宗のように鷹狩の回数はさらに増え、一七七五（安永四）年には五回の遊行と二回浅草へと出掛け、自ら鷹を放った。鷹狩は将軍家における特別なもので、家康や

西暦	和暦	年齢	狩／遊	日付	場所（＊は遊行）
一七六八	明和五	7歳	0／2	4月6日 5月4日	＊飯田町（初遊行） ＊麹町
一七七〇	明和七	9歳	0／2	4月5日 9月21日	＊浅草 ＊雑司ヶ谷
一七七一	明和八	10歳	1／0	5月6日	浅草
一七七三	安永二	12歳	1／2	4月9日 8月7日 10月15日	王子 ＊濱 ＊雑司ヶ谷
一七七四	安永三	13歳	2／1	4月18日 5月2日 8月6日	浅草 羅漢寺 ＊濱の御庭
一七七五	安永四	14歳	2／5	4月7日 5月15日 7月15日 9月6日 9月22日 12月5日 12月23日	＊王子 ＊羅漢寺 ＊濱の御その ＊深川（船） ＊雑司ヶ谷 浅草（初放鷹） 浅草（新堀村浄光寺に憩う）
一七七六	安永五	15歳	3／3	3月7日 7月15日 8月18日 9月19日 11月23日 12月19日	王子 ＊濱の御その ＊大川畔・浅草（船） ＊雑司ヶ谷 木下川 小松川
一七七七	安永六	16歳	13／4	1月21日 2月2日 3月9日 3月18日 3月27日 4月9日 4月22日	千住 目黒 雑司ヶ谷 新井宿 志村 目黒 羅漢寺

家基の鷹狩年表

吉宗も好んでおこなっていた。鷹狩＝将軍家のスポーツと言っても過言でなく、鷹狩に興じることによって、世子としてのアピールも順調であった。意知も次期側近として、家基をサポートしはじめており、田沼意次政権の次期将軍・家基、側近・意知という構想はこのときすでに出来上がっていた。また、日光参拝（一七七六年）の前後にも、王子、木下川、小松川へ、翌一七七七年にも目黒に二回、雑司ヶ谷、新井宿、志村、羅漢寺、小菅《こすげ》に二回、高田、中野、浅草川、平井へと、年を重ねるごとに鷹狩に出かける回数は増えていき、家基の成長は誰の目にも次の強い将軍になるだろうと映っていた。

狩りの好きだった吉宗ですら、これほど頻繁にはしていない。この家基を見た将軍家治や母・お知保の方はより頼もしく、快く思ったに違いない。

				5月2日	小菅
				5月25日	＊濱の御庭
				7月15日	＊濱の御庭
				8月2日	＊深川
				8月13日	＊中川
				10月11日	高田
				10月21日	中野
				11月22日	小菅
				12月4日	浅草川
				12月23日	平井
一七七八	安永七	17歳	12／4	1月21日	千住
				2月13日	＊目黒
				3月5日	浅草
				4月23日	落合
				5月2日	浅草
				5月13日	亀有
				5月28日	＊深川
				閏7月16日	中川
				8月16日	＊雑司ヶ谷、高田馬場
				9月13日	＊雑司ヶ谷
				10月2日	中野
				10月27日	浅草
				11月13日	亀有
				11月25日	千住
				12月9日	西葛西
				12月21日	千住
一七七九	安永八	18歳	4／0	1月9日	小松川
				1月21日	二之江
				2月4日	目黒
				2月21日	新井宿（東海寺に憩う）

筆頭老中になるはずの意次も、家基の鷹狩の様子を、意知とともに喜んでおり、田沼政権として来《きた》るべき家基の将軍就任がターニングポイントとなるはずであった。しかしほかの御三家、御三卿、治済はあまり快く思わなかった。重豪も治済に感化され、少しずつ状況は変わってきている。

『星月夜萬八実録』によると、鷹狩に興じる家基について次のような記述が残されている。後の章でキーパーソンとなる佐野善左衛門も登場する。

〈三十一　家基公戸田川お狩りの事　並佐野善左衛門高名の事

ある時、家基は戸田川へ鷹狩に出かけたので、諸役人衆へお触れが出た。薩摩から献上された馬に乗って、午前八時頃出発した。お供の人々は次のとおりである。

先　大目付　正木志摩守

同　松平対馬《つしま》守

高家衆　中条大和守
御側衆　水野《ママ》［上］美濃守
　　　　大久保志摩守
　　　　本堂伊豆守
　　　　小笠原若狭守
御小姓衆　凡そ二十余人
家基公
御側衆御小姓衆出立同
若年寄　酒井飛驒守
布衣旗本半弓持参　凡そ一〇〇人前後の御供
御鷹役人　二人　付き添え二人
犬飼役人　一人
御医師　外科
足軽衆　五〇〇人

家基は戸田川へ出かけ、鷹狩の帰りがけに家基は雁が飛び立ったのを見て、あの雁を射る者はいないかと尋ねた。ついてきていた旗本たちは矢を射かけたが、どれも外れてしまった。しかし、佐野善左衛門の矢は当たり、御側衆が家基に落ちた雁を持って来た。家基はこれで機嫌が良くな

り、善左衛門をほめて、いずれ褒美を与えると言った。日暮れになったので、家基は帰った〉

この記述のすべてが事実とは言えないだろう。戸田川へ狩りに行った記録は他にはないので、この話の一部が創作の可能性すらある。

オランダの開国進言草案

開国のためにやってきたフェイトは、以前にも何度か触れてきたが、事前にバタビア総督に文書の命を受け、一七七八（安永七）年四月二十四日にオランダが熱望していた開国進言の草案を、再度新しく就任した長崎奉行久世丹後守広民に伝えた。

〈もしオランダ商館がただの商人のように行動していたら、もうとうの昔に日本を立ち去っていたでしょう。なぜなら、オランダ商館に残っている物といえば今現在銅のほか何もないのです〉（一七七八年四月二十四日付、総督から長崎奉行宛書簡）

〈一七七五（安永四）年に定められた新しい法律はただ状況を悪化させるだけで、このような状況ではもはや貿易を続けることはできません。だから、長崎奉行に直接手紙を書き、この手紙の内容が将軍の耳に入ることを願いたい。そうすれば将軍は、オランダ政庁が本当に貿易改善を必要としていることが理解できるでしょう〉（一七七八年四月二十四日付、総督から長崎奉行宛書簡）

さらに手紙は、日本の平和を脅かす恐れのある国について数行述べたあと、長崎奉行松浦河内守信正によってなされた約束について触れていた。

〈一七五二（宝暦二）年九月七日と一七五三（宝暦三）年八月二十六日に締結された契約によって商館は、銅の増量をはかることはできませんでした。秋田の銅山の産出量が減ったように見せかけて、既に一七六四年から銅の量は減少していました。そこで次のことを申し上げたい。

一　私たちは日本国の支配者である将軍に献身的に服従し続けています。

二　私たちは今の日本の平和に貢献し、他国の侵略から日本を守り続けています。

三　一七五二年から一七五三年の条約により合意された銅の貿易にもとづき、一年一万一〇〇〇箱の銅はほとんど底を尽き、残っていません。

四　オランダ商館長は将軍の望み通り、さまざまなものを届け、ヨーロッパから取り寄せたペルシャ馬、それにライオンの皮などを送り届けることに成功しています。これらも我々が将軍に服従していることのあらわれです。例えば、馬が贈られるまでに、かなりの時間を要したのは、将軍の好みが多様であって、そう簡単に対処することができなかったからです。

従って、すべての事柄を考慮し、これまでおこなわれている将軍の祖先が作り上げられた禁令を解き、より発展した開国貿易の道に進まれることをここに強く望みます〉（一七七八年四月二十四日付、総督府から長崎奉行宛書簡）

それに対して長崎奉行は何の返答もおこなわなかったが、久世丹後守は田沼意次、意知のかわりとして、明確な文書による回答ではなく、同意らしき証として、銅を五〇箱、オランダ商館に送り、暗黙のうちに進言草案を受け取ったことを伝えた。商館長は前向きの姿勢であると大いに喜び、バタビア政庁に「幕府は前向きだ」と手紙を送った。

一方、北のロシアサイドでも同様の動きが起きていた。一七七八（安永七）年六月、松前藩にロシアの艦隊が正式に貿易、つまり開国という禁令を破ることを求めて松前に渡来した。松前藩は現在の時点では貿易をおこなうつもりはないと答えた。しかしそのとき、ロシア側はオランダ同様貿易要求文書を松前藩に渡し、幕府はオランダ商館長フェイトにこの手紙を翻訳するよう求めた。

オランダ商館長フェイトは心の底から驚いた。オランダが出した開国文書とほぼ時を同じくした、ロシア側の正式な貿易要求文書だった。それまで数十年間オランダ側が幕府に出し渋っていたものをいま、ロシアが要求していた。もし蝦夷地で貿易が始まれば、オランダの利権は失われてしまう。困ったフェイトはすぐさま久世丹後守を通じ、この文書はキリスト教ギリシャ正教会の文字（キリル文字）で書かれているので翻訳しかねると伝えた。同時に、バタビアのオランダ領東インド総督にロシアの書簡ごと送った。いつものごとく幕府からの正式な返答はしばらくなく、フェイトはこれが日本的な棚上げ静観だと思った。

やがて駆け引きの末、長崎奉行から次の段階に進む道がフェイトのもとに届いた。八月十四日、（意次の息のかかった）長崎奉行久世丹後守より、次の商館長に外交に長けた人物の派遣を要求された。「次の商館長は貿易だけでなく、あらゆる外交に精通している人にしてほしい。今後の貿易の拡大にとっては必要だ」という内容だった。フェイトは本当に驚いた。すぐさま喜んでバタビア蘭印政庁に出港する船を通じて手紙を出した。のちに来日するティチングがその人物で、政治や政策に通じた外交官的な人物であった。江戸時代、幕府側から外交に長けた人物をオランダ側に要請したのは、このときしかなかった。つまり商館長としてだけではなく、のちの日本大使となるべき人物の派遣要請でもあった。オランダは久世丹後守が実務派の交渉相手とわかると、フェイトに代わる表向きは商館長、実際は外交官のティチングを本当に一七七九（安永八）年に日本に派遣した。

予測だが、ティチングが来日してから、意次、意知との間に水面下で実務的貿易開国の交渉が始まり、意次はそれだけではなく、蝦夷地を開拓し、日本の固有領土としてロシアと国交を開き、貿易しようとしていたのだろう。オランダ・中国との長崎貿易だけではなく、北方の巨大な帝国ロシアとも蝦夷地で同時に貿易をおこなおうとしていたのである。蝦夷地のどこかを限定的な貿易港として開けば、蝦夷地も開拓でき、困窮する武士たちの新たな収入源も得られる。また、巨大な領土が出現するだけではない。蝦夷地の金銀銅等の鉱山資源などを考えると、その利益ははかり知れない。経済の立て直しへの助けになることは間違いなく、ロシアの南下政策に干渉地を作り歯止めをかける大きな政策でもあった。

ロシアの貿易交渉

時は早く流れ、オランダが考えているより早くロシアの南下計画はさらに進み、エトロフ島では、一七七七（安永六）年、ロシア人がアイヌと衝突する出来事が起こった。松前藩は兵を派遣し鎮圧する。オランダは、ベニョフスキー事件以降、ロシアの南下に関しての新しい情報は持っていなかった。

この年、ロシアはヤクーツクの商人レベデフに探検を命じ、レベデフは、政府の船ナタリア号を借り受けて、ウルップ島で越冬し、翌一七七八（安永七）年五月、アトキス（このときは厚岸ではなく、ノッカマップだった）で日本人、おそらく商人と交渉を持った。内容は交易の場所を定めることと、地下資源の調査が主だった。ロシアはその後、千島のアイヌとは和解を果たし、南千島へロシア人が自由に出入りできるようになった。また、日本人とはこのとき何も決めずに翌年改めてクナシリ島で交渉する約束をした。

のちのナタリア号による二度の日露交渉はとても重要だった。

このとき、ロシア船ナタリア号はノッカマップに到着した。霧多布《きりたっぷ》の「場所」（場所とはアイヌと日本人商人との交易場所をあらわす。霧多布のほか、厚岸、ノッカマップ、クナシリに設けられた）は松前藩の番人などが滞在して、交易や狩猟の手配をしていた。

当時の日本側の記録が残っている。それによると、そのときの接触は次のようなものである。

〈深い霧の中大砲をうち港に近づく船があり、霧が晴れると大船から小船で海岸に上陸した。はじめは場所支配人の喜多右衛門と庄次郎とが応対し、どこから来たか、何の目的で来たかをたずねた。すると『ヲロシア』と答え、『渡来の目的は日本と交易をすることを望み、松前藩主にお願いしたい』との返答だった。松前藩上乗役人新井田大八、目付工藤八百右衛門が場所支配人らに代わって応対した。ロシア人は正式に松前藩に交易をしたいこと、交易の見本の品物を持ってきていることを告げたが、新井田は異国人との交易は松前藩主の指示がなくてはできないからと、翌年エトロフで返答することを約束した。ロシア側は松前藩主に宛てた書簡と進物を渡し、日本側はロシア側に再び来るようにといって帰国させた〉（『飛驒屋武川家文書』）

一方、ロシア側の記録では、もう少し細かいが、日本側の記録とはやや食い違うやり取りが残っている。日本側は翌年エトロフで返事をすると述べたのに対し、ロシア側は来年またクナシリまで来てくれと日本側に頼まれ、そうしたら幕府との交易は正式に樹立できると思っていた。

〈ロシア人は千島アイヌの通訳を通じて日本人と友好関係を結びに来たことを知らせると、日本人は大変喜んだ。おたがいに尊重し正式に交流したいと告げて了解した。さらに日本はロシアからの行程と距離を尋ね、ロシア側も日本人の出身地と行程を尋ねた。日本人はナナサギ（Nanasagi）に住んでいること、アトキスまで十五日かかり、約五三〇キロ離れていると答えた。また日本の首都や主な港町の名を挙げ、その後正式な交渉が始まり、港の設定、交易について話し合い、ロシア側は日本の首都や都市についての調査をおこなおうとした。結局、港については日本政府が許可を与えるまではクナシリ島まで行っていいことを口頭で同意し、日本側は来年夏までに交易のためにまたクナシリ島に来るように願った。日本側としては政府の許可なしに交易するわけにはいかないとして、とりあえず、今回はおたがい友好のために贈り物を交換することを提案し、来年以降はクナシリで交易ができるようにしたい〉（ポロンスキー『Kurily』）

松前藩はこれまでロシアと密貿易をおこなっていたが、ロシアとしては正式な貿易を幕府に求めていた。現実にロシア側は貿易使節を送る用意があり、今回の訪問の感触では松前藩の役人がいるので当然、来年から交渉できると思っていた。ここに松前藩とロシアとの大きな食い違いが生じた。

しかし、松前藩も幕閣も、すぐには対応できなかった。なぜならこの時期、日本は異常な寒波に襲われ、火山灰で気候は大いに荒れ、それどころではなかったのだ。一七七七（安永六）年八月の三原山など次々と続く大噴火による大寒波、天候や異常気象による凶作が原因で、民衆の不満が一斉に吹き出した。各地で一揆が起こり、すべての責任は幕府、田沼政権に押し付けられた。

こうして、幕閣は以前よりの目的を前倒しにする。この危機を脱する唯一のチャンスは、北の箱館（函館）と長崎で海外貿易の道を開くしかない。しかし外国との貿易を拡大するという方法は、以前よりの重農主義保守派の御三家、御三卿にとっては賛成しかねるものだった。また、鎖国という禁令を破ることは、明君家光公に反するものであり、徳川幕閣政権を根底から揺さぶるものだった。ここから、ここぞとばかりに保守派大名の冷酷執拗《しつよう》な田沼攻撃が始まる。天は意次に味方しなかったのだ。このとき、猫をかぶっていた御三卿一橋治済は、まだ表向きは意次に協力する姿勢をとっていた。

幕閣の動向

この一七七七（安永六）年、意次は五十九歳となり、四月二十一日、三万七〇〇〇石に加増された。意知は二十九歳になり、幕政の主導権を意次から引き継ぎつつあった。次は家基が将軍となれば、封建制上何の問題もなかった。

また一方、重豪三十三歳は、奄美大島等での砂糖の専売制を実施しはじめた。

砂糖が手に入りにくい出雲の松江藩や北の酒田藩など、これら諸藩で砂糖を原料とした和菓子が発達したのは、薩摩の密貿易のルートにあると言われている。のちに幕府御庭番が日本海の各藩の調査に出かけるのは、このような関係があったからである。前にも述べたが、とくに富山の薬売りは薩摩藩の御庭番のような存在で、諸国日記をつけ、多くの国を廻り情報を薩摩藩に送っていたと言われている。


重豪は幕府に、琉球との貿易だけでは手詰まりで、重商主義を推し進め、抜荷をなくすためには、禁令を破り開国をし、新たな貿易をしない限り生き残る道はないと説いていた。重豪の構想に表向き、政治的に同調したのが一橋治済（本当は隠れ保守派の重鎮）だった。治済は重豪の進歩的な考えに乗り、日本を禁令からの解放という道に突き進めようと、この時はしていた。まさにそれは治済の表の顔であり、もし天候不順でなければ明和・安永・天明のこの時期、時代は開国へ大きく動いていただろう。

奏者番の米倉丹後守昌晴《まさはる》（妻は島津久芬《ひさよし》の娘）が若年寄に任命された。のちに意知が若年寄になることを前提に中継ぎとして、一橋家家老田沼意誠が松平武元、意次に頼み込んで実現した人事だった。しかし、米倉丹後守も、これから起こるべき意知暗殺の大騒動の発端を知る人物になる。若年寄となれば、外務大臣としてオランダやロシアの文書も簡単に見ることができる。幕閣のみならず治済にも情報を報告・集約することもできた。

一方この年、さらに世の事情は飢饉をはじめとして、意次の思惑に反して極端に悪い方向へ向かっていた。一月に加賀藩金沢の町民が物価騰貴により豪商宅を打ちこわし、三月に南部藩遠野《とおの》の農民が荷役銭をめぐって強訴《ごうそ》。また、八月三十一日に三原山が噴火するなど、災害が多発した。四月十五日、治済も一橋邸の諸役所に厳重な倹約令を発し、これは一橋文書に「〝ほうき一本〟まで倹約するように」と赤字で記されている。治済の細かい性格が読み取れる。十二月二十八日、一橋治済側用人の末吉利隆が幕府徒頭《かちがしら》となる。これまたのちに長崎奉行となる重要な人事であった。一橋家の御用人が長崎奉行になるなど前代未聞だった。

2　開国を忌避する動きと家基の死

オランダの再度開国進言と家基の死

一七七九（安永八）年二月、将来を嘱望されていた十代将軍家治の世子、大納言徳川家基が突然亡くなった。

田沼政権の大きな転換点は、封建制で決定打となる次なる将軍職を逃したときにある。家重・家治と続いた将軍との蜜月関係が崩れたときだ。そこには、思わぬ陰謀が仕組まれていた。これまでにも幾度となく触れてきたが、田沼は家基が将軍へと続くと思っていたが、家基の死によりそれは叶わなくなった。これはもっとも重要な田沼政権の終了を意味する。封建社会では負けになり、政権から退場することになる。田沼意次は能力のある人材を登用するあまり、だれでも信用し、脇が甘かった。家基の死の真相についてはのちの章で述べることとする。

家基が亡くなる前年の一七七八（安永七）年四月二十四日、オランダ資料によると、正式に改革進言案は筆頭老中のもとに届けられたらしい。筆頭老中は松平将監《しょうげん》武元《たけちか》で、彼は保守派、一橋治済とも深い関係にあり、治済にオランダからの開国草案がもたらされた可能性がある。意次は老中になっていたが、やっと力を持ったばかりで、意知はまだ若年寄にもなっていなかった。治済を中心とする保守派はこの計画を知り、もし将軍職を改革派の家基が継いだら、開国計画は実行されてしまうと思ったにちがいない。保守派はいまのうちに改革派の芽を摘まなければいけないと思い、開国文書が届いて十カ月後、保守派の決断により家基を亡き者とした。それが証拠に開国の芽はそこで摘まれ、まるで家基の死を確認したかのごとく、一七七九（安永八）六月、手のひらを返したように、幕府はフェイトの開国草案に激怒している。

オランダ商館長フェイトは腰を抜かさんばかりに驚いて、態度をがらりと変えた幕府について、すぐさま蘭印政庁にいたティチングに手紙を書いた。

〈やはりよく考えてみると、我々が将軍に送った貿易拡大案＝開国進言案は、なんの成果ももたらさなかった。これ以上禁令を破る要請をしたら、これまで養ってきた外交努力が逆効果になるのではないかとわかった。私としては幕府側の限定開国に対する譲歩を勝ち得ると大いに期待していたが、いまの段階ではどうも早すぎたようだ。ともかく将軍および長崎奉行との関係をよく保つために、拒否されてしまった二匹の猟犬の代わりに、新たに注文された別の猟犬をオランダ側から（二つがい）取り寄せるつもりでいる〉（一七七九年六月二十一日付、総督府からフェイトとティチング宛書簡）

このころのオランダ側の手紙のなかでも、開国案について幕府とのやりとりが見える。次のものからは、幕府との微妙な関係やオランダ側の戸惑いをうかがうことができる。

〈今回出した正式な手紙が、長崎奉行を激怒させたらしい。一年前に手紙を送り、幕府はそれに対して肯定的に我々に五〇箱の銅を送り返してくれた。それは幕府の前向きな姿勢と喜んでいたが、思わぬ通詞からの否定的な反応にびっくりしてしまった。一年前なら、幕府は異議を唱えるところであろうということはわかっていたが、あれほどまでに我々の貿易拡大案＝開国草案が軽蔑されようとは思わなかった。これまで、将軍、幕閣に尽くしてきたはずなのに、私の心は傷ついた。いまや幕閣（田沼意次、意知）の気持ちはどのようなものなのか、わからない。こうなったら、日本人の気まぐれにあわせて適当にしたほうがいいのかもしれない。その代わりといってはなんだが、新しい情報が届いた。それは、長崎奉行を通じ（幕閣より）聞いたことなのだが、秋田地方に豊かな銅鉱山が発見され、その銅鉱は優良であり、輸出できる可能性があるという。「Gennij」（平賀源内）がそれを調査しているが、大いに両国にいい関係をもたらすことは目に見えている。幕府は激怒した一方、銅の輸出については前向きなのだ。今や私どもは幕府の態度をはかりかね、長崎奉行の激怒と新しい銅鉱山の発見は我々に何を意味することなのか〉（一七八〇年六月二十日付、総督からティチングとフェイト宛）

開国に奔走していたフェイトは、いずれバタビアに戻る船上で死亡するため、その後、すべての権限はティチングに託された。

ロシア、再び通商交渉

一七七九（安永八）年、風雲急を告げるかのように、ロシア船が二度目の渡来をし、ロシアは松前藩および幕府との約束通りに、クナシリにきて日本の船を待った。このロシアの二回目の日本への接触（四回目の探検）はレベデフの判断で、ナタリア号が再び日本に向かった。開国のためである。オランダ側と同じアプローチを繰り返すことになる。オホーツク政庁長官は日本人への貿易を求める手紙を持たせた。イルクーツク政庁総督ネムツォフの目的は、毛皮狩猟を発展させるために千島のアイヌとの友好関係を築き、それによってアイヌをロシア国籍へ編入させることだった。また、日本との交易を開いて、千島をロシア領土とするように命じた。六月、再度シャバーリンら数十名のロシア人が、ナタリア号ともう一隻の船で厚岸の霧多布に着き、通商交易を始め、次いで七月、アンチピン（以前に千島探検隊長で失敗）とシャバーリンは厚岸に着き、松前藩に通商を求めた。

ロシア側の史料によると、交渉の経過は以下のようになっている。

〈ナタリア号がクナシリに到着後、さらに進んでノトコメ（ノッカマップか）に着いたのは六月二十四日（露暦、和暦五月二十二日）だった。二カ月ほど待って約束の八月（露暦、和暦七月）になっても、日本の船（松前藩の役人を乗せた船）がこないので、さらに進み八月二十五日（露暦、和暦七月二十五日）にはアトキスに到着した。「日本の代官」と何度か面会をしている。「代官」は、松前藩の役人は悪天候のため船が来られないので、交渉は来年に延期し、そのときはクナシリでおこなうこと、厚岸は日本領なので外国人は来航してはならないことなどを告げた。ロシア側は

「代官」に日本人水夫と作物を交換することを許可してもらおうと交渉したが、「代官」も松前の幕府の許しもなく勝手に許可できないと断られる。ロシア側は「通詞」に贈り物をしようとしたが、「代官」に知られるのを恐れて受け取らなかった。その後、日本人水夫が「代官」にわからないよう取引を申し入れてきた。また、日本人との間でロシア・日本双方の情報交換をする。九月二日（露暦、和暦八月四日）、ロシア人との情報については松前の役人に報告し、来年はクナシリで交渉することを約束し、その上でこれ以上長期にわたって滞在することは今後の交渉が難しくなる恐れがある。だから、早々に帰帆することを命じられた〉（ポロンスキー『Kurily』）

ロシア側も納得して帰帆の準備をしていると、日本側から連絡があり、松前から役人の船が到着したので話し合いをする意思があると知らせてきた。そこで帰帆を延期して交渉をもつことにした。

九月九日（露暦、和暦は八月十一日）に、思わぬことに正式交渉が始まる。ロシア側は渡来の経緯を説明し、女帝エカテリーナ二世の命令で、日本人と面会して友好関係条約を結び、開国し、日露交易の実現について話し合うために来たと話した。日本側は、長崎というところでオランダと交易をしていると述べた。それに対してロシア側は、ロシアはとても大きな国で、イタリア・スペイン・オランダなどの多くの国と友好関係にあり、交易もしていると答え、日本とも友好関係を結び、開国交易をしたいとも述べた。また、話が決まったら、ロシアの長官と商人が来て、交易についての本格的な交渉をすることになるが、とりあえず、今回持参している品物を見てもらって、必要なものを交易し、今後のためにどのような品物が気に入ったか知らせてもらいたいと告げた。

しかし、日本側は交易品としては酒と作物以外はなく、自分たちの航海用に持っているものだと答えた。その後、日本側は日本ではサムル（Samur＝samurai?）という「彼らの神」が外国と交易することを禁じているので、交易の樹立については松前藩といえども自由にならないこと、ロシア人はクナシリにもエトロフにも来ることを禁止し、食糧などが不足した場合は直接来るのではなく、ウルップ島からアイヌを通して必要なものを手に入れること、どうしても日本と交易がしたいならば、長崎に行くように、再度今はここに長居してはならない、などと伝えている。

ここでも日露間の食い違いがある。交易ができない理由として日本側は禁令をあげているが、ロシア側はサムルにいるという神が禁じていると受け取っている。交易の窓口としての長崎を、日本側は必ずしも勧めているわけではない。どうしても日本の商品を手に入れたいのならアイヌを通じて入手すればよいという日本側に対し、ロシア側の史料では食糧不足のときにかぎり、アイヌを通じてウルップ島から手に入れてもよいとなっている。また、日本側は蝦夷地やクナシリはもちろん、エトロフやウルップまで来航禁止として、直接日本人と接触しないように伝えたのに対し、ロシア側はクナシリとエトロフにはロシア人は来航してはならないと受け取っている。

松前藩は、このロシア船来航のことも、交渉のことも幕府には知らせずに、独自の判断で対処していた。宝暦年間以来ロシアに関する情報を得ていたにもかかわらず、幕府には報告していない。松前藩はいわば事なかれ主義であり、アイヌとの交易についても商人に丸投げで、運上金・冥加金だけ取っていたのが実態だった。

この交渉のことは、オランダの記録にも残されている。オランダ商館長からバタビアの総督に宛てた手紙には、前年の一七七八（安永七）年六月に、松前の支配下にある楽島（歯舞群島の多楽島か）で見知らぬ船が発見されたと記されている。そしてロシアの艦隊は松前藩に貿易開国を求め、乗組員たちは日本人に手紙を手渡した、とある。その手紙はロシア側の貿易開国要求文書であり、幕府はオランダ商館長フェイトにこの手紙を翻訳するよう求めた。

〈九月二十六日、通詞は我々のもとにやってくると、松前藩と蝦夷地の中間地点にある楽島に、見知らぬ奇妙な船が上陸してきたと伝えた。（中略）日本人はその外国人が蝦夷地や日本の土地を占領するために上陸してきたのではないかと心配している。上陸してきた外国人に宗教は何かと聞いたところ、キリスト教ギリシャ正教会だと答えたそうで、スペイン人やポルトガル人のように熱狂的であったという。一七六二年に彼らは自分たちの法王を退位させ、さらにはその法王を殺してしまったということであった。その法王は彼らの宗教を良い方向に導こうと改革しようとしていたそうである。乗組員たちについては、我々は、ロシア人であると確信している。通詞は我々に、その船に関する情報を与え続けると約束した。しかし、何度も問い合わせたにもかかわらず、それ以後、我々は一度も報告を受けていない。なぜなら、彼らはそれについて語るのを今やできるだけ避けようとしているからである〉（一七八〇年十一月五日付、ティチングとフェイトから総督宛）

ティチングはこの船に関する情報を可能な限り手に入れようとするが、日本側の対応は鈍かった。

ティチングは不満を表し、オランダはロシアの動きに苛立っていた。

前述したように、数十年間オランダが出し渋っていた内容のことを、現実にロシアがおこない、彼らはなんと蝦夷地・箱館を開港せよと要求している。そして長崎と同等あるいはそれ以上に国としての貿易をおこないたいという。

貿易が激減している現状をなんとか打開しようと躍起になっているオランダとしては、ロシアという強力なライバルがあらわれ、それまでの独占状態が崩されることを恐れていた。オランダは幕府に対し、ロシアは侵略するために蝦夷地に進攻し、蝦夷地を独自の国家とする可能性があると虚偽の報告をしている。それだけではなく、ロシアはもともとギリシャ正教の国であり、過去に日本にやってきたスペインやポルトガルのようにギリシャ正教を布教し、天皇制や幕藩体制を崩壊させようと目論んでいるとも報告している。

さらにこのとき商館長はバタビア総督府に、ロシアから松前藩を通じて送られた親書はこれ以外にもあり、幕府がオランダ側にすべてを渡していないのではないかと大いに疑っているとも述べている。このときのオランダ商館長はまたA・W・フェイトに代わっており、彼はロシアが限定的であっても開国計画を進め、その地を蝦夷地と定め、軍船を送り込んでくることを危惧していた。自分たちがこれまで実行し得なかった開国を、限定的であるとはいえ、ロシアがすでに蝦夷地でおこなおうと田沼意次政権に迫っていたことを初めて知ったのである。

一方で、オランダ側の開国草案が幕府から拒絶されたことに悩むバタビア総督からのロシアの書簡に関する返答が次の手紙である。

〈貴殿たちが我々に送ってくれた、キリル文字で書かれたロシア語の手紙――日本に来た外国船が残していったというものは、バタビアでは翻訳することができなかった。そこで、我々はオランダ本国の領主へそれを送り、内容を理解してもらうことにした。我々は貴殿たちが我々に書き送ってきた事柄はすべて信じている。貴殿たちの手紙から、そのよそ者たちはロシア人であると結論づけてよいだろう〉（一七八一年六月二十四日付、総督からフェイトとティチング宛）

その後は、この件に触れた記録が残っていないため、翻訳されたロシアの文書の内容がどのようなものであったかはわからない。ただし、貿易・開国にまつわるものだったことは間違いない。

せっかく進んだ意次・意知の計画、オランダ・ロシアとの開国案は、家基の死により歯車が大きく狂っていく。

平賀源内の死の通説と謎

田沼意次の政権がまだ順調に進んでいるかのようであったころ、評判は良くなかったが、意次のブレーンの一人であった人物が亡くなった。一七七九（安永八）年、江戸時代の天才のひとり平賀源内が、伝馬町《でんまちょう》の牢獄で亡くなる。その最期は寂しいものであった。

平賀源内といえば、エレキテルの復元や火浣布《かかんぷ》の発明、本草学者にして、物産会・薬品会の主催者、戯作者《げさくしゃ》、コピーライター、山師といくつもの顔をもち、日本のレオナルド・ダ・ヴィンチと称される天才であった。

　しかし、自由奔放に名声をほしいままにした平賀源内は、酔ったあげくにある図面をめぐって門人の一人（あるいは客人）を斬り殺してしまい、伝馬町の牢に入る。さる大名が所有する別荘の修理普請の計画書か、大事な書類ないしは書物を盗んだと誤解し、逆上して斬りつけたといわれている。そして、その入牢中に病死したと伝えられている。

　この源内の死をめぐってはさまざまな謎がある。一般的には獄中で病死ということになっているが、別の説によれば、後悔と自責の念から獄中で絶食して衰弱死したという話も残っている。そのほかにも、牢内で源内は気がふれたとか、この事件のしばらく前から源内の言動はおかしかったということも伝えられている。

　また、殺傷事件のきっかけとなった図面についても諸説ある。屋敷改築の図面というのが一般的な通説となっているが、その屋敷は誰の屋敷かという問題。松本伊豆守という説、田沼意次という説、そして、その図面というのも田沼の屋敷に秘密の抜け道を作るためのものだったという説もある。それから運河の航路と設計図という説。さらには、意次は源内に蝦夷地松前藩のロシアとの密貿易を探索させており、図面というのは実はその報告書だったという説まであるのだ。

　ロシアはエカテリーナ二世の南下政策にもとづき、蝦夷地との貿易をおこなおうとしていた。さらには、千島列島、そして蝦夷地北東部にも貿易港を建設しようと考えていたというのだから、源内が持っていた図面とは、もしかしたら、このロシアの動きに関するものだったのかもしれない。ロシアの貿易構想、貿易港建設構想、あるいは貿易の航路などについての報告書だったのか。当時オランダもロシアの動きには非常に過敏になっていた。ロシア関係の報告書だとすると、オランダも絡んだ話ということも考えられる。いずれにしても、ロシアあるいは密貿易関係の文書だった可能性も否定できない。

ところが、数ある伝説的な話はともかくとしても、実際の源内の死は一般に伝えられている通説〈獄中での病死〉とはまったく違っていたようだ。

では、獄中での病死ではないとすると、源内はどのようにして牢獄で死んだのだろうか。具体的な内容がオランダの資料（商館長日誌）に書かれていた。オランダ商館長は、江戸参府した際に、江戸の手前の川崎宿で、訪問してきた江戸での滞在先の長崎屋主人（the host of yedo）から、源内（Sennij）の死についての話を聞いたと日誌に書き留めている。その内容は、私たちが知っている歴史とはまったく異なるものであり、驚くべきものだった。

〈江戸町奉行たちの命により、毒殺された〉（一七八〇年三月二十四日、ティチングの商館長日誌）

源内は病死ではなく、毒殺されたというのだ。それも江戸町奉行らの命によって、ひそかに処刑されたという。このとき商館長が聞いた話のなかでは江戸町奉行のほかにも幕閣のある重要人物や有力大名の名前も挙がっていたようだ。この記述を信用するならば、少なくとも源内の死には幕閣が大きくかかわっていることは明らかである。そして、源内の死は幕閣の政策と深い関係があったことを匂わせている。

この話が真実だとすると、歴史はまったく違うものになる。現実に源内の死については、歴史の上では「病死」が一人歩きし、明らかな証拠もなく実証されていないにもかかわらず、詳しい検証もされないままになっている。なぜ源内は病死したことになってしまっているのだろうか。それは、源内は病死したことにしておくほうが都合がよい人々がいたからではないか。源内の存在を疎ましく思い、葬り去ってしまいたい人々にとっては、「病死」という形がもっとも都合がよかったのであろう。

通説ではさまざまに語られている源内の死だが、記したようにオランダ資料によるとまったく様子が違う。どれが真実なのか。牢獄で死んだとすれば、いったい源内はどのようにして死を迎えたのだろうか。そして、なぜ死ななければならなかったのだろうか。なによりもオランダ資料が真実を語っているとすれば、なぜ、源内は牢内で、それも毒殺という形で死ななければならなかったのだろうか。謎は謎を呼ぶだけだった。

源内の死の真相

意次が計画していた開国計画は、家基が亡くなるまでは、どんな天災に見舞われても順調に進んでいるかのように見えた。将軍家治を継ぐ予定の大納言家基、意次の息子・意知、彼らの未来も明るかった。意知はオランダ商館長兼大使となるティチングらとの交流も江戸で行い、外洋船の導入の計画も現実味を帯びたものになっていった。ティチングも、のちの著書『日本風俗図誌』でも言っているように、意知に対して大いに期待していた。

が、しかし、明るく見えた意知らの前途に次第に暗雲がたちこめ、その崩壊のヒントとなったのは源内の死であった。

「毒殺された」と綴る長崎オランダ商館長日誌には続きがある。

〈薩摩藩主やその他の幕府の有力人物の強い求めに応じ、世間の不評を買うことを避けたいというためだった。公開処刑を避けたというのも、この源内は調査と観察の才能によってあらゆる部門の学問に精通した人物として、また、オランダ人の親しい友人として知られている人物として、皆に同情されていたからである〉（一七八〇年三月二十四日付、ティチングの商館長日誌）

この記述によると、島津や幕府の有力人物の要請によって毒を飲まされたとなっているが、幕府の有力人物といえば意次か。毒を飲まされたというのは服毒をすすめたのかもしれない。当時の江戸町奉行は牧野大隅守成賢《おおすみのかみしげかた》と曲淵《まがりぶち》甲斐守景漸《かいのかみかげつぐ》であり、ともに意次の配下の者で、なおかつ幕閣、勘定奉行とも共有していた。やはりそれができるのは意次しか考えられない。

ではなぜ、源内は死ななければならなかったのだろうか。

そこには、意次の経済開国計画を潰そうという動きがあった。影で中心になっていたのは、表向きは味方の一橋治済、そして、かつての意次の盟友、島津重豪であった。本来治済は祖父の吉宗公の意志を受け継ぎ、鎖国を続けようという意向をもっていたので、意次の動きを実際には許せなかったのである。重豪ははじめは意次に協力的であったのだが、最終的に治済に寝返った。

重豪はなぜ意次を裏切り、治済に寝返ったのだろうか。重豪はかねてより密貿易に手を染めてはいたが、父・重年の時代に幕府から命じられた木曽川の治水工事などによる出費、参勤交代の費用などによって、薩摩藩の財政は破綻し始めていた。さらに豪奢な生活がそれに拍車を掛けていく。

それを解消するために、重豪は琉球を通じた貿易の利益でもって財政赤字の補填を試みるができなかった。幕府、長崎会所の制限もあり、思うようにいかなかった。そこで琉球に対する支配の強化、輸出入品目の拡大をはかろうとし、源内の師田村藍水に琉球の物産について調べさせた。これも、琉球貿易の可能性について探る一環だった。だが、薩摩による琉球貿易の拡大は長崎貿易をさらに圧迫することになりかねないので幕府はうんと言わなかった。

そこで、重豪はさらに密貿易を模索し、漂流した中国船から品物を買い取ったのをきっかけに、いわゆる沖買いを始める。だが、大きな利益を得ることができなかった。意次の経済開国計画の話を知ると、公に貿易ができるのなら、その話に一枚かんだほうが得策だと考えた。ところがどうやら意次の開国計画はあくまでも幕府主導で、直営になりそうな気配である。もう一つの「長崎貿易」ができるだけのようだ。それでは薩摩にとってのメリットは何もない。ましてや、北方での開国となれば、琉球を通じて中国に輸出しようとしていた昆布の輸出も怪しくなる。そこで意次を見限ったのだろう。

また、一方の源内はもとの主君である高松藩主松平頼恭《よりたか》を通じて、（用人を介して）重豪を知っていた。それに源内の師の田村藍水と重豪は交流があったので、藍水を通じて、本草学についてやり取りがあった。中国産と国産の薬種についてなど、源内が何か重豪にアドバイスしていた可能性すらある。そうすると、源内は薩摩の密貿易についてかなり把握していたので、これを意次に知られる前に隠蔽したいという意図もあった。一方で、意次の経済開国計画、真の目的である運河建設も内々に源内は知っており、評判が良くない彼は今となっては厄介者となってしまった。この二人の幕閣の思惑が重なり、内情を知りすぎた源内には死んでもらうしかなかった。

あらゆる場面で幕閣の命を受け、実際に裏で動いていたのは御庭番《おにわばん》だろう。御庭番はもともと吉宗が将軍になって江戸に来たときに、紀州から連れてきた薬込役《くすりごめやく》が、その技能と知識を存分に生かす役目を与えられ、隠密御用を務めたものである。もしかすると、源内の死にもこの御庭番が絡んでいるのではないか。ある御庭番の家は勘定奉行まで大出世したといわれている。

あるいはこういうことも考えられる。エレキテルを復元しても、所詮《しょせん》は見世物にしかならない。秩父・荒川の舟運開発にしてものちに運河建設にどれだけ貢献することができたのだろうか。当時、もう源内はあてにできないし、彼の大風呂敷にはもう付き合っていられないということだったのだろう。トカゲの尻尾切り、つまり哀れな死だった。

工藤平助の国防策と蝦夷地調査隊

突然、開国に後ろ向きになった幕府は、オランダ商館への対応と同様に、ロシア対応もより消極的になる。ロシアが開国に対して積極的に接触してくるという事態になっても松前藩は、何とかロシアを追い返し、ロシア船来航のことも交渉のことも幕府に対しては何も報告せず、独自の判断で無視するという態度をとった。

これまで、松前は辺境にあるため、幕府が出した法令がきちんと伝わっているとも限らず、本州からの入国をなかなか許さなかった。幕府の役人が行って松前藩に問いただしても言い逃ればかりをして事実を話そうとはしなかった。しかし、蝦夷地にロシアが来航し交易を求めていることや松前藩から廻船を引き受けている商人がロシアと交易していることは、幕府も知っていた。そこで幕府でも噂を確かめ、その取締りと蝦夷地の産物を調査するため、幕府普請《ふしん》役を派遣しようと検討していたのである。

松前藩出入りの商人飛驒屋の船が松前藩の役人に不法臨検を受けて船頭が自殺するという事件が起きた。怒った飛驒屋が幕府勘定所に訴えたために松前藩の家老と藩勘定奉行が処分された。この報告を受けた幕府・勘定奉行から松前藩の内情や蝦夷地でのアイヌとの交易などについて、幕府はより本格的に調査し、蝦夷地の直轄を考えるようになったのである。それが、『赤蝦夷風説考』につながっていく。

この時期の田沼意次、勘定奉行松本伊豆守は長崎奉行から、ロシアが蝦夷地、千島、エトロフを侵略しようと計画しているとの話を長崎通詞より聞いたという報告を受けた。しかし、幕府はこの説をあまり信用していないようで、長崎出島のオランダ人が自国の権益を守るために流している噂ではないか、と疑っていた。

『赤蝦夷風説考』（上・下二巻）は一七八三（天明三）年、工藤平助が田沼政権の勘定奉行松本伊豆守に提出したものである。ロシアとの密貿易を禁止するなら、いっそのこと正式にロシアと国交を結んではどうだろうかという提案である。つまり、オランダ・ロシアの動きに対応した幕府の開国調査で、ロシアとの貿易を念頭に入れていた。

『赤蝦夷風説考』は、上巻には蝦夷地やロシアの状況と今後の北方政策に関する提案が著されている。赤蝦夷とはカムチャツカ半島のことである。赤蝦夷はロシアの一部であること、漂流と称して日本との交易を目的に根室付近にやってきていること、ロシアが南下・侵略を計画しているという説があることなどを紹介している。実際にはすでに抜荷が横行しており、抜荷を許しておくくらいなら開国して貿易を振興したほうがよいと考え、それに伴い侵略に備え海防の必要性も訴えていた。工藤平助の考え方は田沼の時代にぴったり合致した。

田沼政権と『赤蝦夷風説考』の関係について、大石慎三郎氏は次のように説明している。

「時代とともにアイヌはだんだん松前藩の支配を受けるようになり、田沼政権の頃には、実質的には蝦夷地は松前領と考えられるようになっていた。アイヌはシベリア、カラフト、千島等々にまで行って外国と自由に交易していたから、蝦夷地に渡った日本全国の商人たちもアイヌを通して外国と交通するようになっていた。鎖国体制は自ら崩壊しかねない状態にあったのである。

田沼政権は、こうした蝦夷地の実態を理解した上で、そうした外国との交易をこれまでのように商人委せにするのではなく、幕府自らが掌握しようとした。松前藩を改易し、蝦夷地を幕府直轄地にするところまで考えていたかもしれない。

実際、田沼の蝦夷地調査は、鎖国体制を立て直すためではなく、むしろ逆に、実質的な開国に持ち込もうという意図のもとに行われている。工藤平助が田沼政権に提出した上申書も、こうした状況を踏まえた上で、幕府も積極的に北に関わって貿易の自由を拡大すべきだとしている。有名な『赤蝦夷風説考』は、この時に上申書に付けられた参考資料である」（大石慎三郎『将軍と側用人の政治』）

そういうわけで、より具体的な次なる蝦夷地の再調査をおこなう必要があった。

工藤らの上司勘定奉行松本伊豆守秀持が意次に提出した極秘文書『蝦夷地一件』によると、勘定組頭土山宗次郎、勘定奉行松本伊豆守らが松前藩の動きに鑑み、真剣に蝦夷地の再探検調査を計画していた。その前に工藤平助がこの『赤蝦夷風説考』を提出していたので、松本は工藤と面会して、さまざまな質問をしたとされている。意次は松本伊豆守を通じて工藤平助を呼び、蝦夷地事情を詳しく聞き、土山宗次郎に調査を命じている。

工藤が『赤蝦夷風説考』を提出する前から松本はすでに動き出しており、平秩東作《へづつとうさく》の隠密的な蝦夷地派遣を考えていた。平秩東作は、勘定組頭土山宗次郎を通じて勘定奉行松本伊豆守（田沼派）の命を受けて蝦夷地の調査をおこなった。しかし、『蝦夷地一件』では、平秩に蝦夷地調査を命じたことにはなっていない。平秩は長崎通詞・荒井庄十郎と同行し、狂歌を詠ずる旅に出て、奥州松嶋・象潟《きさかた》の月を見に行くために旧知の土山に松前絵図を借りただけで、土山からは何も頼んでいないことになっている。あくまでも表向きの話である。『蝦夷地一件』のなかには、隠密の者を蝦夷地に派遣して調べさせているところだとも書いてあるので、平秩が土山を通じて幕府の命で蝦夷地に赴いたことは明らかである。

平秩は内藤新宿で煙草屋を営む稲毛屋金右衛門という人物で、戯作者でもあり、狂歌の世界でも顔役的存在だった。稲毛屋は息子に譲って平賀源内や大田南畝《なんぽ》、桂川甫周《ほしゅう》などとも交流があった。勘定奉行であった石谷備後守とも親交があった。平秩と石谷とのつながりができたのは、石谷の父の代から石谷家の用人を務めた山田儀兵衛がきっかけだった。

平秩が蝦夷地調査に赴いたのは一七八三（天明三）年のことである。秋に、江差《えさし》にわたり、翌年四月まで江差の商人村上与弥兵衛（弥惣兵衛あるいは弥三兵衛）宅に逗留。村上とはもともと交流があり、情報提供も受けていた。平秩はそのときの見聞をもとに、松前、箱館、江差の海運、風俗、とくに産業についてまとめ、『東遊記』を著している。

平秩の関心は蝦夷地の物産を明らかにし、その資源を利用することにあった。これらの報告を受けて、松本伊豆守らは蝦夷地を開発する計画を練っている。広大な土地があり、土地も水もよく、かなりの収穫が望めるのだ。蝦夷地に七万人規模の入植を計画するに至っている。そして、蝦夷地を幕府の直轄にした後に箱館を開港して、ロシアとの交易をはじめることが計画されていった。箱館ではロシアと、長崎ではオランダと、という、幕府も二本立ての交易を目論んでいたのである。

「蝦夷地の大開発計画」とは十万人規模の開拓民を派遣するというもので、全国から咎人《とがにん》（犯罪者）などを集めて送り込むというものだった。現実にロシアと国交を結べば、オランダだけでなく世界の実情もより明らかになり、長崎で不当な利益を彼らに収めさせることもなく、多くの利点を得ることができるのだ。それに蝦夷地をもしこのまま放っておけば、日本の支配から離れてロシアの一部になってしまう恐れもあるし、それこそ大いなる脅威である。意次、意知は北への進出を考えていた。

この調査は田沼意次・意知の開国の意思を反映しておこなわれたといっても過言ではない。平秩が赴いた二年後の一七八五（天明五）年には、田沼政権が危機に瀕していたにもかかわらず、千島と樺太に八〇〇石積みの調査船二隻を新造し調査団を派遣するほど、蝦夷地は幕府にとっても大事だった。この調査には最上徳内（本多利明に天文・測量などを学んだ蝦夷地探検家）が参加していた。のちにその意を汲んだ大黒屋光太夫がエカテリーナ女帝からの親書を持ち返り、松平定信に拒否されるという事件が起こっているが、これは、たまたま光太夫が親書をもらったものとされている。これまで何のかかわりもないのに、ただ単にロシアの皇帝が正式に親書を送ることなどありえるはずがないし、誰かが依頼し、エカテリーナ女帝に密書を送り、その返書を光太夫がもらったのではないだろうか。

一橋豊千代、世継ぎに

家基の不審死より二年後、一七八一（天明元）年、徳川豊千代（のちの家斉）が将軍職を継ぐことになり、大納言を名乗った。家基の死の後、意次は悩んだに違いない。前から言っているように、封建制度である以上、次の将軍職も意次・意知と深い関係のある人物でなくてはならなかったのだ。豊千代の父は一橋治済で、まだ表向き意次の味方でいた。だから紀州ではなく、御三卿の二番目の一橋

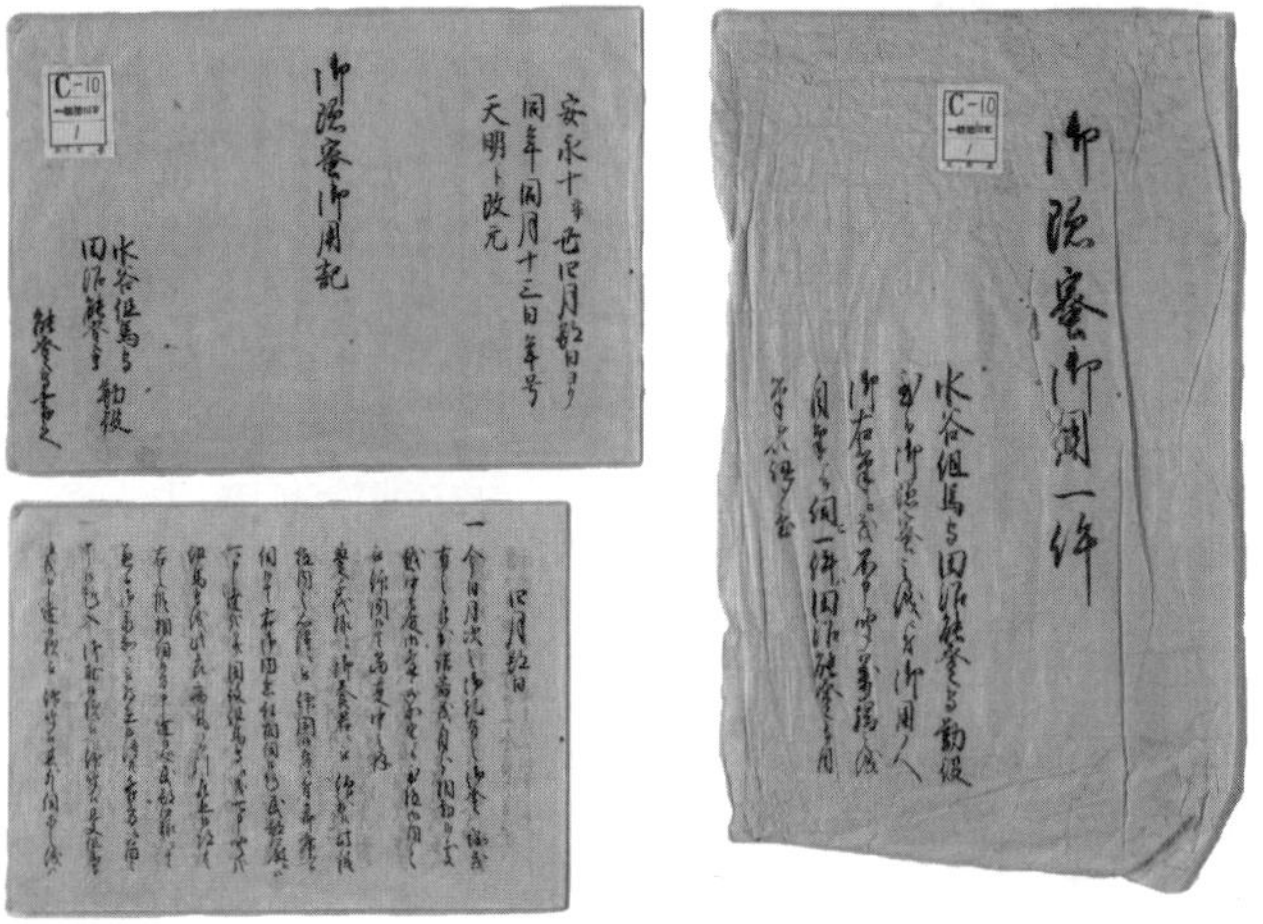

「一橋徳川家文書」安永十（天明元）年四月一日（茨城県立歴史館蔵）

豊千代が将軍となったのだ。オランダ商館長ティチングも予測していなかった。また、豊千代の岳父は島津重豪であり、オランダ側とより太いパイプができ、重豪も外航洋船の建造計画を立てやすくなった。ティチングはこの年八月十二日に二度目の来日をし、翌年十月二十六日まで約一年間滞在することになる。

　あくまでも次の政権側の見方であるが、『星月夜萬八実録』には、豊千代の世継ぎ決定についての詳細や茂姫との結婚について、次のような記述が残されている。豊千代の他にも紀州家岩千代（徳川治宝《はるとみ》）という候補が提案され、将軍、意次、諸大名が意見をたたかわせた。

〈三十三　将軍家御世継詮議の事　並意次一人了見申し上げる事

　大納言家基公は不意に他界し、世継ぎもいまだ誕生していないため、老中と役人たちは家基の次の世継ぎについて話し合った。今日は内々の評定であるとはいえ、（中略）諸役人の大小名は東西に別れて、午前十一時から午後二時まで評定した結果、紀州の岩千代が将軍家の婿であり吉宗の先例もあるので後継者にふさわしいと提案し、さっそく将軍家へ申し上げた。将軍も以前から紀州岩千代は種姫の婿であるのでそのように思わないでもなかったが、このように内々で話が決まったのでよろしく頼むと仰せになった。それで、譜代大名たちや紀州藩の役人たちもこの結果に喜んでいたが、将軍が主殿頭にこの是非について尋ねたところ、『大切なことなのですぐに返事はできません』と申し上げたところ、将軍はよく考えるようにと言った。（中略）

主殿頭は老中や諸役人のうち自分にへつらう者たちと内々に話し合い、それで将軍へ申し上げた。

お世継ぎのことにつきましては、紀州岩千代君へのお譲りもよいかと思いますが、これは甲府公の例のように、民部卿の若君へお譲りになって天下の主となされるのが順当だと思います。〉

当然、老中筆頭松平武元、田沼意次がこの一件を取り決めたことに間違いない。

3　初の国産外洋船へ

トレンペンバーグ号到着

オランダが蝦夷開発と二港開港による開国をまだ見込んでいた一七八三（天明三）年八月二十七日、幕府要請の開国船となるトレンペンバーグ号が長崎に到着した。しかしトレンペンバーグ号には重大な問題が起きていた。ティチングも知らなかったのだが、到着したトレンペンバーグ号は見るも無残な姿だった。バタビアから日本への航海中、嵐に遭い、甚大な被害を受けて何人もの乗組員が死んでいた。水漏れをおこし、船体は大きく傾いてしまっていた。船は修繕をしなくてはいけないと商館長が決定を下し、やがて長崎奉行久世丹後守を通じて、日本人大工六人を雇い修繕することになった。ちなみにこのトレンペンバーグ号の修理は、のちに久世丹後守がおこなおうとした航洋船建造計画の大きな第一歩となったのである。この修理により、船大工や町年寄が実際に乗船して船の内部についてもすべて久世丹後守に報告していたのである。

九月八日、ティチングによる記録には次のように記されている。

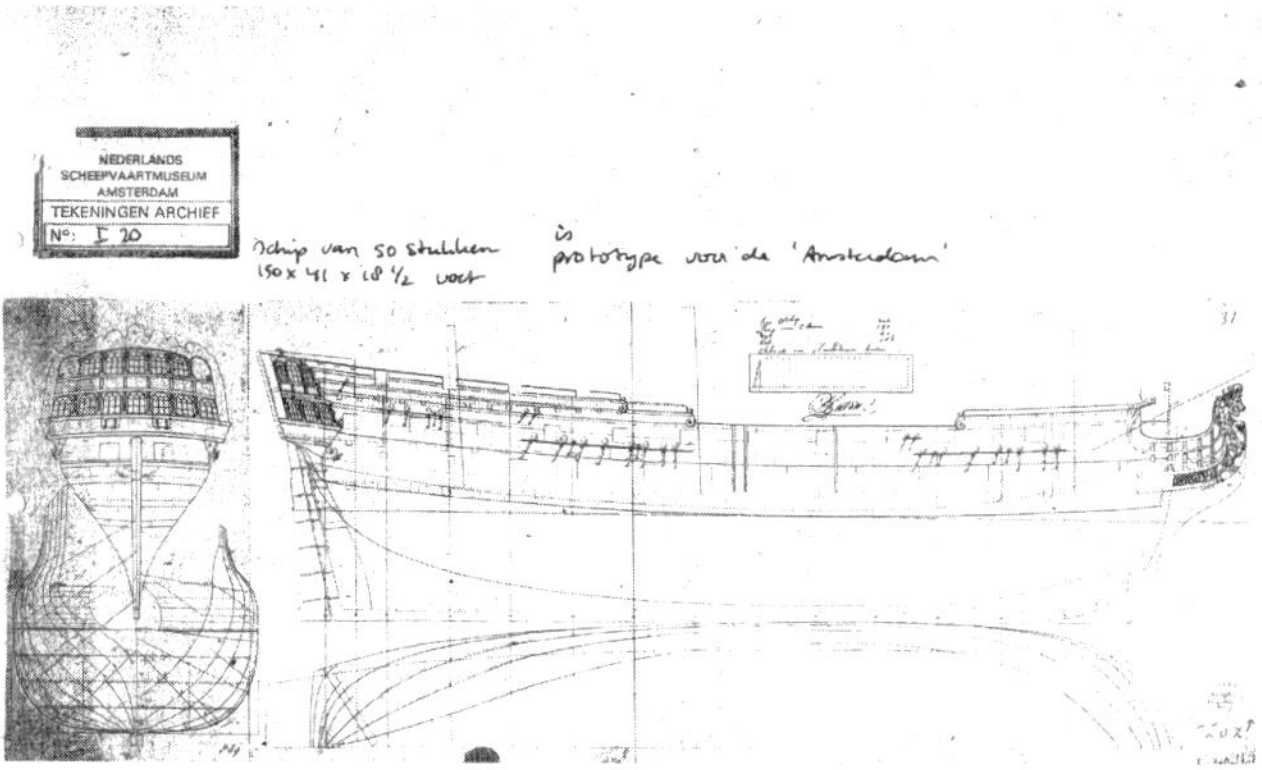

トレンペンバーグ号と同型の船の図面（オランダ国立海洋博物館蔵）

〈トレンペンバーグ号の船長たちは在庫品のなかから帆を取り出し、それをいずれ考える日本のバーク船を造るために提供することになった〉（一七八三年九月八日付、証書と命令）

久世丹後守はこのとき、長崎から大坂に向かう艀《はしけ》（バーク船／端船）の多くが難破していたので、艀をより近代的なものに変えるためにバーク船建造に奔走していたところだった。この帆はのちの「三国丸《さんごくまる》」の帆となる。

九月二十七日、ティチングの秘密日誌によると、奉行が船の操縦者と何人かの船員をバタビアから呼んできてくれないかと要求している。十月十二日、さらに具体的な意見が奉行から出る。この意見が出されるまでの経過を九月二十七日から順を追って日誌などの記録を見ていくことにしよう。

・九月二十七日　ティチングよりバタビア総督

〈新しい奉行が奉行所に着任してきた。土屋駿河守（守直）である。この新しい奉行が船の舵手を一人と水夫を幾人か呼び寄せてほしいと要求してきた。彼は日本人の水夫を派遣したいと考えている、そうすれば帆船の扱いと操

縦の仕方を習えるからである。そこでこうした人々をできるだけ早急に送ることを約束した〉

・十月一日　ティチングによる長崎奉行に宛てた手紙

〈前任の（久世）丹後守が毎年商館長らに与えてくれたのと同量の銅を本年以降も供給してくれるよう要求する〉

・十月十一日　長崎奉行からティチング宛

〈長崎奉行及び長崎会所はオランダ商館に銅を与える立場にはない。それは、一七八二年にはまったく交易がなかったためである〉

・十月十二日　ティチングよりバタビア総督

〈離任する奉行（久世丹後守）が、ある日本人が作ったトレンペンバーグ号に似た船の模型を送ってよこし、帆と他の足りない部品を作ってほしいと要求しています。さらに彼は、来年のために頑丈な覆いのある船の模型に加え、余裕があれば腕のいい大工が一人ほしいと頼んできました。この要求を総督府に提出すると約束しました〉

〈その理由は、日本人は軽い木材で船を建造し、鉄製部品もごくわずかしか用いないので、強い風が吹くと多くが方向を失ってしまいます。とりわけ大坂からの銅運搬用の艀は荒れた海に耐えられず、最も弱い嵐でも損傷を受けるので、去年のように六隻が失われてしまいました〉

（秘密日誌）

久世丹後守は、より具体的な船の模型と、腕のいいオランダ人の船大工がいたら派遣してくれるように要求した。日本人が造った船の雛形だけでは久世丹後守は心配だったのだろう。ティチングはすぐさまバタビアの蘭印総督府に聞くと約束した。なぜなら、「六隻の銅運搬船が、大坂から長崎の航海で失われたことに、日本側はショックを受けていたからである」と具体的な記述をしている。

船の帆と必要な部品を造ってほしいという要求を、久世丹後守が江戸に帰る際に言ってきた。のちの三国丸の帆と帆をとり付けるためのいくつかの部品を造るということであった。また、奉行はトレンペンバーグ号の型を模倣した船の模型をティチングのもとに送ってきた。これも日本の記録のなかに残っている。三国丸の建造に携わった原才右衛門が、船の模型を作ったことを書き残している（三国丸については後述）。

翌十月十三日、トレンペンバーグ号の修理をするために、五人の大工が正式に任命された（当初六人の予定であったが、実際には五人となった）。これに際して、ティチングは腹を立てている。大工の名前が挙がっていることは興味深いことである。

〈五人の大工に商会の船の修理を依頼しました。年番小通詞（堀）門十郎が彼らを召喚して、準備を整えるよう指示をしました。彼らは稼いだうちの十パーセントを奉行にわたすべきだというわけです、つまりこの不名誉な人間のくずの新たな基金としてです。しかし、これはおこなわれないでしょう。なぜならば、通詞の一人が内密に述べるには、正当な値段で仕事を受けるべきで

奉行の命令や脅迫におびやかされてはいけない、ということだからです〉
〈同じ日に、その通詞たちがやってきて四人の大工が今年の修理の仕事をおこなうことになる、と報告しました。私は彼らに、本当に四人しかいないのかとたずねました。この質問は彼らをうろたえさせたようでした。彼らの答えは、実は大工は五人いるのだが、五人目の大工のエイノシンは今年品行がよろしくなかったので外されたのだというのでした。私は彼らに、この問題で干渉しないよう忠告しました。そして町年寄に命じて、できるだけ早急に五人すべての大工に宣誓をするよう要求し、彼らが倉庫〝デ・レリー〟と〝ドールン〟の修理にかかれるようにしました〉（一七八三年十月十三日付、秘密日誌）

以前、文藝春秋社の竹内修司さんから、司馬遼太郎さんが長崎で天明期の宮大工がオランダ船を修理もしくは部品製作をしていたという話を聞いた、と話してくれたことがある。そのことであろうか。

ティチングと久世丹後守

ティチングは、再度バタビアに久世丹後守の要求を伝えるため帰ることになっていた。久世丹後守も一七八三（天明三）年十（和暦九）月、離任を前に艀《はしけ》の模型をティチングに再度確認したということは、これまたかなり開放政策に前向きだということが、ティチングにもわかったに違いない。ティチングはその後、一七八四（天明四）年八月に再度来日する。

一七八三年十月二十五日付のティチングの後任商館長であるロンベルフへの覚書には次のように記

されている。

〈一年四〇〇テールで貨物用バルク型帆船が日本に雇われるという話があったが、これは実際にはおこなわれなかった。奉行の言葉を借りると「同時に多くの目新しいことを採り入れすぎないために」ということだった。奉行はしかし、江戸より戻った後に許可すると認めた。これは来年絶対に主張せねばならない。それには、大通詞（吉雄）幸作は有用な手段となり得る〉

さらに、ティチングはロンベルフに通詞との付き合い方も警告している。

〈彼らと十分に控えめで従順な態度で接すれば、信用を得られ、そうすることでいつもは閉ざされている扉が開かれているのを見出せる位置につくことができるのです〉

〈さらに、親善と礼儀がこの国の一番の特徴であり、こうした特質の価値を、この国ともう二世紀近くにわたって交易をおこなってきたにもかかわらず、我々は十分に評価していません。ですからあなたは、ここと参府の道程で出会う高位の人々すべてに対して最高の礼儀をつくさねばなりません。このことは、彼らが長い間心に抱いてきた我々への否定的な印象をだんだんに良くしていくでしょう。そしてあなたは、私が着任中ずっと受け続けてきたのと同じ敬意を得ることとなりましょう〉（一七八三年十月二十五日付、ティチングからロンベルフへの覚書）

この年、トレンペンバーグ号は航洋船として幕府にレンタルされ、数カ月の間、日本人の手により長崎湾において試験航行がおこなわれていたのである。最終的にはバタビアの造船所で建造されるということも起こりうる状況であった。幕府としても新しく将軍後継者が決まった以上、この先どのような政権になるか、田沼政権が安定のために開放政策をどこまで進めていいのか悩んでいた時期でもあった。航洋船トレンペンバーグ号をコピーして造ってよいのか、それとも、艀・三国丸のような船を造るべきなのか、久世丹後守も悩んでいた。もちろん田沼意次・意知もそのことは十分に承知していた。

〈日本人はトレンペンバーグをモデルとした船を造ったが、それに対して船の帆やその他欠けていたすべての部分を造るよう指示し、正しい行動をとってくれた。このように奉仕したことは、日本人に借りを負わせるよい機会となった〉（一七八四年五月十八日付、総督からティチング宛手紙）

〈日本人は、トレンペンバーグ号のコピーを造ろうとしている。日本人の要請にこたえて、帆および他の部品がティチング商館長の指示のもと製造されている。おそらく、日本人はそれらの部品を思い通りに造ることはできないのだろう。このことは日本人に義理を与えるため評価できる。丹後守の依頼によって艀に似た頑丈な屋根つきの船の模型を用意するよう、我々の専門家に命令した。その上、そのような船の造り方を日本人に教えるために、日本に熟練した大工を送った〉

（一七八四年五月十八日付、総督からティチングとロンベルフ宛の手紙）

総督は、このように長崎奉行の要求に応えることを手紙で伝えている。

これらの約束は、一七八四（天明四）年八月に実行された。ティチングは次のように記している。

「私がひそかに関係をつけていた奉行丹後守［久世］は、一七八三年のことであるが、私にバタビアから船大工を連れて来て大小の船をつくる技術を日本人に教えてはいかが、と提案した。それはちょうどそのころ、大坂から長崎に銅を運搬するための船で途中で遭難するものが非常に多かったために、幕府は大きな損害を蒙っていたからである。しかし、当時ジャワ島の造船所で使っていた船大工は、技術があまり十分でなかったし、また親方も少なく、短期間でもこれを他に割《さ》く余裕がなかったので、奉行のこの要求に応ずることは不可能であることを知っていたので、私は丹後守に提案して、私が帰国するときにいっしょに知識のある日本人一〇〇人を派遣同行させ、造船所に配置するようにしたらどうか、そうすれば、彼らが帰国したのちに奉行の意見を実行に移すに足るよう十分彼らを教育するだけの手数を必ずしてあげるという旨を述べた。しかし、日本国民の海外渡航の禁止令があるため、どうしてもそれを実行することができないことがわかった。八月になって一隻の船［オランダ船］が入港すると、私はそのボートに日本人の水夫を乗せて時々長崎湾内を漕ぎ回らせたので、奉行は大変満足したが、しかし、奉行の意図を十分達成することはできなかった。そのとき、私はさらに約束して、バタビアに帰ったら、船の模型をつくらせ、必要な大きさ、その他の説明書などを付けて、他日私が帰任したときそれを進呈しようといい、さらにその翌年の八月にはそれを実行した」（『ティチング　日本風俗図誌』）

ティチングの来日と開国計画

ベンガルの総督として外交官の仕事に就いていたティチングが、日本に来たのは三回で、最初の訪問は家基が亡くなった年の一七七九（安永八）年八月十五日から一七八〇（安永九）年十一月五日。

二度目は翌々年の一七八一（天明元）年八月十二日から一七八三（天明三）年十月二十六日。三度目は後に述べるように一七八四（天明四）年八月十八日から十一月二十五日で、このときは意知が亡くなっており、田沼政権は以前のような勢いがなくなっていた。ティチングは、意次が動かず、開国の余地がないとわかると、やってきた船にまた乗船し、バタビアに帰ってしまった。その後、オランダの商館長として中国、北京に赴いている。ティチングは日本開国の助っ人外交官的立場で、本当は商館長ではなかったのだ。

〈私は貿易に携わったことはなく、再び日本を訪れたい唯一の理由は、私自身の喜びと好奇心のためで、もしあなたがこれを実現してくれるならば、とてもうれしいことです〉（一七八七年三月三十日付、ティチングから朽木《くつき》昌綱《まさつな》宛書簡）

親交のあった朽木への手紙のなかで、いちばん気になるところは、「私はこれまで貿易に関わったことはなく」というくだりである。

前から述べていることだが、貿易に関わったことがなければ、何のためにわざわざ遠く長崎までやってきたのだろう。ティチングの文面のなかでいつも興味ある事柄といえば、〝禁令を破ること〟つまり開国案に対する熱意で、長崎を離れてバタビアに帰っても自分と交流のある大名、御典医などに次々と手紙を送り、つねに日本がどういう状態なのか聞き出そうとやっきになっていた。そのことを田沼意次、意知、島津重豪などはよく知っていた。もしかすると一橋治済ですら理解していたのではないだろうか。

ティチングは開国進言に引き続き一七八三（天明三）年二月二十二日、久世丹後守に開国計画を送っている。オランダ側はこの時期、力ずくでも限定開国できるのではないかと踏んでいたのである。これは当時の世界情勢であり、東南アジアにもイギリス、フランスなど列強が植民地を拡大しつつあった。

田沼意次、意知もそのことをオランダから聞いて十分に知っていた。その力に押され、何らかの回答を出さなければならない時期でもあった。意次は幕府保守派に受け入れられなかった暁には、オランダ側と共に力ずくの開国すら考えていた。そのときのやりとりの内容を、オランダ商館長の書き残したものをもとに、大まかに記すと次のようなものだった。

二月二十二日、ティチングの秘密日誌に開国を勧める話が登場する。ティチングは外交官として日本を開国させるためにやってきていたので、長崎奉行久世丹後守を通じて再度、次のような提案を幕府におこなったと記録している。

〈私は、一六三五年、吉宗（家光の誤り）によってしかれた禁令についてよく知っていた。それは当時のローマ・カトリック教会との争いから定められたもので、それ以後、日本は平穏で、より文明化され、いまや禁令の廃止にためらうべきではないと、私は書面と口頭で幕府および長崎奉行に正式に提案した〉（一七八三年二月二十四日付、ティチング秘密日誌）

当時、鎖国という言葉は存在しなかった。ティチングより九〇年前に出島にやってきたケンペルが、のちに日本の状況を鎖国と称しただけで、日本やオランダ人はただ禁令がしかれていると認識していた。

翌二月二十三日、勘定方長崎奉行・久世広民が、早速次のように返答した。

〈その申し入れはあまりにインパクトが強すぎて、江戸に伝えることはできない。将軍の心をかえることはまず不可能である。老中にも将軍に禁令を破らせることは不可能に近い〉(一七八三年二月二十四日付、ティチング秘密日誌)

これまでティチングは、オランダ側が何度か禁令を破らせるために、開国計画を進言してきたのを知っていた。彼は答えを予測して、次のように再度長崎奉行に進言した。それはこれまでの商館長たちが申し出た開国計画よりも一歩進んだ大胆な開国計画だった。

〈禁令が解かれた際には一カ月に二万人近くのオランダ軍を日本に派遣して、治安維持に協力する用意がある。幕府に興味があれば、その旨を蘭印政庁に伝える。あらゆる限り将軍、幕閣に協力し、この禁令を解くことに最大の力を傾けたい〉(一七八三年二月二十四日付、ティチング秘密日誌)

これに長崎奉行は驚き、即答はさけた。ティチングはこのころから次の将軍家斉にも大きな影響をあたえられる島津重豪に期待し、彼の力を借りれば思惑通りの開国ができるかもしれないと田沼意次、意知からシフトし始めている。のちのティチングの秘密日誌にみられるように、禁令が解かれる日が近いと思っていたようだ。家斉とその実父・一橋治済が日本の忌まわしき鎖国状態を解き、より自由な貿易構想に進んでいけると確信していたようだ。同じように田沼意次や意知からもそう聞かされていたのかもしれない。家基が亡くなっても、重豪が田沼派と組んでいれば、開国できると踏んでいたのだ。だからこそ、商館長は長崎奉行久世丹後守を通じ開放的な要求をしていたのである。

のちのティチングの書簡にはこうある。

〈薩摩の藩主の娘と婚約した世継の家斉が権力をもつようになれば、以前計画していたように、将軍（家斉）は外国との貿易の価値を理解し、必ず忌まわしき禁令を解いてくれるであろう。その日は近い〉（一七八三年十一月二十五日付、総督府宛書簡）

ティチングがそう思ったにもかかわらず、それから四カ月後、意知は死去し、すべての道は保守派に逆戻りしていった。

前から言っているが、田沼意次はいずれ老中職を息子の田沼意知に譲り、新たな開放政策を次期将軍一橋家斉に引き継ごうとしていた。家基の死で突然世子になった九歳の徳川家斉が政治面において力をふるえるわけもなく、誰の目にもすべての権力が意知に委譲されるかのように見えた。一七八三（天明三）年十一月、田沼意知は若年寄となり、五〇〇〇俵を賜り、田沼幕閣における中心的な役割を期待されていた。しかし、再び思いもよらない暗殺が企てられていることに、田沼意次は気づいていなかった。

翌一七八四（天明四）年三月二十四日、意知は江戸城を退出しようとしたところ、新番士佐野善左衛門政言に突然斬りかかられ、その傷がもとで、二十六日に亡くなった。この事件にも家基の件と同様に大きな裏工作があった。すべては、将軍職をめぐる一種のクーデターだったのである。

すべての流れは一橋治済に傾いていた。ティチングが予測したことからは大きくかけ離れ、また、島津重豪が考えていたような、家斉が開国将軍として禁令を解いてくれることなどは考えられないことなった。そればかりか田沼派は次々と粛清され、家治が死去し、田沼意次が失脚すると一橋治済が天下を取ったと同じで、ティチングは日本が開国計画に耳を傾けなくなってきたと理解した。バタビア政庁と再度調整策に走ったが、蘭印政庁も列強のイギリスなどの影響で、とても日本開国に関心を寄せることすらできない状態になっていた。

三国丸

政変が進行中の、一七八五（天明五）年十一月に書かれたティチングの総督宛の手紙には次のように記されている。

〈長崎奉行久世丹後守は江戸在勤となり、勘定方頭も松前奉行となり出発した。そして新しい奉行が長崎にやってきた。奉行久世丹後守は昨年からオランダ様式と中国様式を混合させた船を造ろうという強い欲求とともに勤勉に励んできたが、それも完全に終わったといえよう。（中略）艀の模型を奉行丹後守へ贈るという私たちの要求が許可された。丹後守は江戸で勘定奉行に昇格し、長崎担当に任命されたため、この贈物が将軍への奉公に対する懸命さを示すでしょう。日本人船大工に船の建築を教えるために派遣した大工はもう何もすることがないので送り帰します〉

（一七八五年十一月二十一日付、商館長から総督府宛書簡）

つまり、最終的に造られることになったのは、折衷船となった。

このように幕府が勘定奉行になった久世丹後守を通じてオランダにさまざまな要求を出していることは、日本側の史料からはまったく出てこない。前述した通り、当時、幕府は諸大名に五〇〇石以上の大船を建造することを禁じていた。将軍の船であっても、上限の五〇〇石積み大型関船が使用されていたほどである。にもかかわらず、オランダ船を模した大型の外洋船を建造する意図は何であったのだろう。

ひとつには太平洋航路の房総沖廻りに耐えうる船舶が必要だということ、そして、やはり海外との交易に自ら出ていくということではなかったのだろうか。当時、蝦夷地においてロシアとの交易を考えていた幕府としては、ロシアに対抗して、蝦夷地でも外洋船の導入が不可欠であると考えていたのだ。

そのことは、日本側に残る資料のなかで少しながら見ることができる。なぜこのような作業をしていたのか、これまでトンと理解されず、歴史の中にうずもれていた。開国船については幕閣以外誰も知る由もなかったので、久世丹後守はやはりオランダ船をそのまま造る計画を心に描いていた。しかし、それだけでは駄目だという遠見番原才右衛門の和洋中折衷船建造の案を受け入れることにしたのである。

原才右衛門は遠見番として和船も中国船もオランダ船も十分観察することができたので、それぞれの動きや特徴を理解し、町年寄を通じて長崎奉行所の勘定方に和洋中の折衷船建造を提案した。その説明によれば、次のようであった。

〈オランダ船は大きな船を自由に取り廻すことができて便利ではあるが、帆柱や帆桁《ほげた》の上での操帆は馴れない日本人には難しい。中国船は堅牢で大波や大雨を物ともしないが、艤装《ぎそう》がよくないので追風でしか進めない。和船は起倒式の帆柱など便利で、逆風での帆走性能もよいが、帆が一枚なので強風によって帆が破れたり、帆柱を切り倒す羽目に陥ることが多く、甲板がないので大雨や高波に弱い。このように和船と中国船やオランダ船など異国船にも長所や短所もあるので、異国船をそのまま造るより、それぞれの長所を折衷した船を造ってはどうか〉(「雛形船打立一件」)

勘定方は原に長さ一間ほどの雛形を造らせた。これを手伝った船大工は本籠町船大工棟梁大串五郎平と本石灰町《もとしっくいまち》船大工龍平である。大串五郎平は代々長崎奉行所の船の建造修理に携わる船大工棟梁大串氏の三代目であった。雛形が完成し、勘定方、普請役に見せたあと、建造費用などを含めて奉行に詳しく説明した。

現存する絵図から判断すると、船体は全長九〇尺(約二七・三メートル)、幅二四尺(約七・三メートル)、深さ十一尺(約三・三メートル)、丸みを帯びた断面を持ち、船首の幅が広いことから中国式であろう。浸水を一カ所で食い止めるという長所を取り入れるため隔壁を入れたジャンクの構造を持つ船体である。水密甲板を張った和風の総矢倉を設けている。メインの帆柱は和船と同じ起倒式。これに横帆を二段にかけ、補助帆として船首に遣出帆と二枚の三角帆を張り、船尾に下桁のないスパンカーを掲げる。つまり帆はほぼオランダ船に倣っている。これで外形は日本船、船底は中国船、帆はオランダ船という三つのよいところを合わせた船になっている。在来形の廻船より耐航性や帆走性能に優れていることは確実だった。

こうして航洋船は原才右衛門の和洋中折衷船の案で建造が決まった。オランダ側も前に出した手紙のなかに次のように記している。

〈久世丹後守が昨年からオランダ様式の航洋船を造ろうという強い欲求とともに勤勉に励んできたが、それもほとんど終わったといえよう。我々オランダ側の提示した船は造られることはなくなった。新しい奉行がそれを告げたのである。そのかわり艀（バーク船／端船）の模型を贈ることが許された〉（一七八五年十一月二十一日付、商館長から総督府宛書簡）

この艀とは和洋中折衷船、つまり「三国《さんごく》」丸である。トレンペンバーグ号の帆の部分が、うまく利用されたのである。三国丸は千五〇〇石積みの俵物廻漕船・和船とジャンク、そしてオランダ船を組み合わせたようなものであった。西洋の技術が組み込まれているのは帆の部分だけで、構造や外側の装備については日本的なものがほとんどであった。

のちの一八八八（明治二十一）年に金井俊行氏が作成した『長崎年表』の天明六（一七八六）年条には次のような記述がある。

「去三年［天明三年］遠見番原才右衛門の建議に係り、本籠町大串五郎平工夫を尽し之を造る、其船外形日本船にして、船底は唐船に擬《ぎ》し、帆は蘭船に倣《なら》ひ帆檣《はんしょう》二段の桁《けた》を設く、故に三国丸と名《なづ》く、船長十五間、幅四間、深一間半余、容積千五〇〇石、昨以て北国の俵物を運送す、天明八年秋羽州［秋田］赤石浜に破船す」

そして、その後に作られた『増補長崎略史 上巻』年表第五には、その続きに「爾後《じご》造らす、実に合の子船の嚆矢なり」という一文が追加され、和洋中折衷船の三国丸が造られたことが記載されている。

一七八七（天明七）年、最初の目論見《もくろみ》から三国丸の運命も変わり、大坂から長崎への銅の運搬より北の俵物《たわらもの》廻船としての役目を果たさなければならなくなった。ロシアの南下政策のため、三国丸は俵物廻船に使われることになった。

当時、北国の俵物の需要は増大していた。長崎会所としても中国向けの輸出品目として北国の俵物、とくに蝦夷地の昆布を重要視し、少しでも多く買い入れたいと考えていた。しかし、秋から冬の日本海の航海は非常に厳しく海難に遭う可能性が高く、新昆布は六月の土用（現在の暦では七月末くらい）のあたりから刈り取られるため、新昆布を廻漕する船はどうしても晩秋から冬の航海となる。結局、年に一航海しかできないので、長崎から隠岐の北沖を通り、そこから一気に秋田あるいは蝦夷地まで沖乗り、つまり陸地から遠く離れた遠沖を航海するという方法をとることによって時間を短縮し、冬の航海も可能な船が求められた。

そこで年二航海が可能な船として三国丸が建造され、それにあてることになった。三国丸は和洋中のそれぞれ良いところを取り入れて、操作しやすく、順風のときだけではなく逆風でも帆走性能もよ

三国丸絵図（石川県立図書館蔵）

ラ・ペルーズ乗艦隊が目撃した三国丸
（『ラ・ペルーズの航海記帳』より）

く、荒波や高波にも強い船として考えられ、造られたのだ。

三国丸は完成の翌年の一七八七（天明七）年四月十六日（六月二日）、処女航海で箱館から俵物を積んで長崎に帰ってくる途中、隠岐の北西海上でラ・ペルーズ率いるフランス艦隊と遭遇している。ラ・ペルーズ乗艦隊は国王ルイ十六世の命を受け、太平洋を探検調査の途中で日本海を北上中であった。北緯三七度三八分、東経一三二度一〇分で目撃した日本船二艘のうち、一艘は乗組員の顔が見えるほど至近距離を通過し、おたがいに声を掛け合ったという。フランス艦隊のブロンドラ海軍中尉がその日本船をスケッチしていた。それを見るとまさに三国丸そのものである。

このことはオランダ側の資料からも裏づけられる。商館長ウルプスからチンスラのティチングに宛てた手紙のなかに次のような記述がある。

〈昨年、オランダ式の約一〇〇フィートのバーク船が造られた。その船は何日か前にここの入り江に投錨した。船長は隠岐国の近くで二隻の三本マストの船を見たと報告した。おたがいにだいぶ近くを通過して、親しく挨拶を交わした。彼らはオランダ式の服装をしていたという〉（一七八七年十一月三十日付、ウルプスからティチング宛書簡）

前述のようにオランダ式に造られた約一〇〇フィートのバーク船は三国丸であると考えられる。隠岐の近くで遭遇した二隻の三本マストの船とはまさに、ラ・ペルーズ率いるフランス艦隊である。近くを通過し、挨拶を交わしたというところまで一致している。当時の三国丸の乗組員もオランダ式の服装をしていたのは驚きである。

完成から三年目の一七八八（天明八）年九月、箱館を出帆した三国丸は能登沖で暴風に遭い、十月二日には佐渡沖まで流された挙げ句、舵を破損し、さらに帆柱も切らなければならなくなった。乗員は艀で飛島に逃れたが、その後、三国丸は出羽国赤石浜に漂着し、破船した。このときも、積荷のほとんどを昆布が占めていたと考えられる。長崎会所では冬の航海の危険性を十分承知していただろうが、危険のなかをあえて航海することができる船として建造されたとはいえ、無理な航海をさせなければ三国丸ももう少し長く活躍できただろうし、このタイプの船がこの後も多く造られただろう。

一七八九（寛政元）年、宿敵、元・田安定信こと松平定信が老中として政権をとった。バタビアにいたティチングは、当時のオランダ商館長ファン・レーデに、イギリス船がやってくる可能性があると告げた。

開国船トレンペンバーグ号の逸話には空白の時間がある。トレンペンバーグ号は、一七八六（天明六）年一月バタビアに停泊していた。その翌年は三月十日にジャワから行方不明になり、一七八八（天明八）年にインド諸島で破船したらしい。一年間の空白は、田沼政権によって使われる予定であったのかもしれない。これまでの資料ではわからないが、トレンペンバーグ号を開国船として使う予定があったのかもしれない。

これらのことも保守派は阻止したかったにちがいないし、たぶん阻止できた。一橋治済の御庭番・隠密を使った調査により、すべて筒抜けになっていたはずである。田沼政権の中心的人物で開放政策の一端を担っていた久世丹後守は、のちの治済の傀儡《かいらい》政権である松平定信政権においてもそのまま勘定奉行をつとめている。田沼から松平定信、いや一橋治済に鞍替《くらが》えしたことは明白で、こちらのルートからも一橋治済の耳に入らなかったわけがない。

家基の死より約十年、意知暗殺より五年後、三国丸が破船した翌年の一七八九（寛政元）年、バタビアのティチングから長崎商館にいたオランダ人ウルプスへ次のような質問状が届いた。何度も書いたのだろう、なかば催促気味の手紙であった。

〈十代将軍家治の死、薩摩の領主の義理の息子（家斉）が世継になったかどうか知りたい。なぜなら薩摩の領主がなぜ格下げされたか、それについては私のほうでつかんでいることもあるが、そちらでわかったことがあったら教えてほしい。薩摩の領主に関しては一冊の本が書けるほどだ。このようなことが日本では公開されることはまったくないし、我々の国にとってもそれは同様である。一七七九（安永八）年、前の大納言家基が殺されたことなど、私の調べたところ、これまた一冊の本が書けるぐらいのことがわかった。ともかく、現在の幕閣の状況、薩摩の領主、それに義理の息子である世継の状態など、早急に調査し、知らせてくれれば嬉しい〉（一七八九年二月二十六日付、ティチングからウルプス宛書簡）

それから約二カ月後の四月四日、またもや長崎商館長ファン・レーデ宛にティチングは手紙を出した。それも島津重豪についてである。

〈私が思うには、田沼意次の息子・意知は一七八四（天明四）年に殺されたが、一般的に田沼派はこのとき、嫌われていた。皇族（彼の原文にはこう記されている）が彼に打撃を与えるため、彼の息子を殺す以外に方法はないと考えた。また世継と結婚した薩摩の領主（の娘）がどうなったのかも、教えてほしい。なぜなら薩摩の領主は、皇族の判断に、おとなしく服従するにはあまりにも頭が良すぎるし、力がありすぎるので、もしほかの領主たちが薩摩と共同すれば、ますます幕閣内部の激変は起こりやすくなる。これについても知りたいので、わかったら教えてほしい〉（一七八九年四月四日付、ティチングからファン・レーデ宛書簡）

このようにティチングは述べているが、オランダ側も幕府・宮廷内で激変が起こり、思いもかけず、島津重豪が力を失ったことはわかっていたようだ。それに島津重豪が何かをやらかすのではないかと期待していた節もある。皇族とは一橋治済を指しているようだ。

結果、初めて開国大使となるティチングの望みは消えた。数年で歴史上田沼意次、田沼政権は跡形もなくなってしまった。松平定信が老中として政権を運営してゆくが、田沼政権の根幹であった紅葉山文庫の海外文献・文書は跡形もなく消えた。吉宗、意次に指示され翻訳した書物奉行青木昆陽の指示書とともにである。しかしなぜ田沼意次は消え去らなければならなかったのか？　歴史にはそれが残っておらず、消え去っている。これまでの考察より見えていたオランダ書物との関わり、ロシアの度重なる南下、開国要請、蝦夷地開発、オランダ商館、貿易拡大にその隠されたヒントがあった。

田沼意次は、安永・天明期における二港開港による開国を目論んでおり、これまで歴史に埋もれていた外洋船としてトレンペンバーグ号を考えていた。その中でも、近代的オランダを模した税を取り入れ財政の安定化を計り成功した。より大きな収益を求めて海外と貿易をしようとしていた。その筆頭となる人物は、前より言っているように、次期将軍徳川家基だった。息子・意知との連携も画策していた。意次が求めたのは、ペリーより一〇〇年早い開国だった。これまで最も述べたかったことは開国のキーワードで、オランダの度重なる要求案、ロシアの南下の文書がそれを証明している。結果、開国を止めるためには、唯一家基を亡き者にすることしかなかった。封建上の主を葬ること、それだけだった。田沼を葬りたい人物たちには、思わぬところに味方がいた。豪商や保守派大名たちであり、税の負担に疲弊していた庶民たちであった。天候も意次には味方をしなかった。火山、冷害、風水害と、自然が敵にまわり、すべての悪は田沼にあったとなったのである。

田沼政権を止めた真実はここにあった。次の章より家基の死の真実（フェイトの死の報告より）を暴いていく。それは一橋治済により、長年にわたる手の込んだとてつもない暗殺劇だった。江戸時代における最大のクーデターだった。意知暗殺も同じ手口で、その手法は朝廷にまで及んだ。まずは家基の死のX－Dayの全貌を見ていこう。

第四章・一橋治済の確信的大陰謀

1　幻の十一代将軍徳川家基の死

家基の死に関する文書

これまで述べたように、将来を嘱望されていた大納言徳川家基が、一七七九（安永八）年、突然死去する（享年十八）。

『徳川実紀』では鷹狩の最中病気になりその後亡くなったことになっている。その亡くなり方が、オランダ資料にも残されていた。それは日本の資料とは違っていた。

この年のオランダ商館長はフェイトで、すでに商館長の任務は四回目で、家基が亡くなったのは、彼が江戸参府に向かっている途中だった。

江戸に着いてすぐに、フェイトは世子の死を聞かされた。

〈今朝、上検使の立会いのもとで大通詞、小通詞により私は知らされたのであるが、昨日、将軍の世継は、狩りの途中落馬し、鞍《くら》が胸に落ちた。彼はかなりの量、二瓶《びん》以上の出血があったらしい。彼は城へ連れられたが、その後、まもなく死去した。将軍はこのことを非常に深く悲しまれたため、ほとんど発狂寸前で、その苦闘のあまり、身分の高い人々を幾人か打ちのめし〔て殺し〕さえした。

著名な人々の幾人かは切腹したと言う者さえいる。これに関し、すべての住民たちは静粛を保ち、店を閉め、三日間物の売買をしないよう命ぜられた。また、六時以降は火を焚くことも禁じられた。ただし、［われわれの］宿を除いて。さらに、市民たちはひげをそることも、魚を食することも許されない。この出来事は将軍家内に大きな問題を引き起こすかもしれない。なぜならば、将軍にはその世継しか子どもはおらず［他は早世］、また、将軍の世継などは十八歳になったばかりで結婚もしていなかったのである。尾張藩主か紀州藩主のうち、いずれかが世継に指名されるのがまことしやからしい。なぜなら彼等は前の世継に一番近い親戚だからである。しかし依然として、このことを確信するのは早すぎる、というのも、この件は非常に秘密裏に扱われており、まだ公に知らされてはいない。これについて私は、通詞に、この件が公になったらすぐにその旨知らせてくれるよう頼んだ。さらに、通詞の言うところでは、謁見は、この出来事のために、あと四、五〇日先送りされるかもしれない。しかし、引き続き知らせはもたらされるであろう〉

（一七七九年四月九日付、オランダ商館長フェイトの日誌）

日本側の記録はほとんど残っていないが、かなり異なっている。

家基の死亡した日について、日記では四月九日（和暦で二月二十三日）であるが、日本の公の記録では二月二十四日になっている。鷹狩に行ったのはその三日前であるから、二月二十一日。ところが、フェイトは「昨日」と聞いている。

最も大きな違いは家基の死因である。『徳川実紀』など日本の公式記録では東海寺で具合が悪くなって、急遽千代田城（江戸城）に連れ帰って手当てしたが、甲斐なく死亡したという。フェイトが聞いた「狩りの途中落馬し、鞍が胸に落ちた」とはまったく違う。そして「彼はかなりの量、二瓶以上の出血があったらしい」と続けている。このことが事実ならば、死因は落馬による事故死である。それも出血多量によるショック死という可能性が高い。それがなぜ、東海寺で具合が悪くなったということになったのか。

のちにティチングはその著書で、このフェイトの報告をもとに家基の死について書いているが、単なる落馬ではなく「崖より落ちて」になっている。病死と事故死の差は大きい。

「三番目は男子で家基 Yee-moto といい、将軍世子に立てられたが、安永八年の二月の二十四日（一七七九年四月十日）に亡くなった。死因は、狩りの途中で乗馬もろとも崖より落ちて、そのために血を吐いたことによるといわれている。第四番目も男子［貞次郎という］で三歳で死んだ。第五番目は養女で、天明三年四月に紀州藩主の子息に嫁いだ。第六番目は養子で、現在の将軍である」（『ティチング　日本風俗図誌』）

『森山孝盛日記』の見解

オランダ側に残された資料から家基の死を読み解いたが、日本側に現存する二つの文書では、その内容はかなり異なっている。

最初の史料は森山孝盛《たかもり》文書で、これは寛政期の御先手御鉄砲頭・火附盗賊改加役であった森山孝盛が書き記した日記である。彼は、『鬼平犯科帳』で知られる長谷川平蔵より少し遅れて火附盗賊改だった人物であり、その後西の丸槍奉行となり、江戸城に勤務していた。のちの老中松平定信に近い人物だったと言われる。『森山孝盛日記』は、この時代を記した史料として貴重とされ、当時の見聞や風評などを冷静な目で的確に伝えてくれる数少ない現存の日記と言われている。明治維新、関東大震災、太平洋戦争を経て、旗本の史料はほとんど残されていないのが現状のなかで、孝盛自身の注釈も記録と言えるだろう。家基が亡くなった時、孝盛は江戸城警備の大番で内情を把握しており、かなり事実を知っていた可能性もある。

孝盛は、田沼の失脚以降、順当に出世し、一七九三（寛政五）年には伊豆、相模、安房、上総と、定信の海防巡視に随行した。学問・文芸にも多才で、日記の他にも随筆や『蜑《あま》の焼藻《たくも》の記』『賤《しず》のをだ巻』などを著述している。その『賤のをだ巻』の一節は、田沼時代の世相を知る際によく使われ、一七七〇（明和七）年から一八一一（文化八）年までの四一年間を網羅している。

記述は日記方式だが、実際には、毎日書き綴ったものをまとめて後日に清書しており、必ずしも毎日の記述ではない。のちの加筆・削除もあり得るが、孝盛以外の人物の加筆はないとされている。それに記述内容も公的なもの（幕政の動向、江戸城勤務など、自分の公的生活について）と、私的なもの（家族・親類縁者に関すること、信仰のこと、亀戸天神参詣、菩提寺のこと、茶会への参加等々）に分かれ、十年にもおよぶ公私にわたる克明な記述である。

孝盛の家基死去に関する記述は、次のようである。

〈去る二月二十一日、大納言家基様が目黒筋にて鷹狩をおこなったが、お出かけ先にて具合が悪くなり、江戸城に戻られた。それ以後、病状はよろしくなく、一昨日二十二日には西の丸への御機嫌伺い、昨日二十三日には西の丸への総出仕、また本丸への総出仕もあった。本日二十四日、これまた総出仕の折、その日の巳の刻半ばに大納言家基様が亡くなったという報せがあった。奥医師の面々が、朝夕、家基様の健康状態をお尋ねしていたのに、どうしたことか、それほどのことは聞いていないという噂もあった〉

この文を見る限り、何かを書きたい孝盛の気持ちを垣間見ることができる。毎日城に出仕し、ある程度はわかっていたはずなのに、それを書こうにも書くことができなかったのではないか。孝盛はさらに続けている。奥医師の面々が家基の健康状態を尋ねたところ、「家基様の健康状態はよろしかった」と述べているが、次には「『今日のお出かけはおやめになりましたら』と申し上げたのに、お聞き入れにならずにお出かけになった」と書いている。この点、彼も最終的には確認できず、「という話もある」と締め括っている。あるいは、のちの誰かに、違う話もあると伝えたかったのだろうか。

次のようにも記している。

〈お出かけになられた先では、家基様はひどく息切れされた。『輿《こし》に乗っても苦しゅうはないか』とのお尋ねがあり、鷹匠《たかしょうがしら》頭の内山七郎兵衛永清が『まったくそのようなことはございません』と申し上げたので、早速お乗りになり、御膳所である東海寺へ入られた。そのとき激しく吐血され、そのさまは、お供してきた者が持っていた鼻紙をすべて使いきってしまわれたほどだ。お供をしてきた医師と薬箱を持っていた者は近くにおらず、これに間に合わなかったとか、いたって不適当であるということだ〉

孝盛はこの一連の出来事を不思議に思っていたふしがある。鷹匠の内山七郎兵衛永清は当時五十八歳。はたして家基について野山を駆け巡ることができたのだろうか。通常ならば、東海寺の御膳所で家基を待ち、走り回る家基の後方にいて支援する方が話が合う。後の文章では、吐血したのに「お供の者が持っていた鼻紙をすべて使いきった」とか「医師と薬箱を持つ者が近くにいなかった」など前代未聞のことである。鼻紙というのは、よく時代劇のドラマなどで刀を拭くのに使われている懐紙のようなもので、量も多かったはずだ。家基の出血量はかなりのもので、原文にあるように吐血と言われても鼻からの出血とは思えず、怪我によるものと考えざるを得ない。通説では、東海寺には医師の池原雲伯良誠《よしのぶ》なる者がつねに詰めていたはずであるが、寺に担ぎ込まれたときには誰もいなかった。森山孝盛は、これらすべてのことを「いたって不適当」という一言で括っている。つまり「おかしい」ということだ。

「おかしい」ことはさらに、「本日はとりわけ物品の数（家基の獲った獲物の数）が多かった」というセンテンスで唐突に終わっていることである。これは何を意味するのか。具合の悪い家基が鷹狩をしていた理由を意味するのか。それとも家基は元気で、鷹場を駆け巡り、獲物を獲っていたことを示しているのか。

森山は、以下のように述べる。

〈側衆である佐野右兵衛尉茂承《もちつぐ》が家基を抱き、輿に乗り、介抱しながら帰城し、夜五つ時、西の丸内裏に到着して、早速、家基を床に御移しした。佐野も輿より出たが、あまりのことで気絶してしまい、同役の者が介抱し、ようやく退出できた〉

このなかでも、「佐野右兵衛尉茂承が家基を抱き、輿に乗り、介抱しながら帰城した」という記述は、内山七郎兵衛永清についてと同様、孝盛文書以外では書かれていない。この佐野右兵衛尉茂承は実在した人物で、家基についていた者だった。家基の死の直後に小譜請寄合に入り、事実上の休職となっている。以上のことを考えると、家基は落馬して怪我を負い、多量の鼻紙が必要だったのだ。

森山は、これらの事実を知り、書きたくて仕方がなかったのではないか。このようなヒントを与えるということは、後世にそのことを伝えたかった可能性も捨てきれない。

その証拠に、彼の文章のなかで面白いことがある。家基の吐血時の様子だが、息切れして急に吐血するなど、よほど前から具合が悪くない限り、このような状態にはならない。また吐血すること自体から考え、家基は以前から何らかの重い病気を負っているはずである。だが『徳川実紀』には、そのような具体的な病状は記されていない。歴史研究家の何人かが、家基は体の具合が悪かったと指摘しているが、あくまで推測の域を出ない。『徳川実紀』の報告では、家基は鷹狩に行き気分が悪くなり、その死は突然起きたという（一六〇頁参照）。それに比べ孝盛の文書は、死の状況を側面より伝える唯一の記録である。森山が日記のなかにこれほどまで書いたということは、何かを伝えたかったのだろう。

『東海寺文書』の内容

現存する史料のなかで、家基のことを記録した史料は、これ以上探してもないだろうと思った矢先、思わぬ文書が残っていることに気がついた。家基が死んだ際、最も近くにいた東海寺の観光和尚が書いた日誌があった。それが保管されていたのは品川区品川歴史館で、東海寺にほど近く、御殿山とも目と鼻の先である。

東海寺は臨済宗大徳寺派で、寺領五〇〇石、一六三八（寛永十五）年に沢庵宗彭《たくあんそうほう》和尚によって開山された由緒正しい寺だ。なかでも、但馬国出石《いずし》出身の沢庵和尚は大徳寺春屋《しゅんおく》国師に師事し、一凍《いっとう》紹滴《しょうてき》和尚の弟子となった。沢庵漬の創始者としても有名である。当時は、約五万坪（一六五〇アール）の敷地を持っていたが、今では、塔頭《たっちゅう》だった玄性院に東海寺の名を残すだけである。

家基がよく通った鷹場の新井宿と東海寺は少し離れてはいるが、東海寺は新井宿の御膳所として位置づけられていた。御膳所とは、昼食を出したり、鷹狩の際に御供の者が休む場所で、通常はこのような寺院が充てられた。八代将軍吉宗、十代将軍家治も新井宿への帰りに東海寺へ寄っている。

『東海寺文書』は、日誌の体裁で各和尚が書き残し、読みやすい字でしたためられている。マイクロフィルム化され、家基の記述（『御成帳』）の表紙には「安永八己亥（一七七九）二月二十一日　大納

言様御成帳　執事　清光院　春雨庵　知事　宗澤」と書かれ、本文は十五丁にもおよぶ。これまで鷹狩に同行したと考えられる人間を『寛政重修諸家譜』よりピックアップしたが、『東海寺文書』には役職名もさらに具体的に記されている。また御側衆、御小納戸衆、御小姓衆、御伝馬衆などもあげられていた。一番の責任者は若年寄鳥居丹波守忠意《ただおき》で、側衆は佐野右兵衛尉茂承、ほか大久保下野守忠《ただ》恕《さと》や、小笠原若狭守信喜《のぶよし》、小納戸頭取押田信濃守岑勝《みねかつ》などが続いている。さらに御小姓衆、御医師衆、御目付衆、小納戸衆、御坊主衆、御鳥見衆なども入れると総勢三五〇人におよぶ。

その日家基の食事として何を出したか、御神酒から、酢の物、吸物、菓子、使った皿まで事細かに書かれている。材料についても「白胡麻五合、八拾文」と値段まで詳しい。

ところが、この文書を読んでいくうちに、この日記を書いた和尚がかなり混乱し、情報が錯綜していることがわかった。和尚は慌てていたらしく、いくつか大きな書き間違いを犯していた。『徳川実紀』とは少し違っている部分がある。それはむしろ好都合で、マイクロフィルムからその箇所をコピーして比べてみる。幕府公式文書『徳川実紀』と『東海寺文書』を照らし合わせながら見ていけば、その違いがよくわかるはずだ。

「此日　大納言殿新井宿のほとり鷹狩し給ひ東海寺にいこはせらる。俄に御不予の御けしきにていそぎ還らせ給ふ」（『徳川実紀』）

「五ツ半過、御殿山　御歩行ニ而御小休ニ相成候、両人御出迎申上候事、御先詰御側佐野右兵衛尉殿也、御小納戸先詰之衆江献上物渡候事、追付御場江御歩行ニ而被為成《なされられ》候事、八ツ時過、亦々《またまた》

御場　被為成候、七ツ半過、御殿山江還御」（『東海寺文書』）

『徳川実紀』では簡潔に「大納言家基様は、新井宿の辺りで放鷹をおこない、東海寺にて休憩中、突然発病され、急いで千代田城に帰城された」とある。『東海寺文書』（『公用日記』）では、詳しく書いてある。この違いは何を意味するのか。「大納言家基様は、五ツ半（午前九時頃）、御殿山より東海寺へ帰られた」、つまり、新井宿に家基は行かずに、御殿山から東海寺にきたと和尚はいう。

この時期は御殿山にも桜が美しく咲き誇り、天候も晴れで、家基が桜見物に行った可能性も捨てきれない。「再度、御殿山より東海寺へ、八ツ時過（午後二時三十分頃）帰る」となっていて、「七ツ半過（午後五時頃）、また御殿山へ行かれた」と、信じられないことが記述されている。何のため、家基は何度も御殿山に行ったのか、その理由はわからないが、さらに観光和尚の文章は、その日家基に御目見えをし、別れの挨拶を述べたという。家基は千代田城に帰城する際、和尚によると、元気だったのである。

ところが、翌二十二日、『徳川実紀』には家基は病で伏し、「高家の大沢下野守基季を使わして、准后公遵《こうじゅん》法親王に祈禱《きとう》を頼む」とあり、また「山王の別当観理院権僧正天朗にも祈禱を頼む」と記され、千代田城は上へ下への大騒ぎになっていた。

しかし『東海寺文書』では、同じ日の六ツ半（午前七時頃）、観光和尚は江戸城へ挨拶に行き、五ツ半（午前九時頃）、西の丸老中、西の丸若年寄、大目付、側衆、頭取、寺社司等、幕閣にお礼の挨拶をし、そのときに「家基様にもお会いした」と記す。和尚によれば、家基は元気にしていたことになる。

翌々日の二十三日の『徳川実紀』には「溜詰《たまりづめ》、高家、雁之問詰、奏者番、西の丸へ出仕する」と、家基に緊急事態が起きたことを告げている。一方『東海寺文書』には、何もなかったかのごとく、二十二日の条に二十三日付の手紙の写しがつけられ、「二十一日のお目見えと、翌二十二日の登城お礼は、滞りなく終り候」と記されているだけである。『東海寺文書』では何も起こっていないことになる。

そして家基が死亡した二月二十四日『徳川実紀』には「御三家をはじめ、群臣西の丸へ出仕。（家基の）死亡は、巳の刻半ば（午前十一時頃）」とある。和尚はこの日登城し、初めて「家基様死亡の報せを、今朝、老中から直接聞いた」と書いている。ここで初めて「家基様死亡」という記述が出てくる。和尚は、突然の死に驚きもせず、淡々と書いている。矛盾だらけである。

もっと細かく『東海寺文書』の矛盾を見ていくしかない。『東海寺文書』を書いた観光和尚は、のちに二度三度と手を加えていた、家基に関する記述の部分は一気に筆で書いたと見え、後半は文体や文字などは乱れている。この加筆は、『徳川実紀』の内容に近づけるためになされた改竄なのではないかと思うほどである。しかし、和尚の記述のなかでも、家基が御殿山に行った記述は改竄とは思えない。この部分は森山孝盛の家基死亡の記述同様、気になる。

民衆の受けとめ方とその他の史料

家基死亡について、『森山孝盛日記』『東海寺文書』のように迫真的なものは他にはないのだろうか。

『徳川将軍十五代史』や大名家の文書も含めて、できるだけ見てみることにしたが、『徳川将軍十五代史』、『江戸時代落書類聚』（上巻）、江戸浅草金龍山浅草寺の『浅草寺日記』、『旧記雑録』（鹿児島県史料）や『伊達家文書』『加賀藩史料』なども一部見ることができるが、『徳川実紀』の記事とさほど変わらない。そのうち『江戸時代落書類聚』に見られる死亡記事は、民衆がどのように家基の死亡をとらえていたのか真の姿がわかり、捨ててはおけない。これは当時の「吉原言葉」で書かれているので、現代語も並行させて見ていくことにする。

「おいでなんし／御鷹野に／けしからぬ／薨御《こうぎょ》／にくらしい／雲伯さん／馬鹿らしうありんす／根津の開帳／まちなんし／公家衆／しづかにしなんし／江戸中／いれなんし／小普請に／いつそいきんす／諸国へ飛脚／もうよしなんし／御倹約／おくんなんし／上野へ／ヲヤどうせうね／西丸附／ほんにかへ／丹波さん不首尾」

民衆でさえ、家基の逝去は不思議だといい、皮肉をこめて警備の小普請組のことを批判している。「丹波さん」とは、家基の鷹場に同行した総責任者、西の丸若年寄鳥居丹波守のことをいい、責任のすべては彼にあったというのだ。

「かならずまつて／世の中／大事のこつたにへ／御養君／どうともしなんし／増上寺／おがみんす／御出棺／もう帰りんすかへ／阿蘭陀人」

当時のオランダ人の商館長はフェイトで、何日間か将軍謁見を待たされていた。

「今からどうしなんす／日向さん／いんすにへ／ゆたか」

「日向さん」とは御側衆の津田日向守《ひゅうがのかみ》信之のことである。民衆は内情をよく知っていた。家基の死は、民衆にとっても大事件のようだった。「いろは短歌」の一部も見ていこう。

「りこうていこかれ御部屋様／ぬるるたもとは一同に／るいもたぐひもあらバこそ／をふれが出ると町々ハ／わけてさびしく戸をたてて／かいものするもひそひそと／よにいまはしきかけ簾／丹《たん》波守は不首尾ぢやと」

民衆に言わせると、鳥居丹波守は責任をとって辞任するか、切腹するしかない雰囲気だったが、そのようなことは起きなかった。

「れいの狂歌や見立てもの／その中にまた鍛冶石屋／つがもない事金もうけ／ねだんかまはずお急ぎに／なんぼつねづね倹約も／らちこくたいもあらバこそ／むじやういやます御葬送／上野《うへ》へこそハ御入棺／ゐきるも甲斐なき老女衆／のッ引きならぬ若ィ衆も」

西の丸老女衆や若衆などがどうなるか、世間でも注目のまとだった。民衆の口はまだまだ止まらず、歌はつづく。

「お比丘願ひ出すばかり／くださるお金おかみに／やうやうまつた御暇／またくよくよとうれひずと／けんやく事をやめにして／ふたりともらい御弟子様／これ御養子によござんしよ／えいつがもない事ばかり／てん下にしれたおぬけさん／あんなお人ですむ事か」

「ふたりともらい御弟子様」とは、家基の弟・貞次郎のことをさしている。彼はすでに死亡しているので、不審な死を民衆は皮肉をこめて歌っていた。また新しく決まりそうな世子を一橋家の豊千代

（のちの家斉）と知り、京都の天皇も後桃園も死亡したとの速報を送っている。

この時代、確実な情報伝達手段がなく、狂歌などを通して、人々の口から口へ伝えられるしかなかった。民衆はある程度は事実に近いことを知っており、世継の急死は大事件で、次の養子は誰か、芸能ニュースの最高の話題だったことがわかる。

また『加賀藩史料』では、加賀藩当主治脩《はるなが》の国元への帰還が三月十三日江戸出発と決まっていたが、家基の死去により延期となり、家基死去にともなう御機嫌伺いの指示が老中よりあった、とある。前田加賀守治修をはじめ、譜代大名、それに外様大名が御機嫌伺いをおこなうが、できない日は、二、三日おいて、月番老中宅に使いを立てるように指示などがあっただけである。

『浅草寺日記』にも家基死去後が記されているが、前述の二つの文書に匹敵するほどのものではない。『浅草寺日記』の家基死去の記録のなかで、音楽、営業を停止するというのは『徳川実紀』と同じで、将軍家と近い浅草寺らしい内容である。

そのほか残された地方文書があるかと思い、事件当日、品川宿を通過した大名・使節も調べてみた。松平（鍋島）肥前守治茂をはじめとする四人が、一七七九（安永八）年二月十五日に江戸を出発し、家基が倒れたころ品川に到着した。しかしこの記録にも、家基に関する記述は見つからない。尾張・美濃・伊勢三国の大名が美濃・伊勢堤防工事役に命じられ、品川を通過していたが、記録はなかった。

皇室・公家の使者についても、『武家伝奏日記』などで調べたが、これまた記録になく、幕臣の公用の出張も見たが、多くの人がいた割には何の記録も残っていない。

「フェイトの日誌」から見えること

前述の「フェイトの日誌」の記述によると、鞍は大納言家基の胸のあたりに落ちて、すごい出血だったとある。これは『徳川実紀』が記す公式の死亡状況とまったく違う。もしこれが事実とすれば、『徳川実紀』はなぜそのような記述となったのだろうか。フェイトの報告が事実とすると、誰かが気に入らなかったからこの事実を葬り去ったのか。幕府にとっては、鞍が胸に当たって死んだのではなく、公式見解の「病気で倒れた」としたかったことになる。

もしフェイトのいうように、鞍が落ち、それが原因で死んだのであれば、この件に関わった人々は処分されたはずだ。なかでも馬係であった馬方は切腹、御家断絶となっていてもおかしくない。幕府の馬係は、本筋の諏訪家から、亜流の村松家に代わっていた。この件が公になれば、村松家の最大の失態となっただろう。

しかしそれ以上のことはわからず、フェイトの指摘する切腹させられた人物もわからなかった。強いていうならば、側衆として付いていた水上《みずかみ》美濃守興正《おきまさ》が一カ月もたたないうちに急に亡くなり、息子が家督を継いでいた。彼が切腹しなければならない失態ならば、御家断絶の可能性もある。幕府は、息子が家を継ぐことを承認している。

すべては闇につつまれ、事実はわからない。商館長フェイトは、江戸で聞いた一報をそのまま書き綴っていたのだろう。またこの情報は、のちに改竄されることなく、そのままオランダに伝えられた。オランダ人にとって大納言の死は重要なことで、もし第一報が事実でなかったとすれば、次の商館長の段階で改定される。しかし、その後の商館長何人かもこのことを事実として本国に再報告している。

フェイトに伝えられた情報は、多少の混乱はあったにせよ、かなり具体的で事実に近いのではないか。田沼と親交のあった商館長ティチングも、落馬の状況を島津重豪や朽木昌綱（丹波の領主、蘭学を学び、ティチングと交流があった）から聞いて確認している。オランダ側はかなりの信憑性《しんぴょうせい》のある家基落馬の事実を知っていた。このことはのちの商館長らの手紙が証明している。しかし日本側の記録では、落馬の事実を隠し、まるで誰もが口を揃えたかのように、家基死去の記述は『徳川実紀』と同じものに統一されてしまったのだろう。当時は目付・隠密が徘徊し、密告も奨励されていた。幕府の公的発表の記録と異なる文書が発覚したら、自分一人ではなく周りも処罰される時代である。

オランダの報告書の一部
家基の死の顛末を本国に何度か伝えている。

前述したように、家基はこれまで病弱で、それが原因で死亡したと言われてきたが、死ぬ二年前の記述は、それを否定するような記述ばかりだ。森山もそのことを指摘しているが、これは家基がいかに元気な人物だったかを示している。興味をひかれるのは、家基が鷹狩に熱中していたということだ。

一七七七（安永六）年、十五歳を過ぎた家基は、十日に一度の割合で天領の鷹場に行っており、新井宿はこれから挑戦しようとする鷹場だった。彼は武芸好きで、千代田城で開かれる大会などにも自ら出場し、腕を競っていたことが記録にある。

一七七八（安永七）年、十七歳になると、千住、浅草、亀有、中野などに十二回も鷹狩に行った。十月六日には、早朝虎の刻、西の丸に仕える侍臣五人と馬方三人が相模国鎌倉まで往復し、その速さを競ったらしい。いちばん早く帰城したのは水上織部正正信《おりべのかみまさのぶ》（『徳川実紀』には正相《まさすけ》とあるが誤記であろう）で、この水上は、東海寺で側衆として切腹したといわれる水上美濃守興正の息子だった。

一七七九（安永八）年、家基は十八歳になり、この年の一月から三度ばかり鷹狩に出かけ、健康そのものである。四度目の狩りの二月二十一日、死亡することになるのだが、あまりの突然死で、とても『徳川実紀』の死亡説を信じるわけにはいかない。フェイトの事故死亡説の信憑性が高いわけで、『森山孝盛文書』『東海寺文書』もそのことを匂わせている。フェイトが記した通り、鞍が外れ、家基の胸に当たり、出血多量で死んだとするほうが正しいのではないか。オランダ人が江戸で上検使から聞いた言葉は真実だったのだろう。

では、いったい誰が、どのような目的で、家基を亡き者にすることができて得をするのか、その具体的な理由を突き詰めてみよう。ただの事故死だったのだろうか。のちの幕府の公式隠蔽策は、事故死がただの偶然ではなく、計画的におこなわれたものだと思えてならない。次に、家基の死で誰がいちばん得をするか、その人物に迫ってみたい。

『星月夜萬八実録』の記録

他に家基の死亡についてふれた文書には、どのように書かれていたのだろうか。
田沼を悪名高い者と断じる文書、『星月夜萬八実録』によると、この件については次のような記述が残されている。

〈三十二　家基公御他界の事　並阿部豊後守不首尾の事

大納言家基は戸田川での鷹狩の途中、急に具合が悪くなりついに亡くなった。将軍家はじめ西の丸内外の諸侯、役人含めて嘆き悲しまない者はいなかった。将軍は家基公のご他界により、食事も進まず嘆き、しかも病状を不審に思い、西の丸付老中阿部豊後守に尋ねたが、返答がはっきりしないので詰問したところ、豊後守は鷹狩の帰りであることを答えた。将軍はこれに激怒して、『天下の政事を預かる身分でありながら、偽りを言って人を迷わせるのは不忠であり、以後私との目通りをするな』と豊後守を退出させた。豊後守はすぐに主殿頭《とのものかみ》のところへ助けを求めに行き、事情を説明して将軍への執り成しを頼んだ。（中略）

そこで、意次は登城して将軍に申し上げた。『このたびの家基公のご他界に関して、豊後守が政治の要職にありながら将軍に虚言を言った罪は軽くはありませんが、一概にそれはそのようとばかりは申されないと思います。このたびの虚言は忠義からおこなったことです。家基公のご病状については秘密にされるべきでこれが世間に露見するのは末代までの恥です。将軍家にこのことを明白に話すのはすでにすべての者に公表するのと同じになってしまいます。将軍家は事実を話さず、仕える役人も話さない。これこそが豊後守の智の優れたところだと思います』このように執り成したところ、将軍は、自分のお気に入りの家臣主殿頭の執り成しということもあり、豊後守を許した。主殿頭の勧めのとおり本丸老中に任命した〉

『星月夜萬八実録』ではすべて事実ではないにしても、家基の死が「戸田川での鷹狩」になっている。品川の東海寺という記述はない。

事件当日の動き

ここまで何人もの証言を見てきたが、品川歴史館にある『東海寺文書』の「御成帳」では、「家基東海寺に赴く」のスケジュールは次の通りである。そこにはまた思わぬ人物が徘徊していた。

一七七九（安永八）年二月十八日（家基が東海寺に来る三日前）、「家基様御成」の下見検分にやってきたのは、小納戸頭取だった押田信濃守（田沼家臣三浦庄二を通して田沼と縁戚関係。家基に仕え、田沼派と目される）、新見讃岐守である。観光和尚の御成帳によると、この日の検分は無事に終わっている。どのような食事の方法にするか、吸い物の種や御酒などの材料や本膳の作法に至るまで具体的に決められていた。材料も、「海藻五枚五〇文、大根五〇本一二四文、それに人参二〇本七〇文」などと予想以上に詳細な記録だ。

二月十九日、この日も押田は下見と称し、足を運んでいる。昨日足りなかった物を運び込ませ、当日のための材料を用意させるなど、すべてのことは押田が取り仕切っていた。

二月二十日（「家基様御成」の前日）、三度目の下見は、より細かくなって、吸い物、豆腐、それに酢の物等の各御膳類が運び込まれている。もう家基が鷹狩で東海寺に寄るのはほとんど間違いなく、この日の設営がおこなわれた。

二月二十一日（鷹狩当日）、一部の御側衆、御小姓衆、それに御小納戸衆、食事の御膳場衆などは東海寺に詰め、すべての準備をおこなっている。

早朝、明六ツ半頃になり、家基一行は千代田城を出発する。一行のなかには次の人物たちがいた。

責任者若年寄　鳥居丹波守
側衆　佐野右兵衛尉
　大久保志摩守
　小笠原若狭守
実質的責任者小納戸衆　押田信濃守
　新見讃岐守

ほかにも御目付衆や御鳥見衆、御医師衆、御坊主衆などの名もこの『東海寺文書』には見受けられる。東海寺の観光和尚は、「小普請方手代衆、馬喰町よりおいでになり、その奏者人数は三五〇人で、すべての支度は整っていた、御膳に用意されたこれらの食物は、鳥居丹波守に進呈され、各御供の者どもが食した」(『東海寺文書』)と記す。

鷹狩は早朝からおこなわれる。では、実際のスケジュールはどうだったのか、大納言家基が鷹狩に向かう当日の様子にしたがって、千代田城から現地到着までを見ていく。

・明六ツ頃　小納戸が支度をする。
・小姓が家基に起床を促し、家基は起きて洗顔、うがいをする。
・御膳奉行が毒味し、家基は朝食をとる。
・御散髪係の小姓が同時に髪結いをおこなう。
・御医師衆が診察をおこない、体調をみて、その具合により初めて出立が決定される。
・通常西の丸玄関で老中阿部豊後守が西の丸老中として家基の出立を見送り、若年寄の鳥居丹波守、それに側衆の佐野、小笠原、押田などの行列(御小姓衆、小納戸衆、御目付衆、御典医衆、御鳥見衆)も同時に出立する。ところが既にそのころ、先発隊の先詰衆は現地に到着し、用意を整えつつあった。
・行列は西の丸大手門から外桜田門外、芝、田町、高輪を経て現地にむかう。

では、実際の行程はどうだったのか。歴代の将軍のモデルケースと比較して見ていこう。

モデルケース①　徳川三代将軍家光が寛永五年東海寺の近く御殿山に狩りをした際、ついでに桜見

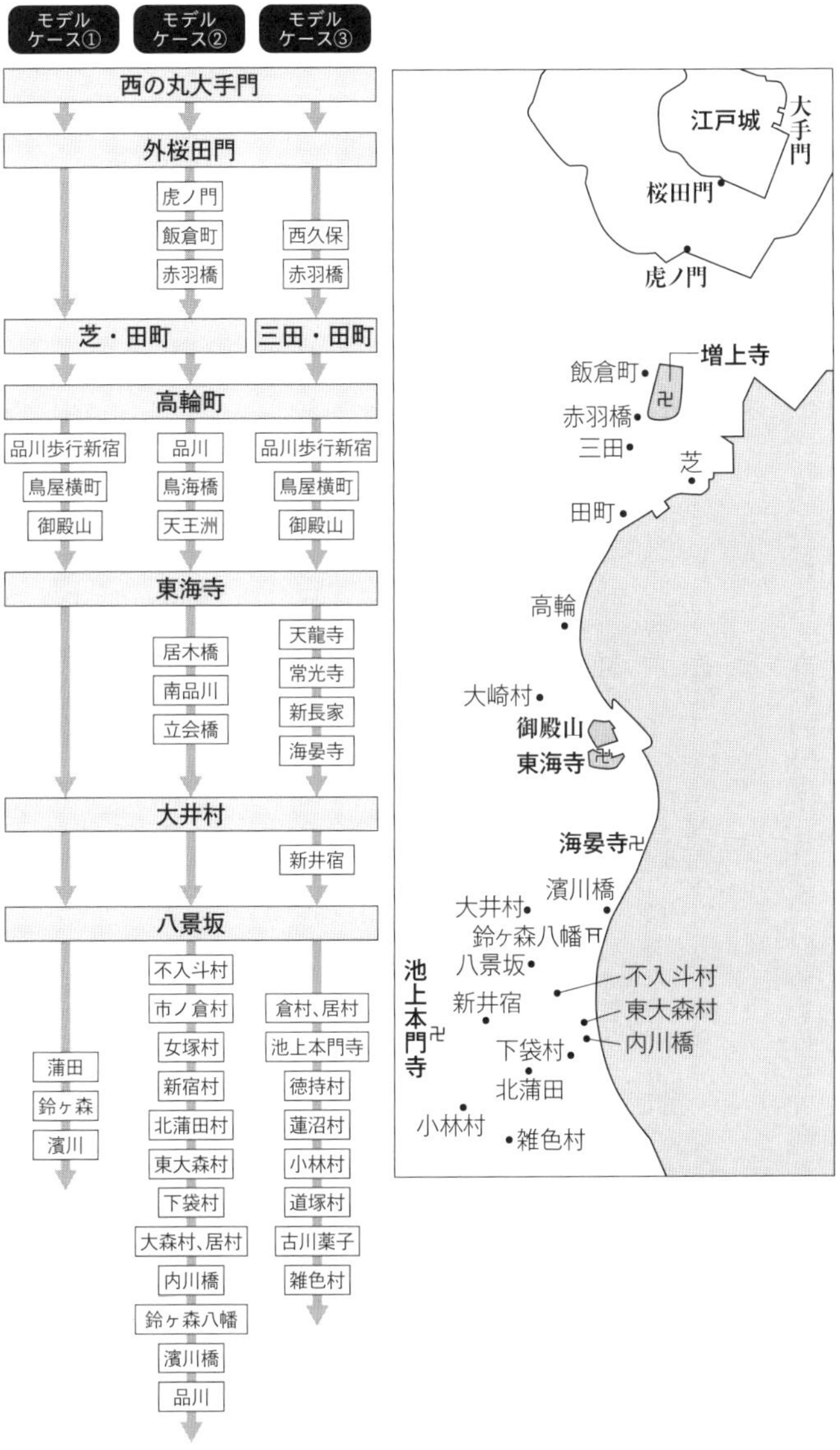
モデルケース①
モデルケース②
モデルケース③
西の丸大手門
外桜田門
虎ノ門
飯倉町
赤羽橋
西久保
赤羽橋
芝・田町
三田・田町
高輪町
品川歩行新宿
鳥屋横町
御殿山
品川
鳥海橋
天王洲
品川歩行新宿
鳥屋横町
御殿山
東海寺
居木橋
南品川
立会橋
天龍寺
常光寺
新長家
海晏寺
大井村
新井宿
八景坂
蒲田
鈴ヶ森
濱川
不入斗村
市ノ倉村
女塚村
新宿村
北蒲田村
東大森村
下袋村
大森村、居村
内川橋
鈴ヶ森八幡
濱川橋
品川
倉村、居村
池上本門寺
徳持村
蓮沼村
小林村
道塚村
古川薬子
雑色村
江戸城
大手門
桜田門
虎ノ門
増上寺
飯倉町
赤羽橋
三田
芝
田町
高輪
大崎村
御殿山
東海寺
海晏寺
濱川橋
大井村
鈴ヶ森八幡
八景坂
池上本門寺
不入斗村
新井宿
東大森村
内川橋
下袋村
北蒲田
小林村
雑色村

鷹狩のモデルケース

物をしたときのコース

モデルケース② 十二代将軍家慶が天保十三年に東海寺に赴いて狩りをしていたコース

モデルケース③ 十二代将軍家慶が弘化三年、御殿山に狩りにいったときのコース

この三つはさほど変わらないものであるが、家基の行動と照らし合わせると、あることがわかる。

当時から新井宿は、歴代将軍が好んだ鷹狩の場の一つだった。将軍は鷹狩のついでに御殿山を訪れて花見をすることもあった。家基行列の行程を見ると、奇妙なことに、通る先々の周りにある屋敷が薩摩藩関連で固められていることがわかる。薩摩藩はこの高輪御殿山に至る途中の赤羽橋近くに屋敷があり、三田、高輪にも新しい屋敷を持ったばかりだった。東海寺、御殿山の周りは、ほとんどと言っていいほど島津の知縁者で囲まれ、御殿山からすぐ近くの大崎には重豪の妻である一橋治済の妹・保姫の屋敷（嫁ぐ際に実家から贈られた）があった。

家基の鷹狩について、おもしろい記録がある。家基がどこの鷹場を気に入っていたかというもので、一位は圧倒的に浅草川畔で、五年で八回も出かけている。ほかに千住が四回、目黒が三回。二度訪れたのは王子、本所、西葛西付近、小松川、小菅、中野、亀有など。一回だけは雑司ヶ谷、志村、中川、高田、平井、落合などだった。また、遊行では雑司ヶ谷や濱の御庭が一番多く、深川や大川畔・浅草では船遊びもしている。

家基が鷹狩で新井宿に行ったのは十六歳の一度きりで、いつも行く方向とは違い、慣れた場所では

なかった。治済、重豪はそのことをよく知っていたので策を弄《ろう》しやすかったとは言えないだろうか。

第二章でも述べた通り、家基は十歳のときに初めて鷹狩に出かけ、十六歳のころには急速に鷹狩の回数が増えた。十四歳の十二月五日に浅草で初めて鷹を放ち狩ったと『徳川実紀』にある。十五歳のときには、王子、木下川、小松川と場所も広がり、十六歳のときには、千住、目黒、雑司ヶ谷、新井宿、それに志村、羅漢寺、小菅、高田、中野、浅草川、平井と、十三回にも及んだ。十七歳になってからは、年間十二回、一ヵ月に最低一度、多いときには遊行も含めると二度以上も出かけ、最後の年、十八歳のときには、小松川、二之江、目黒、新井宿まで二カ月足らずで四回も鷹狩に赴いていたのである（九二頁「家基の鷹狩年表」参照）。

以上の記録は『徳川実紀』から調べだしたものである。病弱であるという通説が『徳川実紀』の記録のなかで、すでに矛盾しているのだ。

家基が鷹狩に行った二月二十一日の千代田城内はどうだっただろうか。

松平右近将監武元　二月当時の月番老中

田沼意次　非番老中。継続事務の処理をしていたと思われる。ときとして月番老中を補佐することもあるが、本丸老中であり、家基については何の情報もなかった

田沼意知　当時の役職は小姓組頭で、さほど重要ではなく、これまでに数度家基について狩りに同行していたこともあるが、意知は新井宿に同行したとの記録はない。千代田城にいたものと思われる

一橋治済　おそらく千代田城に登っていて外出していない
島津重豪　外出していない。常識的に考えると、東海寺の近くに住んでいるので、先を争って東海寺に駆けつけてもよいはずだ

通例の鷹狩は、目的地までついていく者はおよそ八〇人くらいである。ところが将軍家の世継ともなると、若年寄、御側衆、御小姓衆、それに御小納戸衆、御小姓頭、御徒士目付ほか猟具を所持する者などかなりの人数になる。千代田城から鷹場までの街道では御徒士衆が先頭に立ち、白扇を開き、厳粛な声で「お払い、お払い」と制しつつ歩き、沿道に並ぶ人々は土下座して平伏し、その行列を送った。このような大行列のなかで中心にいる人物を殺すのはほとんどの者が連携し共同しておこなわなければ、とうてい無理だろう。

家基が殺されたのは鷹場の崖である。どこで誰にやられたのかはわかってきたが、狩場について知っていないと、その状況はよくわからない。鷹狩について大まかな事情を示しておこう。将軍は自ら鷹狩の場所を「拳場」と呼び、一般には禁猟区となっていた。そのなかには鳥もしくは兎等の飼育場が必ず作られ、一年に数度しか来ない将軍のために多くの獲物が飼われていたのである。

将軍家の鷹狩は二種類あり、普通の鷹狩と、それをさらに儀式化した「鶴御成」である。「鶴御成」は、毎年十一月下旬から翌二月下旬までの間に催され、将軍家の最も重要な行事となっていた。家基の場合は当然のことながら、通常の狩りの形式で、鳥見衆による現地調査をおこない、当日は、鳥見役や網差《あみさし》が昼夜の別なく詰めて地域を厳重に警戒する。また、鷹匠頭による実地検分がおこなわれ、

家基の狩りの日取りが決定されることになる。鳥見役は、見習いに至るまで、持ち場の符号の入った揃いの羽織を着て仕事にあたり、日が近くなると通常は地元民を使って鷹場の準備をする大作業でもあった。

鷹場近くでは、狩猟が禁止され、魚を獲ることも、近くで茶屋・商店を営業することすら禁止された。このような鷹狩場は、一般の村とはまったく異なり、独自に「御鷹場御法度」が発布され、出猟の日が近づくと地元民が狩り出された。道路・橋を修繕し、田の水を抜き、犬を追い払い、切り株を取ったり、また肥溜《こえだ》めに囲いをする等の仕事をさせられる。鷹狩の日、地元民は遠くに退けられ、家基の周りは御小姓、御小納戸などの側近しか近寄れなかった。狩りが始められ、鳥見役の合図で、鷹匠が垣外に進み出て、鷹を家基に手渡す。鳥見は扇を広げ、兎のいる方向に向け、それを放つのである。家基は頃合を見計らって手にした鷹を放ち、鷹は兎めがけて飛びかかる。兎も懸命に鷹から逃れようと逃げ回るが、家基に従うものは駆け回り、「上意、上意」と叫びながら兎を追い立てるのだった。これを「力声」といい、鷹場はその声だけで大騒ぎとなる。鷹一羽では兎を捕まえることができない場合、鷹匠頭がその状況を判断し、二羽、三羽と放っていく。やがて力尽きた兎が鷹に捕えられるが、鳥見役は先を争い、その場に駆けつける。

家基の放った鷹によって捕まえられた兎は「大納言の御拳」「献上の獲物」と称され、すぐさま鷹匠が獲物の腹を裂いて臓腑を取り、塩を詰めて縫い合わせる。それを青竹に括りつけ、できあがった物を早飛脚を使い、京都の朝廷に献上した。朝廷に到着した物は、朝廷が半分を貰い受けたが、残りの半分はまた早飛脚で江戸の世継の元に送り返された。

将軍家に到着すると、ある一定量のものが御三家、御三卿、前田（加賀）、島津（薩摩）、伊達（仙台）に与えられ、最後に残った物は、年頭登城の吸い物として諸大名、旗本に分け与えられる。

東大史料編纂所の『島津家文書』には、一七八〇（安永九）年一月十八日の条に、薩摩から江戸にのぼる途中、備前片上宿で将軍が鷹で捕らえたとされる鶴を拝領したとの記述が残っている。

鷹場は、将軍、世継をはじめとする限られた人のみが狩猟をおこなう場所で、一般の人にはまったく縁のない場所だったが、将軍と縁戚関係にある大名は、将軍の許しを得て鷹場を使用することができた。一橋治済もこの鷹場を時々利用し、同じ鷹匠、馬係を使った可能性もすてきれない。

東海寺・新井宿・御殿山

すべての鍵は東海寺・御殿山の家基の行動一つひとつにあり、それは『東海寺文書』を見るしかない。東海寺の観光和尚の文書によると、この日、家基は早朝から新井宿に向かうはずだったが、朝五ツ半（午前九時頃）過ぎ、御殿山に出かけ、そして東海寺に帰り、小休止の後、八ツ過ぎ（午後二時頃）くらいに、再び御殿山に行ったと書かれている。この時期、御殿山は桜が咲いていてたいへん綺麗だったが、鷹狩の一行は既に新井宿で待機している。何らかのはずみで、急遽、家基は御殿山で花見を含め狩りをすることになったのだろうか。家基は御殿山に馬を廻させ、御殿山の桜の咲き誇るなか、休むのももどかしく、先頭となって獲物を追ったという可能性が高くなってきた。

家基が東海寺からどこに行ったか、いくつかの文書を整理し、それぞれの説を再現してみることにする。それにより家基の本当の行動が証明されるからである。各資料の記述を見てみよう。

・『東海寺文書』　家基が御殿山に兎狩りに行ったことを唯一示唆している。しかし「狩りをした」とは明確には書いていない。

よく考えると花見に二回も行くのは不自然であり、十八歳の若者が、じっとしていたわけもなく、狩りに興じるのは自然なことである。

・『徳川実紀』「新井宿に行った」
・『徳川将軍十五代史』「新井宿に行った」

そして、家基は御膳所の東海寺に朝五ツ半頃に一度寄ってから狩りに行ったが、行く先は、

・『東海寺文書』「御殿山」
・『徳川実紀』「新井宿」
・『徳川将軍十五代史』「新井宿」
・『森山孝盛日記』「目黒筋」

と異なった記述となっている。記録が違っているのだろうか。不可思議だが、「家基倒れる」の報も、記録ごとに違っていた。家基は、その後東海寺に帰ってくるが、

・『徳川実紀』「御膳所東海寺で食事をしているとき、突然具合が悪くなった」
・『徳川将軍十五代史』「御膳所東海寺で食事をしているとき、突然具合が悪くなった」

・『森山孝盛日記』「目黒筋の鷹場で突然具合が悪くなり、東海寺へ担ぎ込まれた」

とある。『森山孝盛日記』と『徳川実紀』、『徳川将軍十五代史』では、具合が悪くなり、東海寺から帰城したことは同じだが、具合の悪くなった場所が違っている。『星月夜萬八実録』は鷹狩の場所すら異なる。そのときの事情を一番わかっているはずの『東海寺文書』では、家基の容態には触れていない。触れたくない理由が観光和尚にあったのだろうか。『東海寺文書』では、家基は東海寺の御膳所からそのまま千代田城に帰城したのではなく、夕方七ツ半、再び御殿山に行き、元気なまま東海寺に帰り、元気なまま千代田城に帰城したと記述している。これはあとで、和尚が書き直したのかもしれない。

もう一人の生き証人である森山孝盛は、「家基様は、側衆佐野と共に、駕籠にて抱きかかえられて帰城し、西の丸裏門から西の丸大奥に運ばれた」（『森山孝盛日記』）と記している。

これが歴史の表の部分である。狩場については曖昧だった『森山孝盛日記』も、帰城してからのことは、森山が大番だったということもあり信用できる。また、彼の義妹は西の丸先手頭大井持長と親戚だったので、その筋からなにか情報を得たとも考えられる。観光和尚はのちに書き替え、幕府に提出し、さらに虚偽の上塗りのため、翌日、千代田城で元気な家基に会ったという信じられないことまで文書に書いていたことになる。

以上のことから、二月二十一日の家基の行動は次のようなものだったと確認できるだろう。家基は、早朝東海寺に着き、御殿山を下見し、一度東海寺に帰り、お茶を飲み、再び御殿山へ狩りに行っ

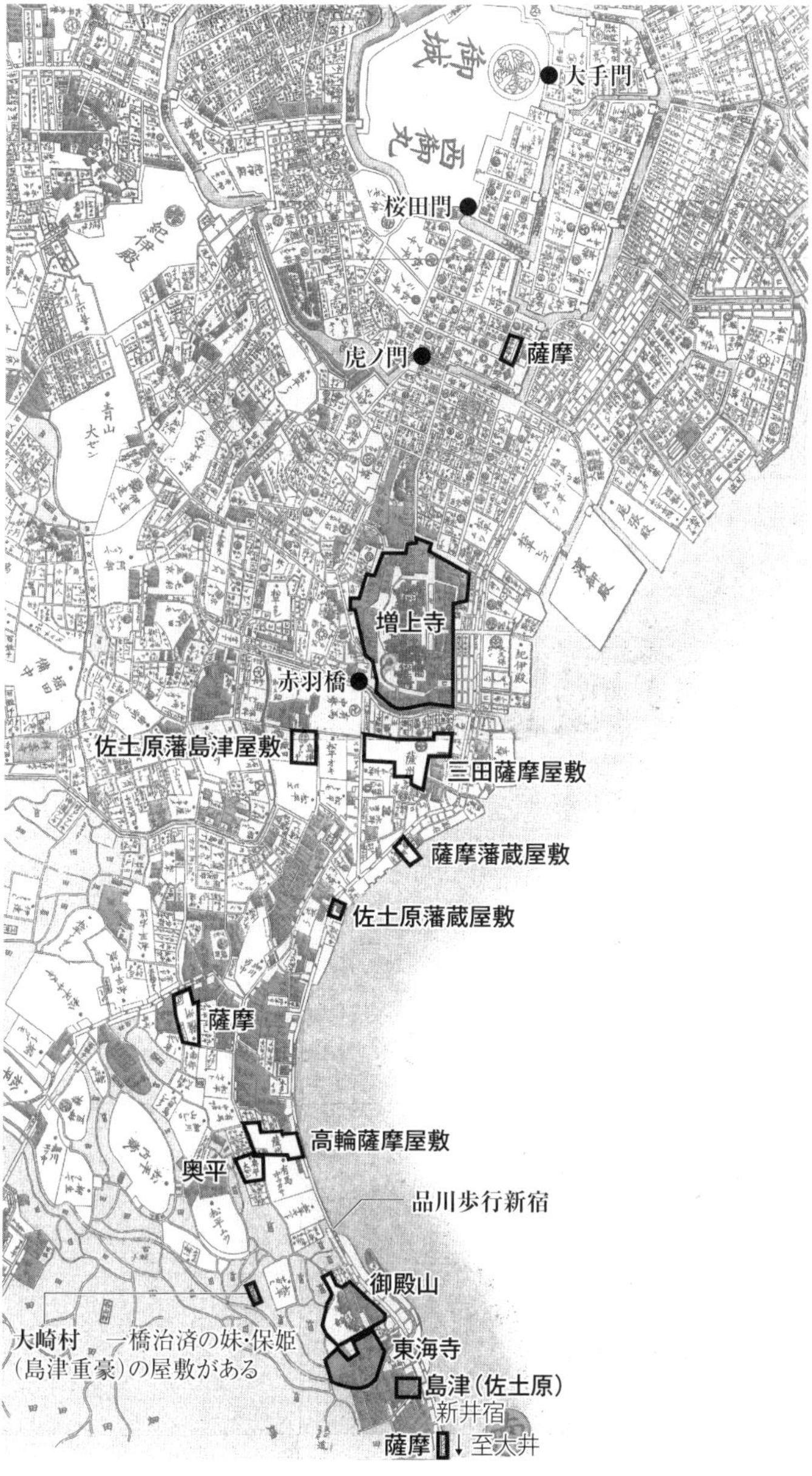

東海寺と薩摩屋敷関係図

た。それからお昼過ぎに昼食に戻り、再度御殿山へ行き、そこで崖から突き落とされたのだ。

のちに提出された異なる報告書の数々は、そのことを少なからず伝えている。なかでも『森山孝盛日記』は後世に事実を暴くよう促しているかのような文書だったと言えよう。

東海寺、新井宿、御殿山とはどのような場所なのであろうか。

少し前述したが、東海寺のすぐ隣には佐土原島津家の屋敷があった。佐土原島津家は、もともと薩摩十五代藩主島津貴久の弟・忠将の子・以久が日向佐土原藩主となったことから始まる。また、徳川家でいうと御三家のような存在である加治木、垂水、それに重富、今和泉《いまいずみ》の四家があるが、佐土原家は垂水の分家とも言われるほど薩摩との関係が深い。その四家のうち重豪は加治木島津家の出身であった。江戸の各下屋敷は東海寺の周りを囲むようにあり、重豪の高輪屋敷からも馬ですぐの距離だった。一七七九（安永八）年当時、筆頭に当たる佐土原島津家の当主は島津久柄《ひさもと》（四十五歳）だった。島津久柄は「島津淡路守」として当時から有名で、よく文献のなかに登場する。息子の島津忠持は当時十三歳で、重豪の養女・明姫を妻とすることが決まり、重豪と太いパイプでつながれていた。これらのことから考えると、当時、重豪がその屋敷によく出入りしたことは不思議ではなく、佐土原島津家の島津久柄は、重豪の名代として当日、大納言家基のもとに挨拶に訪れても不思議でもないし、当然のことと言える。

東海寺をよく調べると、島津が東海寺に多大な寄進をしていることがわかる。その寄進の量は尋常なものではなく、東海寺は島津の菩提寺といっても過言ではない。

一六三七（寛永十四）年、東海寺建立の準備が始まったころ、このあたりにあった寺院はすべて東海寺所領外に移されたが、そのなかで清徳院だけは沢庵和尚が仮りの宿寺とした場所として、そのまま残された。それには理由があり、清徳院は一五四三（天文十二）年、島津右衛門尉忠貞が寄進したことに始まり、東海寺建立より前から島津の寺であった。また直接的な事例でも、『新編武蔵風土記稿』（巻五十六、荏原《えばら》郡十八）には東海寺境内に有名な樹木があり、秋には紅葉を見るために島津が宴を催したという記録が残っている。東海寺の近くの御殿山には、島津家との関係の深い奥平家があったが、重豪の次男・島津昌高《まさたか》は、のちの一七八六（天明六）年、奥平家の婿養子になり、奥平昌高となっていたのだ。

それ以外にも重豪は多くの息子たちを、西の丸若年寄、幕府奏者番などの幕閣に送り込み、娘たちを各大名に送っている。江戸時代、婚姻関係は信頼の証であり、信頼できればこそ、お互いに自分の領地を守ることもできた。そのやり方は一橋治済と酷似している。また当時の島津家は、増え続ける多大な借金に困りはて、返済のためにも幕府内で大きな地位を占め、発言力を増す必要があった。

外様大名にすぎなかった島津が大きな転換期を迎えたのは、重豪が竹姫の孫となり、治済の父・一橋宗尹《むねただ》の娘を妻にもらったことによるようである。その後、京との関係も深まり、一気に中央政界との関係が強まっていった。のちに家斉と茂姫の婚姻は、重豪の野望の第一到達点となる。今となっては当然のことだが、一橋豊千代（のちの徳川家斉）の婚姻も重豪と治済が計画したことであった。治済と重豪がこれほど密着してことを運んでいたとは、歴史や家系図を詳しくみなければわからないことで、二人の関係は並大抵のものではなかった。

これまで見てきたように、一橋家家臣のなかには鍵となる人物がいる。同様に、島津家にもそのような人物がいるはずで、その家臣たちも探っていく必要がある。そのなかの何人かが、家基の事故死疑惑に実際に加わっていたのかもしれない。

まず島津久般《ひさかつ》（佐土原・分家）である。一七七九（安永八）年二月二十日、家基死亡の前日に小姓組番頭となっているが、小姓組番頭はすべて残らず出世した。しかし彼が、家基の死に直接結びつくとは思えず、他のところで面白い人物が現れてきた。

それは新井宿周辺を領地としていた木原氏である。将軍の狩場はもともと木原因幡守の屋敷近くで、土地は彼のものだった。ここを吉宗に献上し、新井宿、御殿山、東海寺は吉宗を偲ぶコースとして将軍に好まれるところとなった。島津重豪は木原氏と類縁関係にあり新井宿のことは手に取るようにわかっていた。通常、大納言家基が新井宿に鷹狩に行くときは、幕府の命を受けて木原氏がすべてをセットしていたはずである。

つまり、木原氏は地形のことはおろか、獲物の数まで熟知していた。もし、木原氏がそれらの情報を治済や重豪に流していたとしたら、用意万端、すべては整ったことになる。このことはまだ系統的なつながりでしかないので、再度整理する必要があるが、島津と一橋の関係のなかで、これだけの人物が動いていたと思われる。

ほかにも島津と婚姻関係にあった人物がいる。

鳥居丹波守（家基の鷹狩の総責任者）島津忠雅《ただまさ》（佐土原藩主・久柄の父）の妻は、忠意の姉
米倉昌晴（若年寄）佐土原島津の分家、島津山城守久芬《ひさよし》の娘（久般の姉）を娶る
米倉は末吉に命じ、家基の死亡時には遺品の整理をおこなわせている。まるでパズルのようで、もしかすると事故にかかわる全員が縁戚関係にあったのではないだろうか。
また一橋も、島津を通してつながっていたのではないか。一橋と島津は、家基死亡に関わる大きなファクターの一つである。これら黒幕については、島津と一橋の関係を示す文書類を見ていくことによって、より明確となっていくだろう。
家基が事故死した東海寺の御膳所のことを述べる前に、新井宿について説明しよう。なぜ、鷹場は表向き新井宿でなければならなかったのか、ある要因がそこには隠されていた。新井宿の管理は、御作事方棟梁木原が担当していた。この周りの土地の地主でもあった木原は、闇坂《くらやみざか》の高台の上に別邸を持っていたのである。
新井宿の闇坂はかなり急だということを知り、家基の事故現場はここに違いないと私は思ったが、大森駅西口の駅前通りを上がり高台の方へ行くと、そこは「木原山」と言われ、さほど急ではなく、鷹場の名残の名前が残っていた。文化・文政の『新編武蔵風土記稿』に「池上往来の西、八景坂の下に地頭木原専三郎が陣家あり、木原屋敷は陣家の構へにつづけり、二町四方許り地頭の別幕なり」という記述があり、享保の頃の『江戸砂子』では、この山を「木原の山」と呼んでいた。また江戸時代終わりにも「この辺を荒藺が崎と号してその名世にきこえたるゆゑ、江戸の人遊ぶもの多し」と

記され、明治のころまでは、新井宿という地名が残っていた。現在では新井宿一丁目が山王二丁目、新井宿二・三丁目が山王三・四丁目となり、新井宿四・五・六丁目は中央一・二・三・四丁目となっている。少々急な坂ではあるが、とても馬ごと落ちるような崖ではない。

では、御殿山はどのような場所なのか。品川の先にある高台で、「御殿山　心は崖へ転げ落ち」という川柳もあるほどの急な坂だった。これは崖下の遊廓に心を惹かれる気持ちを詠んだものだそうだが、現在の御殿山は多くのマンションが建ち、一見そうとは見えない。もし、この坂から家基が落ちたとすれば、事件を長崎奉行から直接聞いた商館長フェイトの記述は、より事実に近かったのではないだろうか。

裏の人間関係

右のように確信し、オランダの資料を再度見てみることにした。フェイトが書き残した、西暦一七七九年四月九日、つまり和暦安永八年二月二十三日の文書については既に述べたところだが、その文書をもう一度記すと、次の通りである。フェイトが長崎屋（江戸の旅館）に着くと、上検使が来訪して到着を祝ってくれた。その日フェイトは礼儀正しく、謝意を表し、将軍、および大納言への献上品を上検使に見せた。そして翌二月二十一日の夕方、上検使が大通詞・小通詞を呼び、大変なことが起こったと知らせた。

〈昨日、将軍の世子は狩りの途中落馬し、鞍が胸に落ち、かなりの出血をした。その後城に連れ帰られたが、まもなく死去されてしまった。将軍はこのことを深く悲しみ、ほとんど発狂寸前で、その苦悩のあまり、老中の一人を殴ってしまったそうだ。そして、何人かの人々は切腹し、そのことに関し、すべての住民は静寂を保ち、店を閉め、三日間の沈黙に入るように御触れが出された〉（一七七九年四月九日付、オランダ商館長フェイトの日誌）

この文書はこれまで興味を持って何度も読み直したが、なぜ将軍の専用の狩場でこのようなことが起きたのだろう。鷹狩の準備は万全であったろうし、代替の馬もあり、鞍が外れるなどということはあってはならないことである。もし、フェイトが通詞を通じて聞いたこのことが事実であるならば、鞍が外れるなど言語道断で、担当者はただでは済まされなかったはずだ。

フェイトが聞いた第一報のニュースは、ある意味でいちばん真実に近いと思われる。このニュースは誰にも歪曲されることなく、老中、長崎奉行（江戸在任）の上検使を通じて商館長に伝えられた。その後情報は変えられることもなく、そのままになっていた。

フェイトは、世継は千代田城に帰城し、その後亡くなったと、蘭印政庁に伝えている。さらに将軍家治は一人息子・家基の死に気が動転してしまい、苦悩のあまり老中（田沼意次か）を殴りつけたとまでフェイトは聞いているのだ。また責任者の何人かが切腹を申し付けられたと、かなり具体的である。この「切腹させられた」という記述に焦点をあてて、その日家基に付いていった人々の中から処分された者、そして逆に昇進した者を調べることにした。

まずもっとも注目したのは、切腹させられた人物である。前述したが、それは側衆の水上興正であろう。家基の死より十九日後に亡くなっている。
反面、出世した者も多く、暗殺にかかわる実行犯として可能性が高いのは、鷹匠の内山七郎兵衛永清である。『森山孝盛日記』に載っている鷹匠である。彼はすでに五十八歳という年齢だったので、鷹狩には息子が付いていった。また、馬預の村松なる人物も内山以上に不審な人物として浮かび上がってきたが、それだけではまだ推論にすぎない。
もともと鷹匠頭とは一七一六（享保元）年に設立され、一七三八（元文三）年以降は定員四人と定められた役職であり、当時、鷹匠頭を務める家は、二家あった。
戸田氏　二代将軍秀忠のころから幕末まで存続していた
内山氏　十代将軍家治より務め始め、家斉のころまで将軍職に務めていた
とくに内山七郎兵衛永清は、一七七〇（明和七）年に小納戸より鷹匠頭に転任したという珍しい家である。家禄は二〇〇石、足高八〇〇石で、永清のあとを継ぐのは、息子・永恭（一七八六〈天明六〉年、鷹匠頭に就任）だった。小納戸とは最後の東海寺御成の押田の記述のところでも述べたが、将軍、世継の配膳係のようなもので、小納戸より鷹匠への配置転換は異例中の異例である。永清の息子の永恭については、のちに「従来、鷹匠頭の下で働く配下の者は、自らが獲った鴨や雁をつけ届けとして、頭に贈ることが慣習となっていた。しかし、永恭は、これらの悪習をやめさせるため、鳥肉を嫌いだと称し、決して口にしなかった。彼は清廉、質朴な人物である」（松浦静山『甲子夜話』）という面白いエピソードが残っている。平戸藩主松浦静山は島津重豪とも関係があり、重豪と内山は深い関係に

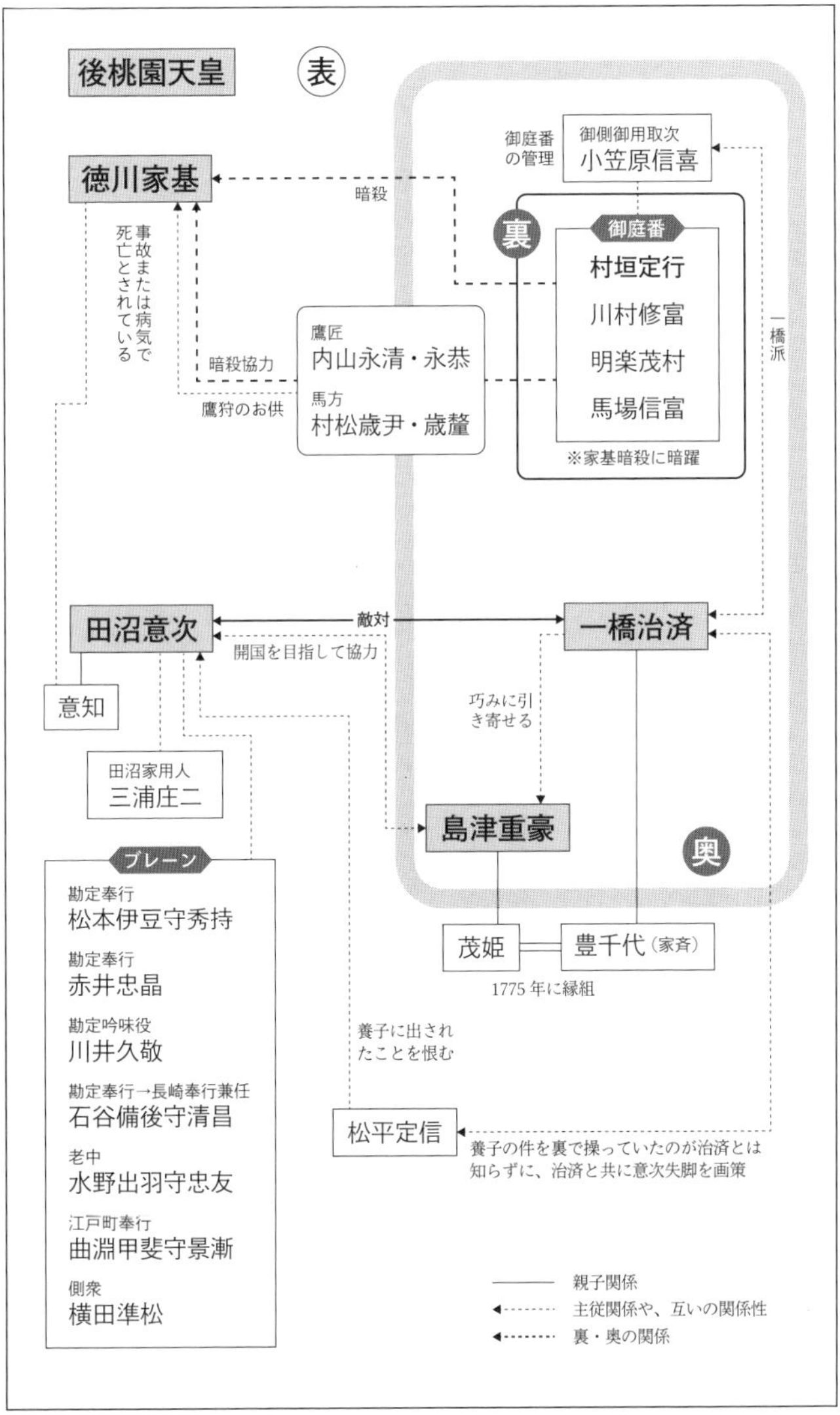

人間関係図（1779）表・裏・奥

あったのである。

また鷹匠の戸田家、内山家の両家については、職掌等の分担がある。

地域的分担　戸田氏は千駄木の鷹部屋を支配
　　　　　　内山氏は雑司ヶ谷の鷹部屋を支配

職掌的分担　戸田氏は鷹の仕込み係
　　　　　　内山氏は鶴、雁、鴨、冬鳥、兎の獲り方

この日、家基が東海寺に行ったとしたら、兎狩りは内山氏の職掌的分担の中に入っているので、内山氏が家基について行ったのは当然のことといえる。彼の存在は当然、誰も不審を抱かなかったのである。鷹匠頭の内山家は、一橋家家臣である弟の内山永福を通じて一橋と関係があり、鷹狩場だった新井宿を管理していた木原氏とも繋がっていたのである。いちばん責任をとるべき内山永清は、家基が狩場で亡くなったにもかかわらず、次の記述を見るとわかるが、何のお咎めもないまま、その後もその職に就いている。

内山永清についての記述は、以下の通りである。

一七七六（安永五）年　将軍・家治の日光参りを徒歩にて御供した

一七八三（天明三）年　配下の者が何の縁もない者を義理の兄弟であると届けていたことについて咎められ、拝謁を止められているこの天明三（一七八三）年から各自の配下の者が何者であるのかチェックするという御定が下り、のちに『寛政重修諸家譜』の大家譜の集大成となっていく。

一七八六（天明六）年　永清は歳のため職を辞し、寄合となって隠居

一七八七（天明七）年　六十六歳で死亡

彼は家基の暗殺に手を貸したことは間違いない。でなければ、家基死亡後、鷹匠が寄合（三〇〇〇石以上で無役の旗本）となり、長屋から屋敷へ移るほど出世することはありえない。

もう一人思わぬ人物がずば抜けた出世をしている。馬方役人の村松歳尹である。商館長フェイトの文書に書き残された、「家基の鞍が外れ、それが胸に当たり、家基は出血多量で亡くなった」ことが事実ならば、馬係の責任は重大であり、即、御家断絶になるのが当然だろう。しかし、村松歳尹はのちの十一代将軍徳川家斉に付き、大出世している。内山同様、村松も栄華を極めていたのである。

馬方とは将軍家と幕府の馬を飼育し、管理する役職のことで、馬方役人は若年寄の下に置かれ、御召馬預、御馬乗、御馬乗見習などと分かれていた。なかでも御召馬預は三〇〇石高で、将軍の御召馬の飼育と調教をおこなう役で、代々世襲された。主流の御召馬預は、一六八一（天和元）年、五代将軍徳川綱吉の時代に馬係となった諏訪部家だった。それら馬係の役宅は、西の丸の厩内にあり、ほかにも曲木、鶴見、村松など、家治の安永の時代から馬係の数が急速に増え、四家で将軍家の馬係を争っていた。その原因は八代将軍吉宗が元来の武芸好きで、乗馬も好んだからで、彼はオランダを通じてペルシャ馬をわざわざ届けさせたほどだった。

家基についた馬方村松家が馬預になったのは一七六五（明和二）年十月十八日、ほかの三家に比べてまだ日は浅く、それだけにいたるところで昇進の可能性を探ってきたに違いない。まず村松が手に入れた職は、西の丸の大納言家基の馬預だった。村松歳尹は、一七七四（安永三）年十一月一日から家基の馬術の相手も含め、家基につきっきりで着実に西の丸で勢力をのばしていった。この村松家は一橋治済に可愛がられ、十一代将軍家斉時代に栄華を極め、幕末に至り、十四代まで将軍の御召馬預になっている。

『徳川実紀』などに残る記録には、一七七四（安永三）年、村松四兵衛歳尹が家基に乗馬を時々教えるようにとのお沙汰があったと記されている。いったいそれは誰の命によりおこなわれたものか。当時の人事権を握っていたのは、筆頭老中松平武元である。村松は武元を通じ、その職を手に入れたのだ。松平武元と一橋治済は裏の世界でつながり、大きなパイプがあった。だからこそ村松を家基の馬方として配属したのではないだろうか。

家基の馬係になるということは馬預として最大の栄誉であり、将軍付きの座は約束されたのも当然のことである。村松はそのときから家基の乗馬のくせを知りつくしていた。鞍がうまくはずれるように仕組むことなど容易《たやす》かった。

彼は一橋治済によって送り込まれた刺客ではないだろうか。のちの村松家の異常な出世がそれを証明しているとしか考えられない。つまり裏の部分では鷹狩の責任者鳥居丹波守が総責任者となり、一橋治済の命のもと、新井宿の木原、鷹匠内山、馬係村松を巻き込んで、暗殺の準備をさせていたのである。

この裏の部分だけでは、まだ本当の黒幕、治済の姿は明確に見えず、島津重豪の姿も垣間見えるだけだ。

御庭番の存在

そして、次の面々に家基暗殺のすべてが凝縮されてくる。治済の仕組んだ暗殺の実行部隊である。

内山永恭（二十七歳）　内山永清の息子、家基と共に鷹狩に行く、鷹匠

村松歳鼇（十九歳）　村松歳尹の息子、家基と共に鷹狩に行く、馬方

村垣左大夫軌文　永恭の妻の兄、御庭番

村垣定行（十七歳）　軌文の息子、小十人格で、のちに一橋治済の片腕として大活躍し、勘定奉行にまで出世

御庭番の家からは御庭番筋にしか嫁にいかないという通説が正しければ、御庭番の存在もここに浮かび上がる。

村垣定行は村垣家と一橋幕府を支えた人物であり、村垣家は幕末まで栄えた。家基が狩りに行った日、小十人格になったばかりの村垣は、御庭番として家基の警備に当たっていた可能性がある。御庭番は徳川吉宗が紀州から江戸にやって来た際、自分の身を警護するために作らせたものだ。吉宗が制定し御庭番の家系は十七家があげられるが、表向きの勤務は下記の通りである。

一　天守台にある御庭番に寝泊りし、城に何かがあった場合には皆に知らせる。
二　江戸城の出火に際し、将軍が場内から立ち去るとき、自ら消火、もしくは人の誘導などおこない、将軍が寝泊りする奥座敷に人を入れないように取り締まる。
三　とくに将軍の勤務する本丸や奥座敷、大奥などに職人が出入りする際には、チェックする。
四　御台所や女中たちが本丸吹上の庭に行く際には警備につく。
五　奥舞台において能が催される際には警備にあたる。
六　世継が宮参りをする際には先手を勤め、警護にあたる。
七　世継がさまざまな公式行事をおこなう場合は先手について、すべてをおこなう。
八　将軍が着るものすべて、とくに具足を新調する場合には、細工の出来具合やその他を報告する。
九　将軍の日光参りにはお供の警護をする。
十　世継が京都の姫君と縁組をする際には、本陣の警護をおこなう。

このなかで特に注目したのは六、七、十の項目である。いちばん重要なのは、将軍の警護だけではなく、次期将軍となる世継の警護だったのだ。

ここで大きな疑問が湧いてくる。御庭番は一七七九（安永八）年二月、世継家基が新井宿に鷹狩にいった際、警護についていないわけがないし、多分当然のことながら何人かが家基に付き、千代田城から東海寺、そして鷹場の新井宿に行っただろう。鷹狩の際にも世継の側に御庭番は付き、鷹場を駆けめぐる家基と付かず離れず野山を駆けめぐったはずである。

これまた憶測だが、家基に付いた御庭番は家基と同年齢、そして優秀な御庭番の家から選ばれただろう。何人かの人間を御庭番十七家のうちからあげていけば、家基に付いた若き御庭番たちが浮かび上がってくるのではないだろうか。

当時の御庭番の表向きの御用範囲は、大きく広がっていた。御庭番を設置した吉宗のころに比べると、職域は日本全国に拡大し、自分の家臣ばかりではなく旗本、大名、上級から下級の武士の調査にまでおよんだ。寛政期になると、代官、町民、農民にまで広がっていった。御庭番は政府直属の秘密機関で、カバーできないところは半隠密・御目付が日本全国からあらゆる情報を集めていた。御庭番はトップの情報機関で、直属の老中、側衆を通じて将軍にまで報告し、また将軍、老中の命で日本全国の調査までおこなった。

これまで続いていた御庭番十七家のうち主要な家をあげてみよう。彼らは闇の仕事に関わり、裏舞台で当時の政治情報を集め、将軍の政策決定に役立っていたのである。

川村家　のちに川村の分家の川村修就は新潟奉行、堺奉行、大坂町奉行、長崎奉行など歴任するまでに出世している大きな出世組。修就の父・川村修富は事件当時十八歳で、家基と一歳しか変わらない

明楽家　のちに明楽茂村が勘定奉行にまで出世

馬場家　のちに御庭番筋の家から転じ、吹上の菜園付きになる

とくに馬場家は薬と切っても切れない御庭番となり、家斉、つまり治済の命により、日本全国から

植物を採取していく。当然ながら、そのなかには毒薬も含まれるだろう。

そのほかに中村家、野尻家などが御庭番の家だが、そのなかで最も出世したのは村垣家である。四代佐太郎、のちの淡路守定行は一橋治済に大いに認められ、明楽家同様に出世した。この村垣も当時十七歳、一七七九（安永八）年に家基が新井宿に行った際、小十人格として彼に付いていった可能性がある。最初にあげた川村も十八歳で、この二人は家基と年齢も近く、当時の行動は天守台の番となっていて、空白である。御庭番として家基に付く人間はほかにはいない。とくに川村も村垣ものちに大出世を遂げ、小普請奉行と勘定奉行になっている。

二人はもともと二〇〇俵取りで、勘定奉行に出世するなど御庭番にはなかったことだった。村垣淡路守が一〇〇〇石以上に出世することは前代見聞で、いかに一橋治済に信頼されていたかをあらわしている。それは文化・文政期まで続き、シーボルト事件まで続いていく。背後には治済がついており、その指令を治済自身が出したことは間違いない。寛政の改革と同じ構造である。

御庭番の御用について、一七八八（天明八）年から寛政元（一七八九）年までほとんどその記述がない。のちの情報操作により書類が焼却されたことなどが考えられるが、このときいちばん権勢をふるっていたのは、一橋治済である。彼のもとにすべての御庭番の情報が集約され、田沼追い落としの尖兵となったのである。田沼派の側衆横田準松が些細なことでその職を解かれたのも、御庭番の報告によるもので、将軍に市中打ちこわしのことを報告しなかったという理由によるものだ。特に一七八七（天明七）年のこの打ちこわし報告の際、御側御用取次は四名いた。

本郷泰行　解任（病免扱い）
田沼意致　解任（病免扱い）
横田準松　解任
小笠原信喜　ただひとり現職のまま。家基死亡後の昇進ぶりは並大抵ではなく、小笠原信喜は御庭番との関係をこのとき確立した

こののち三人は解任され、御庭番とつながっていたとみられる小笠原のみが残った。

村垣淡路守と川村壱岐守の出世

かげで大きな手柄をあげていた重要な二人の人物、村垣淡路守、川村壱岐守修富の出世ぶりを見てみよう。出世のはじまりは家基死亡のときだった。

村垣淡路守定行は、村垣家の四代目で父は勘定吟味役、一七七七（安永六）年、家基死亡の二年前、小十人格御庭番となった。

一七六二（宝暦十二）年　生まれる
一七七八（安永七）年　小十人格御庭番になる
一七八六（天明六）年　両番格の御庭番となる

しかし、この九年間（家基の死亡の二年前から両番格の御庭番になるまで）に何が起こったか、何の記録も残っていない。記録が出てくるのは一七八七（天明七）年から一八〇二（享和二）年までに九

度の遠国御用を務め、抜荷などの摘発に成果をあげていることである。
一八〇三（享和三）年　膳奉行となり、長崎などを管轄、父と同じ勘定吟味役に出世
一八〇五（文化二）年　この年から蝦夷地視察に行く
一八〇七（文化四）年　松前奉行に就任する
一八一八（文政元）年　勝手方勘定奉行になる
一八三二（天保三）年　七十歳のときに、一二〇〇石の旗本となる
これを見ると家斉の番頭として財政の切り盛り、内外調査をすべて仕切っていた人物だったと言えよう。村垣は一橋治済の信頼が厚く、その威光を借りて家斉の番頭となり、家斉もその手腕を認めて重用していった。
川村修富の経歴をあげよう。彼は川村家二代目の英政の次男で、村垣淡路守の一歳年上になる。
一七六一（宝暦十一）年　生まれる
一七七八（安永七）年　村垣と同じくこの年、新規に召しだされ西の丸御庭番となる
西の丸御庭番であれば、家基の側につくことは大いに可能であり、川村ものちに本丸鳥見役、作事奉行を歴任した。
一七九〇（寛政二）年　遠国御用を務め、小普請奉行にまで出世する
川村は村垣ほど出世したわけではなく、わずか二〇〇俵の加増でしかなかった。西の丸付きの御庭番としていちばん家基に近かったはずだが、村垣に比べると出世の度合は低い。村垣淡路守定行の出

世はあまりに異例だったといえる。
暗殺に関わった四人は、驚くことにほとんど家基と同年代である。
鷹匠　内山永恭（二十七歳）
馬方　村松歳鼇（十九歳）
御庭番　村垣淡路守定行（十八歳）
川村修富（十九歳）
四人とも家基が気心を許す年代であり、大いに気も合ったことだろう。つまり、この家基暗殺のハイライトともいうべきそれぞれの役目は、
村松親子　家基の鞍に細工
鷹匠・内山親子　御殿山の崖に連れ出す
御庭番の村垣と川村　最後に崖から落ちていくのを確認（突き落としたのも二人だったかもしれない）
ということではないだろうか。
彼らがおこなったという確固たる物的証拠は存在しないが、家基が亡くなって二カ月後の人事異動で、四人はすべて罪を問われることもなく、逆に出世している。なかでも治済に信頼されていた馬方の村松と御庭番の村垣の出世はとびぬけていた。また、ほとんどの者が一橋家と関係があることが証明された。

治済の実行部隊がおこなった暗殺計画の真相は、今後の研究がより明確に証明してくれることを望むが、馬方の村松と島津重豪の関係には捨てきれないものがある。のちに村松歳尹は、重豪の息子・忠厚にまで馬の乗り方を教えて、重豪とも太い線で結ばれている。重豪は鷹匠の内山と縁戚関係にある。家基の暗殺には一橋、島津を含め、これほど多くの人間が関与していたのである。

奥の人間関係

次にあげる人物たちも陰で実行部隊を支えて動いていた。彼らを取り上げることにより、奥に隠れている黒幕・治済を特定することができるのだ。

なかでも小納戸押田信濃守岑勝《みねかつ》は、これまでも家基の名代として日光に詣でた将軍家治の一行を見送ったこともあり、紅葉山霊廟参拝も定期的におこなっていた人物だった。彼はもともと田沼派だった。

一七七九（安永八）年　家基死亡後の四月十四日の人事異動で、表寄合になる
一七九五（寛政七）年　辞任
一七九七（寛政九）年　七十七歳で死亡

これで見るかぎり完全な田沼派であるが、息子・押田勝融《かつゆう》の歴史を見ると驚かされる。四月十八日の異動では、家基死亡に伴い、勤めを許されて父親同様、寄合になっている。

一七八一（天明元）年　再び、小納戸にかえり咲く。一カ月後には西の丸付きとなる

一七八六（天明六）年　家斉の将軍任命にともない本丸付き、鷹狩に御供。家斉から褒美を賜わる

一七九六（寛政八）年　正式に家を継ぐ三十九歳のときに一〇〇〇石を賜う

この押田勝融はなかなかのくせものである。田沼が政権を失う一七八六（天明六）年にはすぐさま妻（田沼家用人三浦庄二の娘）を離縁し、新たに一橋派から嫁をもらい、うまく田沼から一橋派にのりかえていた。それだけではない。押田の姉が嫁にいった春日家は、一七八四（天明四）年に起きる田沼意知暗殺の佐野政言《まさこと》（妹が春日家に嫁いだ）と関係があった。

このように各人の相関関係から見ていくとよくわかるが、一橋治済のやり方はいつも同じである。家臣に縁戚関係を作らせ、そこから徐々に関係を強化して、最終的に物事を実行させる。お互いに家の関係を種に秘密を守らせるというものであるが、押田家が田沼派から一橋派に鞍替えしたときに、押田は一橋にどのような誓いをさせられたのだろうか。血縁関係を見るだけでも推測はできる。押田は家基に関する情報をすべて暗殺実行者に流し、家基を亡き者にすることに協力したのである。押田を含め、彼らにとっては、出世、つまりは家の存続が自分の命よりも大切な時代だった。

しかし、押田は治済にとっては一つの駒にすぎなかった。では、誰が治済の直属として働き、どのように御庭番を使ったのか。次にあげる人物がその一つのヒントである。それは、丸毛権左衛門利通という人物だ。彼は一七七六（安永五）年から右筆となり、一七七八（安永七）年から奥右筆となった。奥右筆とは、将軍の一種の書記的存在であり、記録係である。奥右筆は文書の整理、秘密事項などの

秘書的な役目を担当し、幕府内の決済すべてを知りうる立場だ。彼も田沼派から一橋派に寝返り、二重スパイとして情報をすべて一橋サイドに流していた形跡がある。なぜなら利通の妻は、意次の家臣星野定次の娘なので表向きは田沼派のように見えるが、一方では、一橋の目付の久田縫殿助長考とも縁戚関係にある。丸毛はその久田を通し、一橋に情報を流していた。私が調べたところ、御庭番に関して流した情報は膨大なものである。丸毛から久田へと、そしてやっと治済までたどりついたが、久田もまた一橋家家臣のなかでは出世組で、一橋治済の要請により、次のように「布衣《ほい》」をゆるされていた。布衣をゆるされるとは、御目見以上になったということである。

「一橋邸用人久田縫殿助長考布衣をゆるさる。是治済卿の乞〔命〕によれり」（『徳川実紀』一七八三〔天明三〕年十二月十八日条）

久田が、どのように御庭番と関係があったのか、そこがキーポイントであるが、これもまた相関図にヒントがかくされている。久田の親戚に植村家という代々駒場薬園の薬園預を務め、のちに奉行になり、朝鮮人参の栽培のため、日光、陸奥、常陸、上野、信濃などの国々に赴いていた家がある。この植村家の家長・植村政辰の年表を見てみよう。

一七六八（明和五）年　小石川薬園奉行次席となる
一七七六（安永五）年　家治の日光の参拝にも赴く
一七七九（安永八）年　家基死亡時には四十九歳
一七八一（天明元）年　退職

その職は息子にしっかりと伝えられた。息子の植村政養は、一七七九（安永八）年、家基死亡時、二十五歳で駒場薬園預となり、のちに父の家督を継ぎ、薬園の道を進んでいくが、もともと薬園を作る者は御庭番と決まっていた。植村家は、一六九四（元禄七）年に紀州家に仕え、吉宗が江戸城に入った際にも、それに従い、植村政勝は御庭番の下役を務めた。その後、駒場薬園預となり、一七四二（寛保二）年の関東大洪水の際には、御庭番と共に状況検分に赴いている（大石学「享保改革期の薬草政策」『名城大学人文紀要』二四（一））。七年後、寛延二（一七四九）年には昇進し、吹上の添奉行となり、一七五〇（寛延三）年、薬草採りの仕事で日光に赴き、一七六四（明和元）年には、日本全国を廻り、『諸州採薬記抄録』を著述して幕府に献上している。今でも国会図書館には『植村政勝薬草御用書留』という史料が残っている。それによると政勝は、一七二〇（享保五）年から一七五四（宝暦四）年まで三四年間も薬草の採取のために諸国を巡っている。

この植村家と久田家も縁戚（久田の妻の実家が植村）で、治済との関係も深く、そのまま御庭番の毒草の供給係となっていた可能性も大いにある。

治済と御庭番には他にもつながる人物がいる。

西の丸小納戸・御庭番　馬場信富（信富の次女は御庭番・村垣定行の妻）

これをみても馬場家と村垣家とのパイプはかなり太かったことがわかる。また御庭番は御庭番筋の者としか結婚しないという鉄則通り、馬場の分家の馬場充行も、川村修常の娘と結婚し、川村修富にもつながっていた。馬場信富を通して、奥の暗殺部隊、村垣と川村の関係がはっきりと見えてくる。

すべての線は一橋治済につながっていた。

彼らが互いに連絡を取り合い、すべて治済に報告していたのだろうか。その中間に大きな元締めというべき人物の存在がある。それは御側衆の小笠原若狭守信喜である。小笠原の父は享保時代に吉宗の小納戸を務め、御庭番とは深い関係にあった。それにこの小笠原は御庭番村垣定行と大きく関わってもいた。

この関係を示すものとして、勘定吟味役になった村垣定行が天明期に、「御庭番江御隠密御用被仰付候振合申上候書付」という文書を小笠原信喜に提出し、報告している。将軍は家斉で、小笠原は御庭番を統括する御用掛衆になっていて、御庭番へ指示を下していた。

当時、天候不順による農作物不作のために江戸では打ちこわしが発生し、政治的には田沼意次派と松平定信派の抗争の真只中だった。そのため一七八七（天明七）年の江戸打ちこわしに関する報告書などは、小笠原配下の御庭番が作成し、同じ事実をつかんでいながら、この騒動を将軍に報告しなかった田沼派の三人が解任に追い込まれた（前述）。このことを見ても、田沼追い落としの尖兵を御庭番の長として担っていたのは小笠原であることがわかる。のちの各出張書とも言える文書にも、小笠原の認印が見受けられる。当時から小笠原は御庭番のまとめ役として、一橋治済に状況を報告し、その命令を実行していたのである。

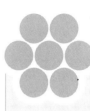

2　家基暗殺に至るその真相

暗殺と田沼の追い落し

なぜ一橋治済は家基を暗殺しなければならなかったのか。

治済の目的は当然、将軍職を家基から奪うことにあった。暗殺の当時、田沼意次は、家基が将軍になることは間違いないと安心しきっていた。家基の突然の死に驚いて、一橋家の家斉（豊千代）擁立に走った可能性がある。このころ田沼の体制はまだ脆弱で、その弱みに目を付けたのが御三卿の治済である。虎視《こし》眈々《たんたん》と将軍職を狙い、準備を重ねていた。前にも述べたが、御三卿の治済は嫌がる田安定信を将軍の命と称して白河藩に養子に出し、兄・治察が死んでも田安家への復帰を認めず、吉宗の次男の田安家を断絶同然にしている。長男の家系であった徳川家基を暗殺することにより、将軍職を四男の一橋家にもってこさせるという、それまで考えられたこともない状況をつくり出したのだ。

このことは策略に長けた治済がすべて考えだし、家基暗殺のシナリオも書き、暗殺実行部隊も彼自身が選んだ。内山や村垣、川村、それに押田、丸毛、馬場、小笠原などのバックアップ部隊まで構成し、暗殺後には若年寄米倉や目付末吉に家基の遺品の整理までさせていた。一橋家に忠誠を誓った自分の子飼いの者を幕閣中枢に送り込み、幕閣を次第に一橋派で固めていったのである。

田沼意次は、もともと一橋とは縁も深く、信頼があったのか治済の裏の思惑に気づくわけもない。開放政策に向かい、経済政策を根本的に立て直すという目的をもって、貨幣政策、干拓、そのほかいくつもの経済政策を推進していたが、天候が災いして追い込まれていくことになる。田沼の失敗は、一橋治済にとっては思うつぼだった。意次に協力させて定信を追い出し、家基暗殺を遂行し、その後、田沼は必要でないと判断すると一気に切り捨てにかかった。

これまでの流れからみても、治済は緻密で冷酷な人間であることがわかる。なぜなら、暗殺前、治済は何度も西の丸の家基のもとを訪れ、成長を確認し、十七歳の元服の際には、自ら音頭を取り、その儀式までおこなっていた。そのとき治済は、家基を「次期将軍様となるべきお方」と大いに持ち上げている。

治済にとって、この暗殺劇までは長い道のりだった。長年にわたり、こつこつと時間をかけて実行した。計画成功の資金を得るため自分の長男・豊千代を種に、仙台の伊達家と薩摩の島津家両方を天秤にかけ、将来の将軍の妻の座を売っていたのだ。前に述べた『伊達家文書』で見たように、伊達家は島津家をたいそう意識して官位昇進でも争っていた。伊達家が工作に躍起になっていた理由もそこにある。最終的には島津が多額の金を積み、家斉の岳父の地位を得た（『伊達家文書』）が、島津との婚約の目的はそれだけではなく、島津重豪を通じて田沼の情報を得ることにもあった。

　当時から島津家は藩の財政が逼迫して、宝暦年間の木曽川の治水で何十万両もの借金を負っていた。薩摩は、田沼意次の進める開放政策に大きな期待を寄せていたのだ。そんな折に、降って湧いたような一橋治済から別の提案があり、重豪の心は揺れたに違いない。最終的には一橋の手に落ちたのである。それからの重豪はまるで二重スパイのように田沼の情報を一橋に流し始め、それまで田沼がおこなってきたことを詳細に伝えた。たとえばこれから先、オランダとどのような限定開国貿易をおこなおうとしていたか、など知らせたに違いない。それればかりでなく、北方を限定的に開国していくことなども一橋側に筒抜けだったはずである。

　島津が一橋についたことにともない田沼の凋落は目に見えてきた。家基が亡くなったことにうろたえた意次は、一橋家の家老であった田沼意致を通じて次の世継を治済に願い出た。水戸、紀州、尾張の御三家は強硬に意次に反対したが、機をみた一橋治済は田沼意次に快く協力を申し出て、家斉を擁立することに成功した。そして治済と意次の間で最終的に合意したことは、どうやら一橋豊千代が次期十一代将軍となった暁には、意次は開放政策をそのまま推し進め、息子の田沼意知が豊千代に付いて、側近政治をおこなうというものだった。一度は一橋が了承し、田沼も安堵したが、密約は守られるものではなかった。

　冷酷な治済は、密約の一方で田沼追い落としの策を練り始め、次なる大きな罠を準備し始めていた。田沼そのものを消し去るために。

一橋治済による粛清

家基の暗殺は、一橋家に将軍職をもたらした。次の目標は田沼政権を葬り去ることである。そのためには邪魔な人物を消し去らねばならない。田沼に限らず、内情を知りすぎた一橋派の人物まで、血塗られた粛清劇である。

それらを表にしてみた。

一七七九（安永八）年の四月は、家基が亡くなって二カ月足らずで、四月十五日から十八日と続いて幕臣内で大人事異動が起きていた。上昇組、下降組、そして平行組（そのままの役職を継いだ者）を『徳川実紀』（一七七九（安永八）年四月十六日から十八日条）からリストアップし、家基死後の田沼・一橋の力関係を見ることにした。

同年四月十五日、上昇組は、老中一人、若年寄二人で、小姓番頭四人、奥医師八人他計五六人。逆に、下降組は、西の丸の側衆四人と新番頭一人で、なかでも最も多いのは、小姓十三人と小納戸五四人だった。計七九人前後の人間が追い落とされ、ほとんどが田沼派だった。上昇組は、もちろん、一橋派であり、田沼に反旗を翻し、家基暗殺に手を貸した者だった。上昇組の多くは、本丸に異動したか、役職がそのまま上がった者で、下降組は寄合、詰衆、または免職となった者である。なかでも四月十六日の人事は、最も興味深い。

阿部豊後守正允　西の丸老中から本丸老中の末席へ出世

上昇組・下降組の主な人物

役職	人名	上下	役職	人名	上下
側衆	佐野(右兵衛尉)義永〈茂承〉	⬇	留守居	永井(筑前守)直令	➡
	金田(遠江守／近江守)正甫	⬇		奥田(山城守)忠祇	➡
	大久保(因幡守／志摩守)忠翰	⬇		橋本(阿波守)忠正	➡
	本堂(伊豆守)親房	⬇		神尾(若狭守)春由	➡
	小笠原(若狭守)信喜	⬆	小納戸頭取	森川(左近)俊顕	⬆
老中	阿部(飛驒守→豊後守)正允	⬆		押田(信濃守)岑勝	⬇
若年寄	鳥居(伊賀守／丹波守)忠意	⬆		新見(讃岐守)正則	⬇
	酒井(飛驒守)忠香	⬆	小納戸	稲葉(主税)正朝	⬇
新番頭	牧野(式部)成久	➡		福島(助市)正胤	⬇
	松平(但馬守)乗季	⬇		土方(弥三郎)光保	⬇
伽衆	水野(本次郎)貞利	⬇		本多(安之助→新兵衛)正堯	⬇
	大久保(哲蔵)忠道	⬇			

※「⬆」は役職が上昇、「⬇」は下昇、「➡」は平行組を表す。

上昇組・下降組の役職と人数

	上昇組		下降組		平行組	
西の丸側	側衆	1	側衆	4		
			新番頭	1	新番頭	1
	納戸頭	1	納戸頭	1		
	小十人頭	3	小十人頭	1		
	小姓	9	小姓	13		
	小納戸	7	小納戸	54		
本丸側	老中	1	広敷用人	3	書院番頭	4
	若年寄	2	伽衆	2	留守居	4
	小姓組頭	4			目付	6
	旗奉行	1			書院番与頭	4
	槍奉行	1			裏門番頭	4
	持弓頭	1				
	持筒頭	1				
	先手頭	6				
	小姓組与頭	4				
	徒頭	5				
	奥医	8				
計	56人＋α		79人＋α		22人	

『続徳川実紀』安永八年四月十六日～十八日条より

※上昇組は本丸へ移動、もしくは役職の上がった者、下降組は寄合・詰衆・免職となった者、平行組はそのまま西の丸勤務を命ぜられたものを示す。

※“＋α”は「これより下級の者同様に命ぜられる者あり」や「他小普請に入る者多し」等の記述により算出できない分を表す。

家基暗殺後の上昇組・下降組

通常なら阿部豊後守は家基の死亡の全責任を取り、本丸老中に栄転することはないのだが、彼は一橋とつながり、この場をうまく切り抜けた。

鳥居丹波守忠意　西の丸若年寄から本丸若年寄の末席へ異動

これはおかしな話である。あれほど落書でも言われ、民衆も知っていた「鳥居丹波さんの不手際」はまったく「不手際」にならず、家基暗殺の功績で本丸若年寄になってしまったのだ。

表向き閑職になった者もいるが、一橋派の納戸頭元御庭番馬場善五兵衛信富などはあくまで形の上だけで、のちには西の丸の家斉のもとに帰っている。

四月十八日の異動は、さらに面白いものだった。御庭番の総元締小笠原若狭守信喜は本丸側から西の丸に移り、四〇〇〇石も加増されていた。西の丸に入る世継の準備のため、西の丸に移ったのだろうか。あまりに治済の好みの人事になっていた。

家基が死ぬ少し前の安永期より明和期までに死亡した人間をあらためてピックアップしてみた。彼らの死は一橋治済の影の政策と無縁ではないと思ったからである。

一七六八（明和五）年十一月九日　若年寄・松平宮内少輔摂津守忠恒（四十九歳）

以前一橋治済と懇意にしていた筆頭老中・松平武元政権の下、人事を一手に引き受けていた人物で、どうして死んだのか記録が残っていないため、彼の死に不気味なものを感じてならない。

一七六八（明和五）年十一月二十四日　勘定吟味役・小坂与七郎逵経（六十三歳）

六十三歳の年齢から考えると順当かもしれないが、吟味役ということが気にかかる。

一七六九（明和六）年七月十二日　老中阿部伊予守正右（四十七歳）

一七七二（安永元）年六月二十八日　勘定吟味役山下平兵衛隆多（五十二歳）

彼は自殺していた。一橋派と関係があったため、どうしてなのかと不審に思われる。

一七七三（安永二）年六月十二日　長崎奉行夏目和泉守信政（六十二歳）

長崎にて死亡したが、オランダ側の商館長日記には、毒殺の疑いがあると書かれている。

一七七三（安永二）年六月　側衆白須甲斐守政賢（五十二歳）

一橋派で、息子は家基の小姓だった。

一七七三（安永二）年七月十七日　京都西町奉行長谷川平蔵備中守宣雄（五十五歳、「鬼平犯科帳」の長谷川平蔵の父）

彼は、当時、田沼派と目され、のちは江戸町奉行と期待されていた。

一七七四（安永三）年三月　京都東町奉行酒井善右衛門丹波守忠高（六十三歳）

一七七四（安永三）年八月　勘定吟味役佐々木伝次郎孟雅（五十六歳）

彼は田沼派として次期勘定奉行の席が用意されていた。

やはり、田沼派の粛清かと思われる。

この時期、一年と置かずに京都両町奉行が死んでいるのは、不審なこととしか言いようがない。京都朝廷内に不穏な空気が流れていたようだ。それは一橋と大いに関係があったと思われる。これら不審な死は、一橋によるものかもしれない。根拠は乏しいが、唯一オランダ人だけが長崎奉行は毒殺されたと書いていたのが気にかかる。前にあげた一橋派の薬にたけた御庭番のこともあり、かなりの人間が毒殺されたのではないか。

そして、一七七五（安永四）年あたりから田沼派の者ではない、一橋の関係者の死が見られるようになり、翌一七七六（安永五）年には、より顕著になってくる。なぜ一橋派の死が多くなるのか。推測だが、一橋派の内部の粛清が始まり、秘密を守るために治済が口封じをしたのではないか。治済の非情な策謀は、自らの内部における粛清にまで発展し、堅固な絶対服従の姿ができあがっていった。

一橋家の家臣団

家基の死により得をした一橋治済をとりまく一橋家の家臣が、治済の暗躍を支えていた。

八代将軍吉宗によって考案された御三卿は、自分たちの息子を将軍職に就けるため、徳川御三家にならい作ったものだったが、実際は、将軍の世継を決める場合にのみ力を発揮する将軍選定委員会のようなものだった。吉宗以降、九代将軍家重や十代将軍家治は、そのまま徳川宗家長男として将軍職を継ぎ、宗家が将軍職を継ぐのは、当時としてはごくあたりまえのことであった。次男の田安家、四男（三男は早世）の一橋家、そして家重の次男の清水家は、あくまでこの長男の家に何かあった場合の補佐的な日陰の存在であった。

一橋家は、吉宗の直系で四男の宗尹《むねただ》が家を継いだところから始まる。一七三九（元文四）年九月二十三日、巣鴨に下屋敷一万八七三六坪を拝領した。翌年には、江戸城一橋御門内松平右京大夫輝貞《てるさだ》、酒井大学忠用《ただもち》の宅地を邸とし、一万三一五坪を拝領することになった。領地を持たない大名として、築地にある別荘一万九四〇〇坪も加えて一橋家の家禄は、最終的に十万石にも増えた。

大名の家禄がありながら、幕府から家臣が送られてくるという不思議なシステムがあった。領地を持たず、家臣団の経費もかからないので一橋家の経営はよく、屋敷の数は一橋御門内、築地の別荘、目黒、大崎、深川と増え、私腹も肥やすことができた。こうした不思議なシステムによって、一橋家の家臣団は三つに分けることができる。

まず一つは、幕府よりの出向というべき者で、幕府から送られてくる一橋邸付きの者である。一般の幕臣と同じく、将軍に対しても忠誠を誓い、のちに出向を解かれて幕府に帰る者がほとんどで、子孫ものちに一橋邸付きとはならず、数も多くはない。

二つ目は少し違い、同じ幕府からの出向でも、彼らは代々一橋邸臣に命ぜられていた。奇妙なことに時折、一橋目付が幕府本丸目付になったりと、頻繁に入れ替えがある、まるで一橋CIAのような存在の者だ。一橋家の要請のもとに人事がなされ、一度、一橋家に赴いた幕臣たちは、懇《ねんご》ろになってのちに一橋の子飼いとして幕府に送り返されるケースが多かった。

三つ目は一橋邸で最初から忠勤していた者がある。一橋家の余禄のなかから支払われていた役人であり、石高もそれほど多くなかった。家老が最上席で、石高は一〇〇〇石、足高《たし》は二〇〇〇石。八役として、番頭、用人、旗奉行、長柄奉行、物頭、郡奉行、勘定奉行もあったが、雑務にあたる者が多く世襲による者が多かった。用人クラスでも六〇〇から七〇〇俵にすぎず、一〇〇石程度にも満たなかった。

彼らは石高が少なかったにもかかわらず、格式（プライド）は高く、用人は公家の六位相当、幕府の組頭並で、家老は幕府の奉行クラスだった。これらは幕府のなかにあっても高い位置であり、一橋家が幕府のなかで相当の力を持っていたことが見てとれる。その反面、一橋家が政治に大きく関わることは、ほとんどなかった。

一橋家は四男であるがゆえに、長男・次男の家に何かあったときにのみ登場できる存在であり、将軍職へのチャンスは不可能に近かった。しかし治済は四男であるにもかかわらず、のちに次男の田安家まで飛び越して将軍職を手に入れている。

既に述べたように、田安定信は父・田安宗武の死後、将軍の命として白河藩松平家に養子に出され、田安家を継いだ兄の五男・治察は病死し、田安家の血筋は途絶えてしまい、将軍レースの舞台から去った。その後、家基は病気で亡くなり、将軍職は唯一残った一橋家に「棚からぼたもち」のようにやってきたのである。

もし、一橋治済が画策し、陰謀をめぐらし、田安定信を将軍職争いから去らせ、長男の直系である家基を殺したとしたら、確かに将軍職は一橋にやってくることになる。

通説では、定信を田安家から追い出すことについては、田沼意次の働きで、将軍家治の命によりおこなわれたとされているが、一橋治済が田沼意次をそそのかし、定信を追い出したとしてもおかしく

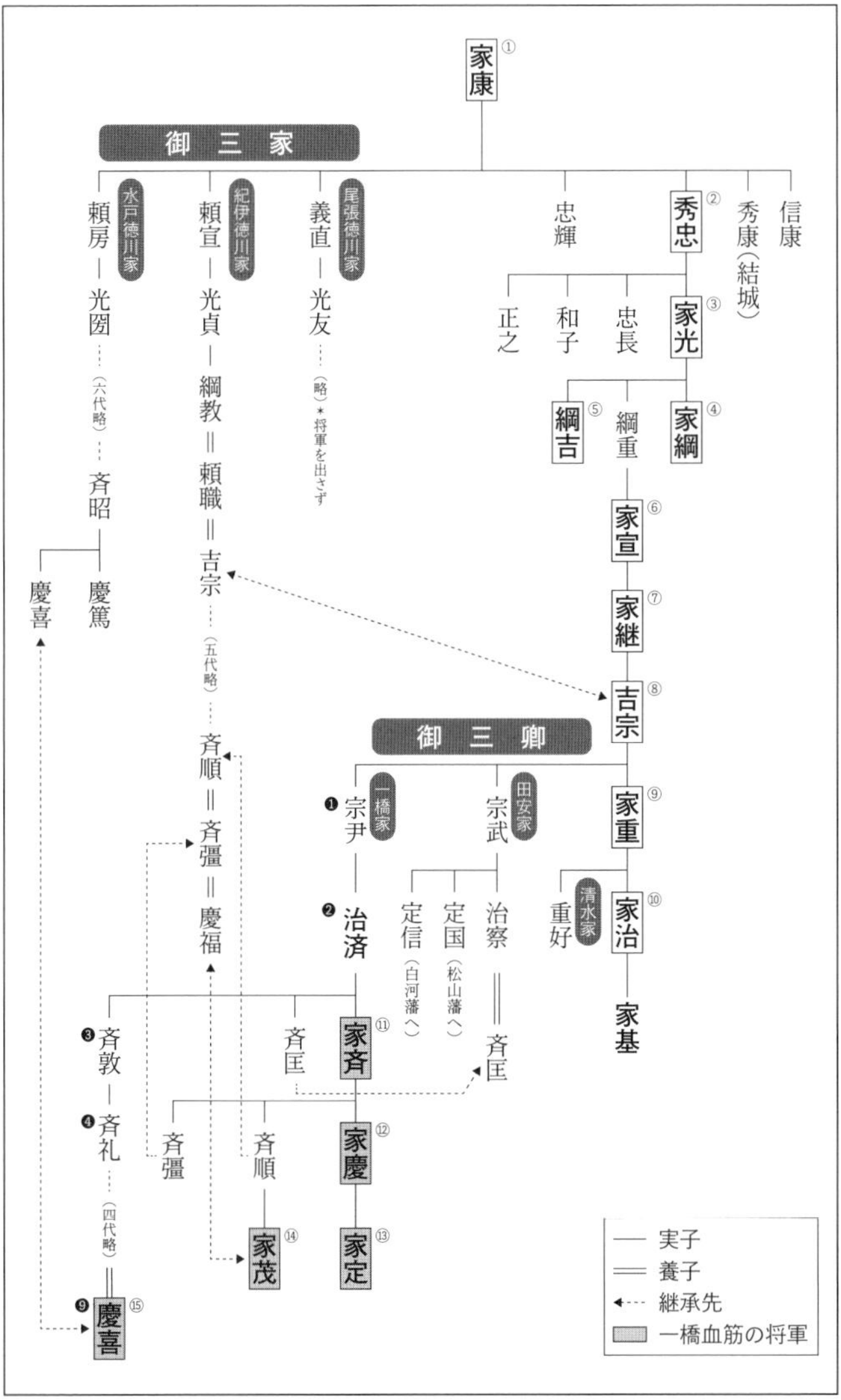

徳川将軍家と御三家・御三卿　略系図

ない。治済は、家基が亡くなった後、次期将軍の権利を得、それを八歳の家斉に譲っている。自分は将軍の後見人となり、田沼意次を老中から追い出し、一度追い出した田安定信つまり松平定信と寛政期に手を結んだ。これらを見ても治済が策謀家であり、つねに何かをたくらみ、最終的には成功させたことがわかる。

それだけではなく、自分の姉・保姫を島津重豪と結婚させ、島津家にまで力を拡げた。結果として島津は外様大名から一躍将軍のファミリーのなかに入ることになる。重豪も治済に指示されて家基の死にかかわっていたのであろう。その後の系譜を見てそう疑わざるをえない。

家基の死後、治済は表向きにはタナボタ式に将軍職を手に入れた。自分の子どものなかから各家に養子を送り、親交のあった各大名との親戚関係者を増やしていくことになる。

正式な実権を得た将軍家斉は、女にうつつを抜かし、多くの子をもうけていく。それは治済の思惑通りだった。子どもたちはほとんどが大名家に嫁ぎ、一橋の力は日本中に浸透していった。ただ一家、難を逃れていたのは、水戸家だけである。

その後、十四代将軍家茂（家斉の七男が実父）まで、将軍家はすべて一橋家と関係があり、本筋の徳川幕府は十代将軍で断絶し、あとは傍流の一橋幕府となった、と言っても過言ではない。御三卿は、御三家に世継ぎがいない場合に自分たちの息子の中から将軍を出すという機構であったが、一橋家の陰謀によって、徳川の家系は蹂躙《じゅうりん》されていくことになった。

さらには、治済は田安家の血が途絶えたのち、しばらくすると五男の斉匡《なりまさ》に田安家を継がせた。そ

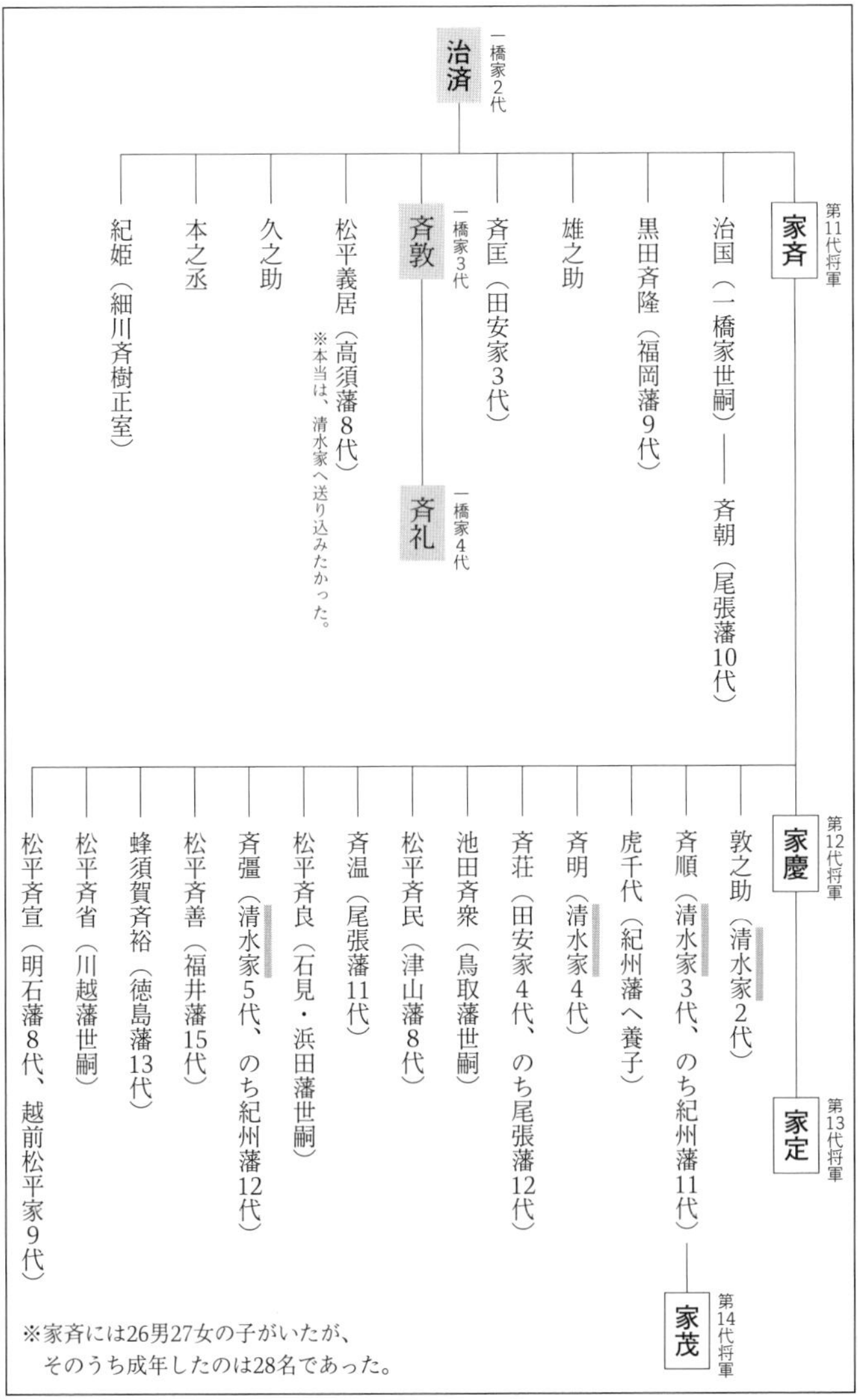
治済 一橋家2代
家斉 第11代将軍
治国（一橋家世嗣）
斉朝（尾張藩10代）
黒田斉隆（福岡藩9代）
雄之助
斉匡（田安家3代）
斉敦 一橋家3代
斉礼 一橋家4代
松平義居（高須藩8代）
※本当は、清水家へ送り込みたかった。
久之助
本之丞
紀姫（細川斉樹正室）
家慶 第12代将軍
家定 第13代将軍
敦之助（清水家2代）
斉順（清水家3代、のち紀州藩11代）
家茂 第14代将軍
虎千代（紀州藩へ養子）
斉明（清水家4代）
斉荘（田安家4代、のち尾張藩12代）
池田斉衆（鳥取藩世嗣）
松平斉民（津山藩8代）
斉温（尾張藩11代）
松平斉良（石見・浜田藩世嗣）
斉彊（清水家5代、のち紀州藩12代）
松平斉善（福井藩15代）
蜂須賀斉裕（徳島藩13代）
松平斉省（川越藩世嗣）
松平斉宣（明石藩8代、越前松平家9代）
※家斉には26男27女の子がいたが、
そのうち成年したのは28名であった。

一橋治済と家斉の系図

の後も家斉の息子たちに次々と田安家・清水家を継がせていき、御三卿も一橋の血で染めていった。
家基の死はあくまで病死であると通説では言われてきた。しかし、四男の家系である一橋家へ将軍職が来るのもおかしな話で、すべてのことは、一橋家と関係のある家臣団によりおこなわれていた。『寛政重修諸家譜』は、一橋家を名の知れぬ家臣団から守るための幕府の公的な保証書のようなもので、不審な者が幕府や幕閣内に入りこまないように、自分がおこなったことを人におこなわれたくないがために、治済が作った大プロジェクトだった可能性がある。

一七七九（安永八）年七月二十九日　筆頭老中・松平右近将監武元（六十六歳）死亡

武元は、三十数年間老中の地位に君臨し、将軍家治のもと、一橋と結託して勢力を伸ばした。六十六歳という高齢ではあったが、突然亡くなり、一部には田沼の暗殺ではとささやかれた。しかし、そのとき田沼が彼を殺さなければならない理由はない。松平武元はもともと一橋との関係が深く、一橋豊千代（家斉）をめぐり、賄賂を横行させていた。その政治は収賄と腐敗の歴史であって、のちにその汚名が田沼に着せられることになる。

一七七九（安永八）年九月五日　元一橋家家老、大目付新庄能登守直宥、五十四歳の若さで死亡

新庄については一橋家家老勝手方であり、かなり治済に信頼されていた。それに息子・直清は、家基が山王社に参詣したときに同行しており、家基とも面識があった。娘は同じような身分のところと縁組し、柳生主膳久通（治済の懐刀の一人）のもとに嫁いでいる。治済側からすると、新庄は秘密を知っているだけに使いやすく、もし情報が漏れると取り返しがつかない。徳川の歴史上、大目付在職

中に死亡、あるいは辞職した者はなく、通常は昇進もしくは栄転である。したがって新庄の死は突然の出来事で、家基の死も含め、口封じの可能性は捨てきれない。

家基死亡の翌年、幕府内で大きな人事異動があった。田沼政権のスタートだった。幕閣のなかでただ一人、田沼家と縁戚関係にない者がいる。鳥居忠意である。

彼は、家基の鷹狩の責任者であり、東海寺に赴いていた。本来なら左遷だが、反対に出世している。そればかりか一橋豊千代が世継となると西の丸に戻り、今度は西の丸筆頭老中としてその采配を揮う。一橋とも大きなパイプを持ちながら、島津と縁戚関係にある鳥居が生き残る理由はわかるが、同時に家基の死にも関係していたとしか思わざるを得ない。一七八〇（安永九）年六月二十八日、本丸老中板倉佐渡守勝清が（七十四歳）死亡。彼は田沼に近い人物で、共に側用人から登りつめた。七十四歳という年齢から考えればおかしくはないが、板倉佐渡守は、西の丸で家基の老中を務めた人物である。家基に関することはすべて取り仕切り、死亡後は葬儀の責任者でもあった。のちに本丸に移り、自分の息子にすべてを委譲する一歩手前であった。やはり家基と関係ある者の死である。

一七八〇（安永九）年七月二十四日　元西の丸老中、老中阿部豊後守正允（六十四歳）死亡
彼もまた田沼と関係が深い。

一七八〇（安永九）年九月二十六日、新庄の死から一年後、大目付伊東志摩守照方（六十七歳）が亡くなった。新庄と同様に一橋家の家老から大目付に抜擢された人物である。ちなみに大目付とは今でいう警視庁トップのことである。家基が亡くなってたった一年半の間に、同じように一橋家家老か

ら大目付になった二人の相次ぐ死はあまりにも不自然である。彼らとは反対に、家基の死後、異常に出世をした人物たちは、逆に成功報酬として、次の将軍である家斉についている。

一七八一（天明元）年の大きな人事異動により一週間後の九月二十六日、松平武元の腹心だった老中首座松平輝高（五十歳）が死去した。したがって自動的に、老中次座の松平康福が老中首座に昇格し、田沼意次も老中次座に昇格した。ここで田沼意次は自らの道を歩むことになるが、松平武元の死といい、輝高の死も偶然の一致にしてはあまりに近すぎる。ある程度秘密を知りすぎていたとしたら、何者かに殺されたと思ってもおかしくない。

3　影の人物・一橋治済の野望とは

一橋治済と幕閣

一橋治済がいつのころからどのようにして幕閣に食い込んでいったのか。また、子飼いの家臣を一橋派に組み入れていったのか、見ていかねばならない。既に家臣団のところで説明したが、第二の家臣たちは代々一橋邸への出向を命ぜられ、それが幕府の目付に戻ることは日常茶飯事だった。治済の父・宗尹が率先していたかもしれない。このへんの実態のあぶり出しにより、一橋大陰謀の一端を見つけだすことができるだろう。

すると、幕府でも松平武元などの大臣級と言われる老中あたりがかなり疑わしい。事件が起こる明和頃より、政権は表向き安定していたので、同じ老中の松平輝高や阿部正允なども武元の腹心としてつながっていた可能性もある。田沼も側用人になったばかりで力を増し、味方に他の老中松平康福を引き入れ、関係を強化しようとしていた。しかし、成り上がりの意次にとってなかなか思い通りには進まなかった。

前にも説明したが、松平武元は三〇数年間も老中を務めており、その政権が延々と続いていた。当時、一橋治済はまだ十四歳で、政治には関与していなかったが、腐敗しきった松平武元政権下に一橋家当主の一橋宗尹が目を付けないわけがない。治済も父のやり方をよく見ていて、武元と表向きは昵懇になっていたことは十分に考えられる。

御三卿という敷かれた道の上を走る治済は、歳を重ね、のちの若年寄のなかから、思わぬ人物を自分の陣営に引き入れている。米倉丹後守昌晴である。彼は、島津山城守久芬の娘を娶っている。彼の略歴を見よう。

一七七六（安永五）年　奏者番となり、将軍家治の日光参拝の御供をする

一七七七（安永六）年から一七八五（天明五）年　若年寄を務める（家基死亡時にはすでに若年寄）

一七七九（安永八）年三月二日『徳川実紀』には「（家基死去により、田沼意次と共に）遺品の整理をするよう命じられた」とあり、恩賞に、家基の形見として胡銅の花瓶をもらう

一七八四（天明四）年三月二十四日　田沼意知が刺された際に、その現場に居合わせる

一橋家と関係がある人物が大事件の現場に、必ず居合わせていたことは不気味である。

田沼意次は、官僚サイドに食い込んでいった。宝暦・明和・安永と勘定奉行を務めた石谷備後守清昌（田沼派）などがそうだった。彼は二〇年にもわたり勘定奉行を務め、武元政権における勘定奉行の筆頭であった。

一七七九（安永八）年二月二十四日　留守居役松平若狭守正淳（六十六歳）が死亡している

この日は家基が公式に死亡した日である。彼は年齢が高いため疑いをかけることはできないが、日が日だけに何かが起こったとしてもおかしくない。

一七七九（安永八）年三月十日、側衆水上美濃守興正（六十九歳）死亡

公式に言われているわけではないが、ただひとり責任を取って自害切腹した者である。彼以外に責任を取り自害した者はいない。突然亡くなる老中はこれまではいなかった。

家基死後の人事

家基の死より二カ月後の四月十六日、十八日、幕府内では大人事異動が敢行されていた。大納言の死により西の丸でも大失態として多くの人が更迭されると思うところだが、信じられないことに、それらの人物たちが出世していたのである。

阿部豊後守正允　西の丸老中から本丸老中末班に移る

酒井飛驒守忠香　西の丸若年寄から本丸若年寄末班に移る

鳥居丹波守忠意　家基鷹狩の責任者・西の丸若年寄から本丸若年寄末班に移る

とくに鳥居丹波守は、のちに本丸老中にまで出世することになり、大納言の死などどこ吹く風といったところだった。他にも西の丸から本丸に動いている特に顕著な人物がいる。

小笠原若狭守信喜　五人いた側衆のうち、本丸異動となったのは彼のみ

他の四人は、すべて閑職の菊之間詰となった。

小笠原若狭守はのちに治済に見込まれ、御庭番を束ねる職にもなり、闇の世界に生きることになる。一橋の手は上級官僚だけではなく、実務レベルの官僚、中級官僚にも伸びていた。なかでも家基鷹狩の実務部隊と目される、新番頭、留守居役、頭取、目付に至るまで、本丸などに移った者は数知れず、のちに家斉に付いて西の丸に戻っていった。

特に目立つのは、小納戸頭取である。

森川左近俊顕（小納戸）
押田信濃守岑勝（小納戸）

押田は東海寺の配膳のすべてをとりしきり、通常ならば他の者などと同様、寄合か勤めを免ぜられていたはずである。

また、奥医師もほぼ全員が出世を遂げている。家基に付いて東海寺に行った井上良泉玄高も、十三人の奥医師のうち八人は家基死亡と関係があったにもかかわらず、本丸付きになっている。事件当時、家斉付きになり西の丸に戻るなどとは尋常な異動ではなかった。またよく家基の死に関わったと言われる池原雲伯は、家基の医師として東海寺に同行したこともなく、なおかつ、西の丸にもいなかった。まさにでっちあげだった。

一橋治済はそれだけ大がかりなことをどのようにしてやってのけられたのか。計画実行のために、治済の手先として動いた人物がいたはずで、その人物がキーを握っているにちがいない。あまりにも多くの人々が治済の周りにいるため、見当がつかないと思っていたが、意外なことにある人物が浮かび上がってきた。

こうした人事からすべて治済の秘書的な仕事を実行したのは、一橋家家臣で当時、幕府目付だった末吉善左衛門利隆のようである。既に述べたが、田沼意次と米倉丹後守昌晴に指示され、西の丸で家基の遺品整理を担当しており、鍵を握る人物である。彼を調べると、一橋派の生え抜きで、治済の秘書的な役目を担い、治済の信任も厚かったとわかる。至るところに顔を出している。たとえば、家斉・茂姫の婚約の際も一橋家家臣として島津を訪れ、のちの婚礼の際には、末吉が治済の片腕として職務を遂行したほどだ。

末吉家は、利隆の祖父母の代から大きな医師の家だった。ところがこの当時、利隆の出世はあまりにも目覚ましく、最終的には長崎奉行にまでなった。官僚職の再生産サイクルは定着しており、通常、あまり大きな出世などあるはずもない。筆頭老中松平武元は三十二年もその職にあり、すべては停滞していた。しかし安永から天明、寛政期にかけて出世する者が続発し、末吉の一橋家家臣から、幕府目付、長崎奉行という出世のコースは当時としては異例中の異例だったのである。

なぜ末吉利隆はこれほどまでに出世したのだろうか。その秘密の一つは彼の妻の実家の猪飼家にある。猪飼家は、次男・正義が一橋家家臣であり、次女も一橋家の奥に仕えていた。利隆の妻の長兄・正武は猪飼家を継いでいたが、次男・正義と三男・正倫も一橋家の家臣だった。ということは末吉利隆自身が一橋家家臣であり、彼らは一橋家と運命を共にしていくしかない共同体だったのである。

このような関係は末吉家、猪飼家だけではなく、一橋家に仕える者は秘密を守るため、互いの縁組を重ね合わせていた。なかでも末吉に限って、資料により彼の生き様を見ることができる。彼の生き方こそ一橋と田沼、そして島津の関係をよく表し、彼を通して一橋家そのものを垣間見ることができる。

一七四五（延享二）年十二月十二日　末吉利隆が一橋家の用人となる
一七五七（宝暦七）年『袖玉武鑑《しゅうぎょくぶかん》』には「一橋側用人」と記されている
一七六二（宝暦十二）年　三十四歳のときには、既に「一橋番頭格側用人」つまり側用人のいちばん上の位で仕事を取り仕切っていた（『袖玉武鑑』）
一七六四（明和元）年六月二十二日　島津家の二階堂源左衛門・仁礼仲右衛門へ、島津重豪の御機嫌伺い（『一橋徳川家文書』）

末吉利隆が島津の連絡係として現れてくるのは、このときからである。
一七六四（明和元）年十二月二十二日　治済の父・一橋宗尹の死去に際して葬儀御用係を務める（辻達也『新稿一橋徳川家記』）
一七六六（明和三）年十月三日　一橋治済が島津家の芝邸を訪れた際、彼の御供をし、家老の田沼意次と共に芝邸を訪れた。当時まだ近習役だった末吉利隆は、お礼のため、再度島津家へ赴く（『旧記雑録』）

その後の一七六八（明和五）年と一七七一（明和八）年の『袖玉武鑑』、一七七三（安永二）年の『大歩鑑』に、彼は「一橋番頭」と記されて登場する。

一七七三（安永二）年十一月　一橋治済の直系御用人となり、治済の全面的信頼を得ていた（辻達也『新稿一橋徳川家記』）

一七七四（安永三）年　側室に生まれた重豪の長男・虎寿丸を正室・保姫の養子にすること、これらすべて利隆がとりしきる。島津家の家老山岡市正との多くの手紙のやりとりが残っている（『旧記雑録』）

一七七六（安永五）年十月三日　島津重豪が一橋家で会った老女飯島の態度が悪いとした件について、末吉は重豪のところに行き事情を聞いている（辻達也『新稿一橋徳川家記』）

一七七六（安永五）年十月　末吉は飯島のことについて、島津家に対し、一橋家からの謝りの手紙を書いた（『一橋徳川家文書』）

一七七六（安永五）年十二月　島津家用人島津久金に対し、島津重豪長男・虎寿丸の縁組に関する祝儀の品物の目録を一橋家からのものとして、末吉が贈っている

治済の秘書的なことを末吉はすべてやっていた。

ところが、翌一七七七（安永六）年に末吉は幕府の徒頭に転任し、翌年には、幕府の目付となっている。なぜこの時期に幕府に移ったのだろうか。それを説明する記述は何も残っていない。一七七九

（安永八）年二月には家基が死亡し、待っていたかのように末吉は、若年寄の米倉に命じられ、同役の目付日下十郎兵衛房正と共に、西の丸の家基の士籍点検を命じられている（『徳川実紀』）。末吉により遺品の整理がなされたということは、都合の悪いものはすべて、後世にばれないように処理することができたわけである。結果、責任者・若年寄の米倉昌晴まで引き込み、一橋は次期の将軍職を得ることも含め、組織的な隠蔽工作をしたのである。

末吉利隆に関する記述は、家基死後の翌々年、一七八一（天明元）年の『袖玉武鑑』の記録に「幕府目付」と記されているだけで、二年間、幕府の記録から消えている。その間、一橋治済から何の命を受けたのか、三年後、再度登場する。

一七八三（天明三）年　尾張、美濃、伊勢の河川水路の掘り下げ、修理を命ぜられる。工事の監督等の労をねぎらわれ、黄金五枚を賜わる（『徳川実紀』）

この年の『袖玉武鑑』には、まだ「幕府目付」とあり、末吉が何のために尾張、美濃、伊勢まで行っていたのか、詳しくは触れられていない。半目付と称して、半隠密のようなことまでやっていたと思われる。このころの目付は隠密的な部分も兼ね備えており、すべては治済の指示によるものだった。

一橋家と島津家のつながり

一七七五（安永四）年六月二十八日には、両家の格式が相整い、一橋豊千代（のちの家斉）と重豪の長女・お篤（茂姫）との縁組がなされた。利隆は何度も島津家芝邸に行き、山岡市正と話し合いを重ね、婚儀についての書付を渡した。また豊千代とお篤は、二人とも三歳で、家同士の密約があったこともうかがわれる（『旧記雑記』）。決まるまでにかなりの時間がかかり、二カ月後の八月二十一日、島津家家老・山岡市正から正式に婚礼についての返礼があった。一橋家からは末吉利隆が鯛一折を持参し、婚儀は調った。一七七六（安永五）年七月十九日の『島津家文書』の中の「一橋よりくる書付」には、お篤と豊千代との縁組が決まり、一橋の屋敷に上使を派遣、名を拝領したお篤が以降、茂姫と名乗ることになったとの記述もある。

既に述べたように、島津重豪と一橋家との関係はそれよりさらに二〇年さかのぼり、一七五九（宝暦九）年、重豪が一橋保姫との縁組を幕府から許されたことに始まっている。祖父・島津継豊の妻・竹姫の希望があったようだが、幕府が一橋保姫との縁組を認めてくれたことに対するお礼や、保姫輿入の様子、それに輿入当日の休憩所、祝儀の次第書などがそれを物語っている。竹姫の強い求めがなければ、この婚礼は成り立たなかった。一七六三（宝暦十三）年には重豪と保姫の間に悟姫が誕生する。これにより一橋と島津の絆はさらに強まった。翌年六月十一日、一橋家家臣末吉善左衛門は島津家家臣二階堂源左衛門、仁礼仲右衛門へ、重豪ご機嫌伺いの手紙を出している。末吉の存在もこのあたりから表に現れてくる。

両家の関係は順調で、一七六四（明和元）年には一橋治済を島津家芝邸に招いている。一橋家より来た重豪の妻・保姫が病気がちであったという理由である。この年に愛子《いとしご》の悟姫が亡くなり、その五年後には重豪の妻も病死してしまう。この件が原因かもしれないが、一七七五（安永四）年までの六年間、両家のやりとりはなぜか途絶えている。

一七七三（安永二）年に篤姫が誕生する。これが右に述べた茂姫である。重豪は、茂姫と豊千代の縁組は竹姫の遺言であると主張し、両家の間で二人の将来が決められていった。二つの家の運命共同体もこの時にできあがったのだろう。そして二年後には婚儀の書付を交わしている。

一七七六（安永五）年七月二十日付で、島津家家臣・山岡市正が一橋家家臣・末吉善左衛門に対し、翌七月二十一日正式に豊千代と茂姫の縁談に関する話し合いがあり、重豪が一橋邸を訪問するとの手紙を出した（一橋家家臣「新庄能登守日誌」）。婚礼の儀の話し合いだが、末吉はこの後、治済の用人として、たびたび重豪との手紙に登場する。治済の手先となり、かなりの秘密工作をしていたと考えられる。

一橋家家臣末吉利隆の動向

末吉はその後、思わぬところに登場する。一七八四（天明四）年三月二十四日、千代田城で田沼意次の息子・田沼意知が刺された現場に、まるで目撃者のごとく居合わせている（『営中刃傷記』）。公式には四月七日、末吉は、この一件で適切な処置をとらなかったとして出仕を止められ、家譜には、「佐野善左衛門が城中で発狂し、田沼意知を傷つけた際、なぜ利隆等は速やかに駆けつけ、取り押さえることができなかったのか。彼らがぐずぐずしていたため、意知は鞘から刀も抜けず、何もできないまま重傷を負い、二日後に死亡した。将軍は、もし末吉等が早く駆けつけ、意知を助けたならば、このようなことにはならず、今回のことは〝落ち度〟と受け取られ、出仕を止められた」とある。

しかし『徳川実紀』によると、末吉利隆はすぐに出仕を許され、城に登っている。末吉は治済の命により、意知暗殺の現場にも立ち合い、暗殺者の佐野善左衛門が意知を殺すときに備えていたのではないだろうか。その後家斉が将軍となり一橋政権は安定した。その後の末吉の動向を見ていこう。

一七八六（天明六）年　故田安宗武夫人・宝蓮院の埋葬に従事した労で、時服二枚を賜わる

一七八七（天明七）年三月一日　長崎に行き、長崎での労をねぎらわれ、黄金二枚をもらう（『徳川実紀』）

一七八七（天明七）年三月十二日　長崎奉行に昇進

おそらく一橋治済の命を受けたのだろう。特別な任務として長期的に長崎にいると思われたが、二年後、末吉の長崎奉行としての処理が不適切だったことから出仕を止められた。

一七八九（天明九）年「長崎在留の唐船を帰帆させた上、再度長崎に入れたため、出仕を止められた」とあるが、すぐに許される

一七八九（寛政元）年　新番頭として江戸に帰る

事件自体は、それほど重要なことではなく、何か別のこととの兼ね合いで江戸に呼び戻されたのだろう。その前年、田沼意次も亡くなり、田沼政権の骨格を担っていた大老・井伊直幸《なおひで》も老中・松平康福もこの年、他界した。すべては新しい時代に突入していたのである。治済にとっては、末吉は最後まで必要だったのだろうか。

江戸に戻った末吉はすでに六十三歳で、その後大きな役割も果たすことなく、一七九四（寛政六）年に没したが、治済に命じられて作ったパイプはあらゆるところにつながり、生き続けていた。例えば前に挙げた猪飼家とは縁組をし、一心同体で意知死亡の際にも共に現場に居合わせた。意知暗殺に関わった春日家、佐野家なども末吉らによる縁組で、裏ではつながっていた。いざというときを考え、田沼の側とも縁組をしていた。幕閣内の至るところに自分の親戚関係を作り上げさせ、情報が漏れないようにネットワークを張り巡らせていたのである。

側衆横田筑後守準松などは、一七七四（安永三）年から一七八七（天明七）年まで、田沼家の小姓番頭としての地位にあったが、末吉利隆の息子がその娘をもらい、勘定奉行赤井忠晶（田沼派）の息子にも末吉の娘を嫁がせている。このことによって、田沼の情報は家人を通してすべてわかるわけで、治済の情報網はこのように作り上げられていったのである。将来、状況がどのように変わっても、このネットワークを通じればどちらにも転べるのだ。一橋治済は黒幕中の黒幕だった。実際、治済は、近くにいた末吉利隆にも、当時重要なことは伝えていない。末吉がこれほどまでに田沼との良好な関係を築いたのに、田沼失脚が近づくと、今度は田沼との関係を一切断ち、最終的には田沼意知の殺害現場に証人として居合わせなければならなかった。治済は自分の用人にはすべての情報を与えず、彼らを駒として扱う冷酷な一面を持っていた。

末吉のパイプ作りは、大名にもおよんでいる。そのなかで最も成功したのは、一橋と島津の婚姻だった。この婚姻は島津の悲願であり、一橋にとりいって金で買ったと巷では言われた。

これらが末吉利隆の生きた足跡で、公式に残っている文書から判明することである。至るところに治済が指示したと思われる事柄があり、末吉はパイプ役としてさまざまな操り人形を動かし、多くの秘密めいたことをしていた。豊千代と茂姫の婚礼、家基事故死、意知殺害にもかかわり、すべては治済の指示のもとにおこなわれた。一橋治済の冷酷なネットワークは、幕閣内部、家臣団はもとより、諸大名におよんでおり、その代表格は島津だった。

後桃園天皇の死

一橋治済はそれまで長年策謀を準備し、タイミングを待ち、家基暗殺成功に乗じて次の作戦を実行していく。家基の暗殺から数カ月後、若い後桃園天皇が亡くなっているが、この天皇の死にも治済が関与していた可能性がある。治済の妻は京極宮公仁《きんひと》親王の娘・寿駕宮在子で、朝廷より迎えていた。これにより次期光格天皇（九歳）の父（閑院宮典仁《かんいんのみやすけひと》親王、その妹が京極宮公仁親王と結婚）と治済はつながっていたのである。さらに治済は、息子・斉匡と閑院宮美仁《はるひと》親王（典仁親王の息子）の娘・貞子女王の婚姻で、閑院宮家と関係をより強固なものにしている。

九歳の光格天皇、七歳の将軍世子家斉。あまりに構図が似ていることに驚愕せざるを得ない。なぜ、天皇暗殺まで関与しなければならなかったのか。治済の政治的陰謀は江戸・京都を巻き込む大クーデターであり、その魔の手は、それから数年後、田沼の中枢となる意知に迫っていくのである。

一橋治済の妻が京極宮の娘であることがわかってから、家基が亡くなった年の前後、尊号問題に関連して光格天皇と定信、それに治済を調べていたところ、私たちは新たな疑問に逢着した。発端は後桃園天皇が、二十二歳で急逝していたことにある。家基没後わずか八カ月のことで、後桃園天皇の亡くなり方は家基の死と同様、突然のことであった。この年七月二十二日に発病し、懸命の看病、祈禱などの甲斐もなく、十月二十八日には危篤、翌日亡くなっている。

突然の家基の死後の混乱に類似する部分が多く、後桃園天皇の後継ぎは決まっていなかった。天皇の死には、世襲親王家筆頭の伏見宮が天皇を呪っていたという噂が飛びかい、その後選ばれた光格天皇は九歳である。この決定の内情をよく知っている京都所司代の久世広明は、その後不審な死を遂げている。

まず、後桃園天皇がどのような経緯で亡くなったのか、崩御の様子について、宮内庁書陵部にある資料で発病から死に至るまでの状況を再現してみよう。

七月二十二日　発病。『忠言卿記』（記主・山科忠言）の九月二十九日には「七月より脚気であるらしい」とある

八月五日　天皇は少々具合が悪く、腹部や腰が引きつり、歩行が困難になった

八月十三日　熱が高くなり、小水が出なくなり、その後、高熱が続いた

八月下旬　病気は少しよくなり、二十八日には床上げされたので、身分の上下を問わず誰もがほっとしたという

九月初旬　再発。経過は良くなく、病状は次第に重くなった

十月三日　からだが張り、むくみの症状が出てきた。病は重く、医師団一同は心配を募らせていった

十月十七日　丑の刻頃、天皇は意識をなくし、痙攣《けいれん》を起こし、その様子は物の怪《け》に苦しむように見えた。伯二位が枕元で加持祈禱したところ、次第におさまり、人々は奇異に感じた

十月二十七日　後桜町上皇と生母の恭礼門院が御所に入った

十月二十八日　危篤。十七日より、天皇の腹は太鼓のように膨れ、動悸が激しく、小水が出ず、食事などまったくできない状態であった

翌二十九日寅の刻、天皇は崩御した（『定晴卿記』〈記主・野宮定晴〉、『続史愚抄』）。十一月九日に亡くなったという説（『公卿補任』、『本朝皇胤紹運録』）もあるが、しばらくの間、天皇の死を伏せていた様子がうかがえる。後桃園天皇はまだ二十二歳、後嗣が決まっていなかったために発表が遅れたのである。誰が天皇になるのか、所司代の久世広明を通じて江戸の将軍・家治に問われていたという。閑院宮典仁親王の第六皇子・祐宮《さちのみや》（のちの光格天皇）に内定したが、祐宮はこのときわずか九歳だった。

後桃園天皇の死に方は、のちの将軍家治と同じ死に方である。後桃園天皇の場合、死の間際、物の怪に憑かれたように苦しんでいる際、祈禱をおこなったところ次第に治まったという。この物の怪に憑かれたように苦しんだのは、伏見宮の呪いだという噂が流れた。これは、いつもの治済のやり方に似ている。

京都の御霊社の神主、斎部《いんべ》定直は「十一月下旬までには天皇はお治りになるであろう」と占った。ところが、白川資顕王、土御門《つちみかど》泰邦らは「巫蠱《ふこ》の災いがあるだろう」と占っている。当時、京都では天皇の病気が治ることを念じ、七社七寺が祈願していた。しかし、天皇の死の記録でわかるように、完治することはなかった。そして、その後の状況のなかに、鍵を握るいくつかのヒントがある。

後桜町上皇はこの後桃園天皇の死に際してたいへん強い怒りをあらわにし、開明門院（後桃園天皇の祖母）と恭礼門院（後桃園天皇の生母）は大いに悲しんだという。これは、家基が亡くなったとき、家治が取り乱して周囲の者を殴りつけたという話とよく似ている。後桜町上皇の命により、近衛内前と九条尚実《なおざね》が評議し、十二月二十六日、近衛内前、九条尚実、准大臣広橋勝胤《かつたね》の列席のもと、織田和泉守信友を近衛内前の邸に呼んで伏見宮が天神を祭り、天皇の平癒を祈願したことに関して詰問した。織田信友の答えは「祈禱のことは記憶しているが、呪いをかけたことは知らない」というものだった。この後、伏見宮邦頼《くにより》親王も呼ばれて、話を聞かれた。これを受けて近衛内前、九条尚実、広橋勝胤が評議し、伏見宮、織田信友の述べたことを後桜町上皇に差し出した。

そして次に、伏見宮の家臣を詰問することに決めた。十二月二十七日、九条は後桜町上皇のもとに赴き、その陳状をご覧にいれたが、後桃園天皇の生母である恭礼門院に相談するようにとの文書が上皇より出された。近衛内前の注意により、伏見宮は病気と称して家にとじこもっていた。恭礼門院からはこれ以上家臣を詰問拷問することはやめてほしいとあり、伏見宮が謹慎することでこの一件は治まったようだ。この伏見宮の謹慎は一七八〇（安永九）年正月十八日の記録でも公式の場には現れず、その後も参内したとの記録もないことから、かなり長く続いたようである。結果、この一件はこれですべて解決したかのように、九条も広橋もこれ以上は調査することはなかった。

伏見宮が後桃園天皇に呪いをかけたという一件は、京の人々の噂で根拠のないことではあるが、その疑いをかけたのには理由があるようだ。伏見宮の子、貞敬《さだよし》親王を後桃園天皇の継嗣に仮定している者がいたこと、後桃園天皇の病状が並々ならぬ様子で名医もなす術がなく、物の怪にとり憑かれたような様子もあり、陰陽家《おんみょうか》の占いによると「呪いをかけられた」とあること。伏見宮が快実という修験者を推薦して、天皇の病気を退散させようとしたので、そのことから冤罪を被ってしまったのではないか。これはまさに、のちに田沼推薦の医師が家治に用いた蘭方の薬が原因で、家治が物の怪に憑かれたように苦しみ死んだという噂とよく一致する（後述）。

東大史料編纂所に残されている『安永八年十一月九日　後桃園院崩御記』、『後桃園天皇宸記』（写真版）の二点を調べてみたが、ここまで述べたことを超える記述はなかった。

後者は東山文庫本の写真版で、三冊からなる。一は一七七八（安永七）年正月一日から十二月二十九日まで（横半帳）、二は一七七九（安永八）年正月一日から六月二十九日まで（竪帳）、三は同年十月一日から十二月二十九日まで（竪帳）、その日の天候なども含め、大雑把に書かれている。後桃園天皇が病気であるという記述は正月十一日にある。神宮奏という行事の事始めがこの日の予定であったのに、急に延期になったという文章でそれがわかる。そして崩御の記述は一七七九（安永八）年十一月九日に「今朝寅の刻、天皇が死去。御歳二十二歳」とある。だが、実際に亡くなったのは十月二十九日で、天皇の亡くなった日をほかの月にするのはこのときから始まった。

病気は疳労《かんろう》によって腹が張り、むくみがあったという。この日は亮陰《りょうあん》（最も重い喪）にしなくてもよいという案も出たが、よくないという幕府の意見に従い、宝暦（桃園天皇崩御）のときと同じことにした。死因の疳というのは小児期によくみかける慢性の胃腸病の一種で、からだが痩せ、腹が膨れる症状で、脾疳《ひかん》とも言う。

天皇をめぐる人間関係

後桃園天皇の関係系図を作ってみた。一一三代（「皇統譜」）東山天皇から一一九代光格天皇までを主に示すが、そのなかで面白いのは後桃園天皇の位置である。後桃園天皇は東山天皇の直系であり、摂政の一条家の血を引く順当な家柄だった。桃園天皇の後は、継嗣の後桃園天皇が五歳と幼かったために、先例に従い、伯母にあたる後桜町天皇が継いでいる。その後、後桃園天皇十四歳のときに譲位され、後桃園天皇の将来は明るく見えた。

二十二歳の後桃園天皇は突然の病気で三カ月療養しただけで亡くなってしまい、思わぬ人物が天皇家を継ぐことになった。

後を継いだ光格天皇は閑院宮という今上天皇家につながる宮家の出身である。後桃園天皇の親戚のなかには近衛、一条、二条と摂政・関白になれる家柄の者がおり、とくに一条家、二条家は一橋家ともつながりの強い家でもあった。幕府でいえば、御三家の紀州や水戸と同じで、一条家は細川、浅野、

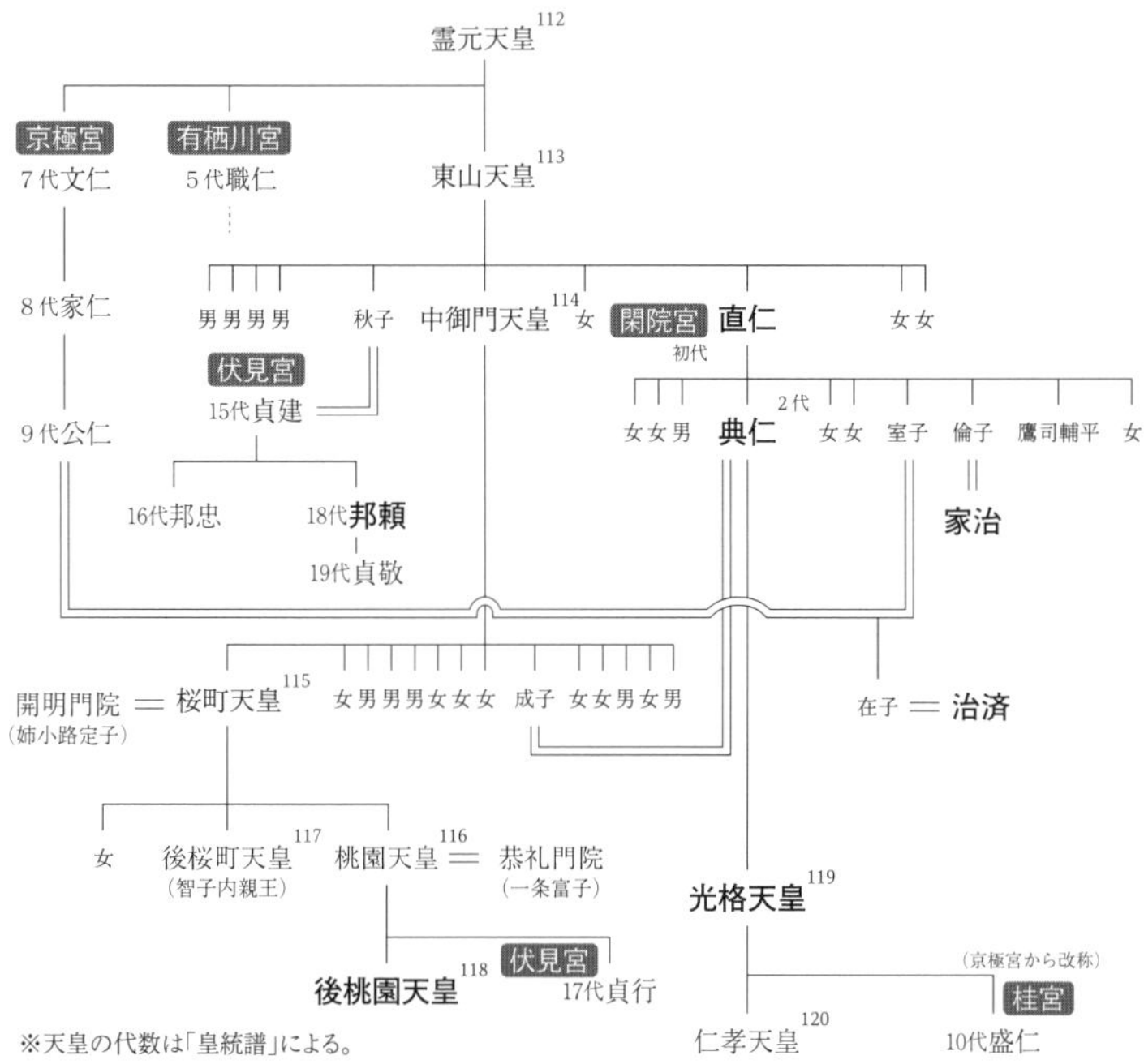

後桃園天皇関係系図

池田、島津などの大名ともつながりがあった。

閑院宮は、一橋家同様、宮家のなかでは筆頭ではない。宮家の筆頭としての存在は歴史の古い伏見宮で、次は京極宮（桂宮）、有栖川宮という順で格付けされ、閑院宮はそれに次ぐ四番目の系列である。そして、摂政・関白に任じられる家は、近衛、一条、九条、鷹司、二条とされていた。

暗殺者のやり方はいつも同じで、家基の死、家斉が世継になるときの経緯と同じだった。私たちには天皇が何者かによって暗殺されたのではないかという疑念が浮かび、調べたところ家系図からわかってきた。後桃園天皇から光格天皇への委譲は、家治から家斉への委譲とまったく同じ構図である。なぜなら、先の天皇の子どもたちを、定信同様出家させていた（前述のように松平定信は当時の田安家が嫌がったにもかかわらず無理に白河松平家の養子に出された）。伏見宮が、天皇を呪い殺したという噂なども、田沼の悪名づくりに似ていて驚くばかりだ。

『群書類従　本朝皇胤紹運録』のなかに面白い記事がある。後桃園天皇崩御時に、本来ならば皇位を継承する権利のある人物が二人（眞法親王、峯法親王）存命していた。しかし、二人ともすでに仏門に入ってしまっていた。法体となっている人物を還俗させて天皇にすることはできなかったのである。これも陰謀の可能性が高く、定信のケースと類似している。

具体的なことはこの後に述べるが、この系図を見る限り、一一八代後桃園天皇から一一九代光格天皇へという天皇委譲はあまりに不自然である。光格天皇の父、閑院宮典仁親王は妹（倫子《ともこ》女王）を将軍・家治の正室に送っている。閑院宮は京極宮を通じて一橋ともつながっており、このあたりに謎を解く鍵があるに違いない。

天皇家と将軍家のつながり

ここで、天皇家（朝廷）と徳川将軍家（幕府）のつながりについて、もう一度見直してみることにしよう。

九代将軍家重は伏見宮邦永《くになが》親王の娘・比宮《なみのみや》培（増）子を正室に迎え、そのお側付として江戸に来た梅渓《うめたに》前権中納言通条の娘・幸子（至心院）が家治を産んだ。側室とはいえ、朝廷から迎えた夫人に

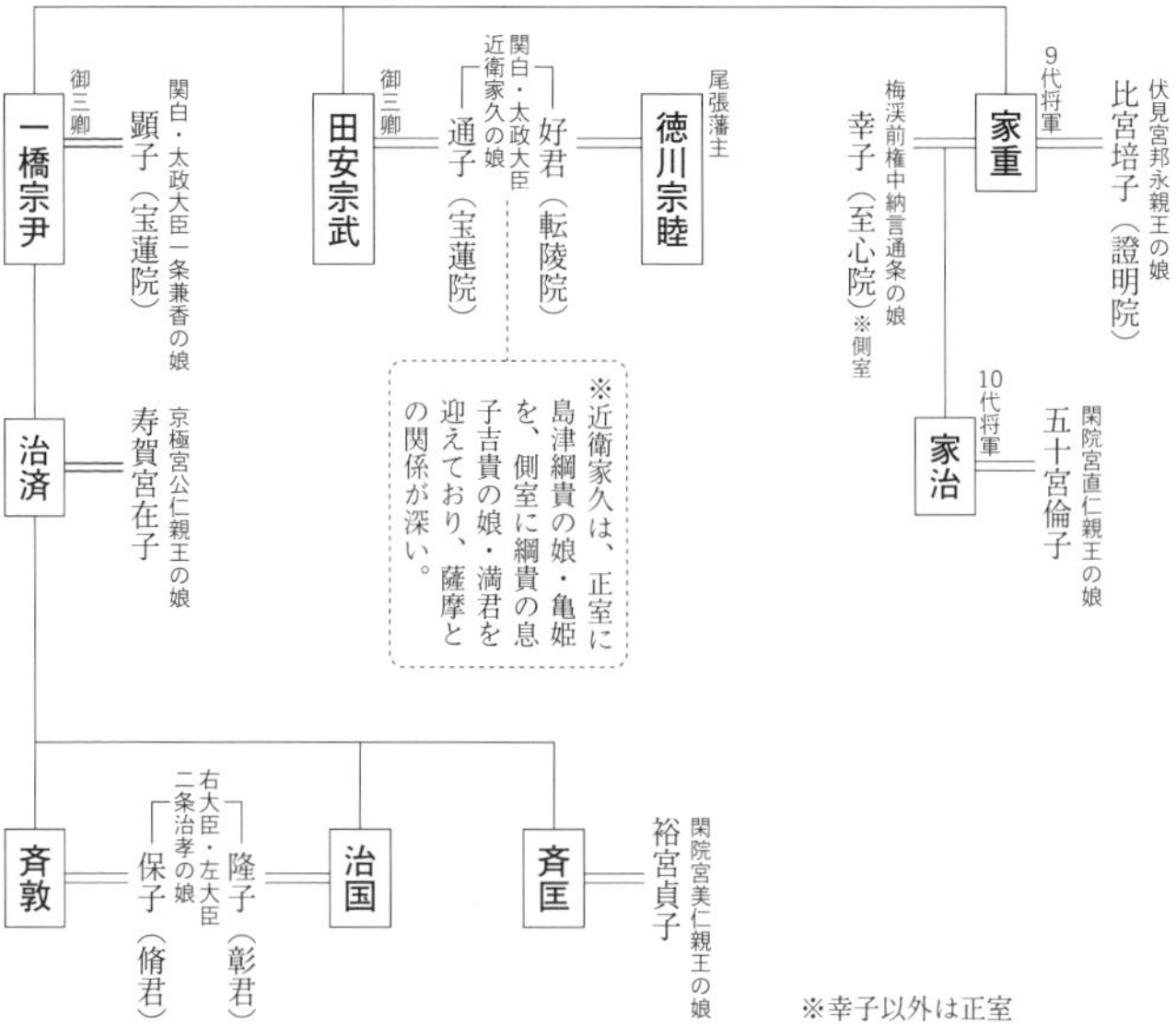

天皇家・摂関家と徳川将軍家のつながり

生まれた直系の将軍は、この家治だけで、画期的なことと言える。

家治の正室には閑院宮直仁親王の娘・五十宮倫子が嫁いでいる。千代姫、万寿姫が生まれたが、男子ができなかったため、大岡忠光を後ろ盾にした津田信成の娘・知保（蓮光院）が家基を産んだ。また、御台所（倫子女王）にしたがって江戸に入った藤井兼矩の娘・品（養蓮院）が田沼意次の推挙で側室となり、貞次郎を産んだが、貞次郎は生後数カ月で亡くなり、家基も十八歳のとき死んだ。

御三卿の第一位である田安家には、初代の宗武に近衛家の娘・通子（森姫）が嫁いでいた。

御三卿の第二位である一橋家には、治済の父・宗尹が一七四二（寛保二）年に一条兼香の娘・顕子を正室に迎え、治済は一七六七（明和四）年に京極宮公仁親王の娘・寿賀宮在子をもらっていたが、この寿賀宮との間には子どもをもうけることはなかった。のちに治済は次男・治国には二条治孝の娘・隆子を、六男・斉敦には同じく二条治孝の娘・保子を娶らせて、一橋家は宮家と深くつながり、朝廷との関係をより緊密にしていった。

一七七九（安永八）年に後桃園天皇が崩御したとき皇子がなかったので、閑院宮師仁《もろひと》親王が養子となり、即位した。これが光格天皇である。光格天皇は傍系から幼少で即位したこともあって、後桜町上皇から学問を勧められ、その助言にしたがって学問にいそしんだ。摂政であった九条尚実が関白となるが病気になったため、早くから直接政務に携わるようになった。病気の九条にかわり、近臣（のちの議奏中山愛親ら）と相談しながら、政務を処理していた。これは九条の後任の関白鷹司輔平《すけひら》が一七八八（天明八）年八月に松平定信に送った手紙に書かれている。

後桃園天皇が亡くなって光格天皇に皇位が委譲されたとき、光格天皇はわずか九歳に過ぎない（家斉は将軍職についたとき十五歳でしかなかった）。皇位を掌握するだけの力があったのだろうか。父親である閑院宮典仁親王が、その背後で策略していたに違いない。なぜ、ここで皇位継承が本流（宮家筆頭）ではなく傍流の閑院宮に移されたのか。この関係は、まさに家基の死後、第一継承権のある田安家からはすでに定信が追い出されて継承する者がなく、次に回ってきた一橋家ではすでに当主となっていた治済ではなく、十五歳の家斉を将軍職につかせたのと同じと言えるのではないだろうか。

もっとも重要なのは、一橋治済と光格天皇の父・典仁親王との接触ではなかったか。彼らについては、閑院宮、一条、二条家とまるでパズルのように組み合わさっており、家と家の関係を洗っていいかなければならない。近衛と対立していた一条家は摂家のなかでもより力を持とうと画策していたのではないか。摂政の鷹司、九条、二条家は養子が続いていた。これまた一橋のやり方と似ている。なかでも鷹司家は当主を光格天皇の叔父にあたる人物を閑院宮（典仁親王の弟・輔平）から迎えている。また、桂宮ものちに光格天皇の第四子・盛仁親王を誕生とともに迎え入れて相続させた。これは田安家を乗っ取った一橋家と同じやり方と言ってよいのではないか。

一橋治済の意図

なぜ治済は天皇家にまで手を延ばし、天皇位を自分と関係のある閑院宮にもっていかせなければならなかったのか。一橋治済が後桃園天皇を暗殺することによって、得るものとは一体何だったのか。それは一橋治済と閑院宮典仁親王との関係で、彼らが結びつくことによって光格天皇誕生という図式ができあがってくる。

治済は家斉の大御所の地位を得ようと画策していた。家康、家光、吉宗などと並び称される人物になりたかったのだ。結果的には寛政期に定信によって拒否され、大御所になる計画は無に帰したが、治済は着実に家基暗殺と共に後桃園天皇を亡き者にすることで、大御所の地位を得ようとしたのだ。彼は自ら将軍になるつもりはなく、大御所になることが真の目的だったのである。そのために重豪の祖母竹姫や妻を利用して朝廷に大きなパイプを作り、天皇まで動かす力を持ちながら、政治的クーデターを遂行していった。

治済にとって後桃園天皇は家基同様に煙たい存在で、年齢も家基とほぼ同じ、もし家基が将軍として後桃園天皇を担ぎ出し、開国に動いたとしたら、新しい流れをもう止めることはできなくなるだろう。その思いと焦りが募りに募って、家基と同時に後桃園天皇殺害という計画までやってのけ、見事に成功したのだ。

もうひとつ治済が急がなければいけない理由があった。尊王運動など朝廷内に不穏な動きがあり、それが田沼派に影響し、予想もつかないような大事件に発展するかもしれなかった。

治済のもとには閑院宮から朝廷のさまざまな情報が刻々と伝わっていた。情報は田沼が政権についてからではなく、もっと以前から朝廷内における尊王運動が起こってきたことに端を発している。つまり田沼政権が発足する以前からの尊王運動を治済が察知し、その運動が田沼と接触することを恐れたのである。

身分の低い地方の武家に生まれた次男、三男、四男たちは、養子にもらわれるくらいしか出世のチャンスがなかった。しかし、唯一、学問という道があった。儒学、朱子学、蘭学でもいい。学問の世界で名を成せば、かなり上位の公家の援助を得ることができる。あるいは官位も。経済的に余裕がない彼らを向かわせたのは、不満が渦巻く「京」だった。明治維新の一〇〇年以上前から、「尊王」と言えば、徳川倒幕の野望を抱く貴族たちがこぞって応援してくれたのである。

4　田沼意知・真の暗殺者

田沼意知の死の経緯

一七八四（天明四）年三月二十六日、前年の十一月に若年寄となったばかりの田沼意知が殺害された。この日には、奏者番になったばかりの前述の松平武元の息子松平武寛《たけひろ》も三十一歳の若さで亡くなっている。なぜこのとき死なねばならなかったのだろうか。田沼山城守意知の死と関係があるのだろうか。意知の死の経緯は次のようであった。

三月二十四日昼過ぎ、若年寄になったばかりの田沼意知がこの日の御用を終えて江戸城を退出しようと御用部屋を出たとき、新番所前を通り過ぎたところで、新番士佐野善左衛門政言に突然斬りかかられた。意知は重傷を負い、その翌々日の二十六日早朝に出血多量で亡くなった。発喪は四月二日である。この佐野善左衛門政言の城内乱心の一件は、もともと田沼意知に対する個人的な恨みが原因であるとして辻善之助の『田沼時代』や徳富蘇峰の『田沼時代』などに具体的に書かれ、山本周五郎の小説『栄花物語』などにも取り上げられている。

この個人的な恨みによる凶行は、歴史上でもよくあることで、暗殺者は参考にしたとしか思えない。例えば鎌倉時代、三代将軍実朝が暗殺されたときに、まったく同じようなことがあった。二代将軍である兄・頼家が北条氏によって殺されたあとに将軍となった実朝が、鶴岡八幡宮で頼家の子で甥にあたる公暁《くぎょう》に殺された事件である。結局、公暁もその直後に口を封じられるのだ。誰かに焚き付けられて犯行におよんだという状況、犯行が公衆の面前の「公開殺人」であること、加害者がのちに口を封じられていることなど、意知殺害と酷似している。

佐野は藤原秀郷流の家柄で、以前、家系図を意知に渡したにもかかわらず意知がまったく取り合ってくれなかったとか、佐野家の「七曜之旗《しちようのはた》」を意知に貸したのに横取りされたという事情など極めて不自然な恨みで凶行におよんだのだという。それにこの事件が起こった直後に佐野が提出した口上書も、一部幕臣の間では取るに足らない偽物だと認識されていた。

佐野がのちに「佐野大明神」として祀りたてられるという記述が杉田玄白の『後見草《のちみぐさ》』にあるが、彼を佐野大明神と崇め、また世直し大明神と一般民衆が呼ぶようになったのは、田沼意次が失脚した三年後の天明末期か、一七八九（寛政元）年の松平定信政権下のことであった。これが家基同様、一橋が手配した第二の陰謀だったとすれば、緻密な治済が大がかりな宣伝活動をしたに違いない。のちの意知の葬儀の際には、「何百人も集まって道を妨害し、挙句の果てには、石を投げた」という逸話が残っているくらいだ。いくら政権が不安定でも、幕閣の中枢にいる老中田沼意次の長男の葬式としては信じられないできごとである。なぜ民衆がここまでの暴挙に出たのか、この逸話も何者かにより作られたものだろう。

田沼意知に関する史料はほとんど残っていない。わかっていることは一七四九（寛延二）年に生まれ、母は黒沢杢之助の娘であったということぐらいである。『徳川実紀』に基づいて簡単に記すと以下のようである。

一七六四（明和元）年　十六歳のとき、将軍家治に謁見し、菊之間の広縁で仕えるようにとの仰せを受ける

一七六七（明和四）年　従五位下大和守となる

のちに意知は、老中職を継ぐ者たちが必ず通る雁之間席となり、持槍二本を許されているが、『徳川実紀』の記述で次に意知の名が出てくるのは一七七九（安永八）年になってからで、家基の千住筋への鷹狩に御伴するよう言いつけられたときである。

一七八一（天明元）年　播磨守となる

一七八一（天明元）年十二月　若年寄最短コースの奏者番になる

一七八二（天明二）年　山城守となる

天明期には、家基はすでに亡くなっており、田沼政権は一橋と大きな関わりを持つようになっていた。しかし、一七八三（天明三）年に若年寄となった翌年暗殺されてしまう。

この意知暗殺に関する史料を見ていくと、幕府発表とも言える『徳川実紀』では淡々とした記述で、大まかなストーリーは次のようなものである。

意知が城内の御用部屋を出て桔梗《ききょう》之間に差しかかったところ、新番士の佐野善左衛門政言に襲われて斬りつけられた。意知は城内であるため、脇差を鞘ごと抜いて応戦したが、その場の誰一人助勢することなく、大目付松平対馬守忠郷がやっと駆けつけた。彼は当時七十歳にもかかわらず、佐野を組み伏せ、目付の柳生主膳正久とともに引ったて、蘇鉄《そてつ》之間に連行した。

ほかにこのことについては、幕府内の日記『藩翰譜《はんかんふ》続編』『佐野政言刃傷記』『佐野田沼始末』『遠相実録』、『後見草』などに残されているが、ほとんどの記述は、右の内容を写し取ったもので、『営中刃傷記』などは『新燕石十種』より引いたものと内容に変わりはない。

『星月夜萬八実録』には、この暗殺までの経緯について次のように書かれている。

〈四十　佐野先祖由緒の事　並井上伊織偽入魂の事

あるとき、井上伊織が善左衛門の自宅を訪ねてきた。あなたの祖父備州のことを主殿頭は存じ、懇意にしていたそうです。しかし、あなたは今才能があるといっても少禄で万事思い通りにならないことと思います。（中略）そこで、意次の思いつかれたことはあなた様の家の家系図一巻を拝見したいということです。

（中略）

主殿頭からひんぱんに家系図を見たいという希望があったため、善左衛門はやむを得ず持参した。ところが、今までと様子が変わり、何日経っても返されることはなく、催促しても相手にされないので善左衛門は心中の怒りを感じていた〉

〈四十二　佐野善左衛門覚悟の事　並山城守出会いの事
一七八四（天明四）年三月二十三日［二十四日の誤りか］、定められた式日なので、午前十時から老中や若年寄など役人たちが登城した。佐野善左衛門は山城守を殺害して万民の気の済むことを願っていたので、昼夜問わず寝食も忘れてこのことばかりを考えていた。（中略）昨晩から書き置きも残し譜代の家臣には暇を出して、中間や小者にまで酒や食事を与えて形見の品物を渡した〉

それまでにも時を狙っていたが場所が悪く、本意を達することができなかったという。そしてようやくこの日の出来事である。政言は、「小さな遺恨といえども武士の遺恨は格別である」と、老齢の意次ではなく息子の意知を討ち取ることにしたという。

意知事件の状況

そのときの状況をもう少し細かく再現してみよう。

一七八四（天明四）年三月二十四日夕刻、勤めを終えた意知は、同僚の酒井石見守、太田備中守、米倉丹後守とともにそろって若年寄部屋を退出した。中之間を過ぎて桔梗之間に入ったところで、新御番所に控えていた新番士の佐野善左衛門政言がにじり出て、「覚えがあるであろう」と三度叫び、意知を後ろから斬りつけた。意知は肩に長さ三寸、深さ七分の傷を負った。

次の間に逃げようとした意知をさらに佐野は斬りつけたが、柱に当たって意知には届かなかった。

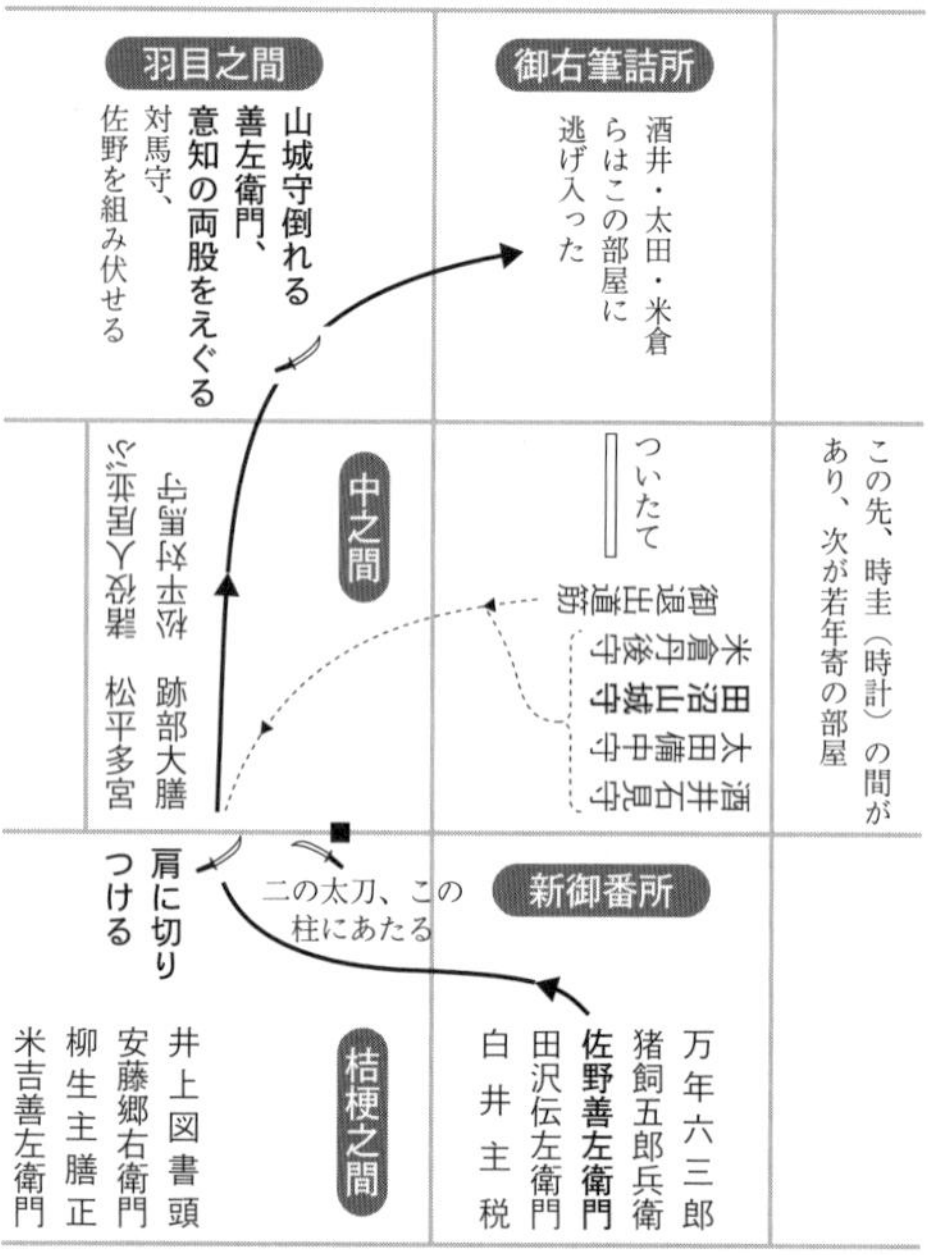

『田佐実秘録』による刃傷現場の見取図
（後藤一朗『田沼意次』清水書院刊より）

酒井、太田、米倉らは善左衛門を抑えようともせず、あわてて反対側の羽目之間から右筆詰所へと逃げ込んだ。意知もその後を追って逃げたのだが、肩に受けた傷のせいで足元がおぼつかなくなっていた。

善左衛門は柱から刀を抜くと意知を追いかけ、羽目之間の廊下の薄暗いところに逃げ込んでいた意知の腹にとどめを刺そうとしたが、意知が必死に脇差を鞘ごと抜いて防いだ。しかし、善左衛門の刀は意知の太腿に刺さり、また深手を負った。

その後、善左衛門は意知を見失い、中之間に取って返した。ここに至ってようやく事件に気づいた大目付松平対馬守は善左衛門を後ろから羽交い絞めにしたところ、善左衛門は「本懐は遂げたので、手向かいはしません」と言い、駆けつけた柳生主膳正が善左衛門の刀を奪い、集まってきた諸役人とともに取り押さえた。善左衛門は乱心ではなく、意知への遺恨から斬りつけたのであるから、手向かいする気はないと告げ、懐より言上書と表書きされた書付を差し出した。この書付はその後焼き捨てられたため内容はわからない。

意知は御番医師根岸春庵、御番外科天野良順、奥医師多紀安元らの応急手当を受けて平河門から駕籠で退出、神田橋にある父・意次の屋敷に運ばれた。しかし、出血が多く、翌々日明け方息を引き取った。

善左衛門は事件後、しばらく蘇鉄之間の溜部屋に置かれていたが、老中に報告がなされるとすぐに町奉行曲淵甲斐守にお預けとなり、小伝馬町牢屋敷の揚座敷《あげざしき》に入れられる。揚座敷とは小伝馬町牢屋敷のなかでもとくに身分の高い武士や高僧などが入れられる牢である。

善左衛門が揚座敷に入れられたことについては、翌日、御三家水戸藩主徳川治保《はるもり》がクレームをつけている。その内容は、「善左衛門は仮にも旗本であり陪臣《ばいしん》である。いかなる理由にて凶行におよんだかがはっきりしないうちに揚座敷に入れるとはどういうことだ。かつて浅野内匠頭《たくみのかみ》の元家臣が吉良上野介の屋敷を襲い、主人の敵を討ったときには主人への忠義からのものであっても公儀へ対しては無礼な振舞いであり、吉良を討取ったことも罪は軽くない。本来ならば、獄門となるべきところだが、公儀の御恵みにより、大名預かりの後切腹という沙汰であった。これを先例とするならば、今回の措置はあまりにも意知に義理立て、善左衛門を憎む取り扱いである。これでは意知にとっても恥であり、ひいては天下の恥となってしまう。再考されたい」（『田沼実記：古今実録』より要約）とのことであった。

最初に直接クレームに対応した松平周防守《すおうのかみ》はこれに応えることができず、翌日、意次が「その儀に及ばず」と答えた。結局、佐野善左衛門は乱心ということにされ、切腹という沙汰が下り、四月三日揚座敷で切腹した。

一橋家広報とも言える『星月夜萬八実録』によると、暗殺当日から切腹までの佐野の行動と暗殺の動機について、次のように記されている。

〈四十四　山城守へお医師下さる事附り旗本中願書出す事　並水戸殿御一言の事

昨日二十三日、新番頭蜷川相模守組佐野善左衛門の件、殿中であることをおそれず刃傷に及んだ事、理由はともかくご公儀を恐れない振る舞いは不届きにつき、揚がり屋に入ることを仰せ付けられること承りました。ご先祖東照御神君様以来、布衣の旗本に獄舎同然の揚がり屋に入ることを仰せ付けられましたこと、前代未聞のことであり、旗本は皆悲しみと憐みはなみなみならぬものがあり、このうえは何卒旗本中へお預けくださり、このうえでどのようにも理非をお正しのうえ、罪科を仰せ付けられますようお願い申し上げます。

天明四年三月二十四日　御旗本総中

右のような願書が差し出されたので、老中と諸役人は頻繁に評定をしていたが、主殿頭と仲のよい牧野越中守や周防守・出羽守などの縁者の手前、善左衛門は不届きであるというのみで、その理非に対する評定が決定しなかった。そこへ翌二十五日水戸宰相治保殿が早々とご登城になり、殿中騒動の取り扱いがどのように決まったのかを老中と諸役人にお尋ねになったので、また理非の評定と罪科の件は決まっていないことを申し上げたところ、治保公は次のように仰せられた。

『佐野善左衛門の件、殿中を恐れず不届きではあるが、乱心したようにも見えず前後の行動はまったくご当家に対して忠誠であるべきである。諸役人方にはその点を考慮して糾明していただきたいものである』

また、主殿頭が今日も出仕しているのを見て、水戸殿は侮辱する言動を取ったので、翌日からは自身の出仕を遠慮した〉

〈四十六　善左衛門切腹の事　並久世大和守捌《さば》き仰せ渡さる事

四月三日、評定所において、大目付大屋遠江守から町奉行曲淵甲斐守、山川下総守立ち合いで両人に申し渡しがあり、佐野は三日午後八時に二十八歳で切腹した。

佐野切腹に立ち合った役人は以下の者たちである。

御目付山川下総守、御徒目付米岡政七、同尾本籐右衛門、御小十人目付渡辺茂兵衛、同神田徳右衛門、介錯人高木伊助、添役大芦小次郎、御使番神尾作右衛門、同古川才次郎、同大熊直次郎、南町奉行山村信濃守組由井忠五郎、北町奉行曲淵甲斐守組藤田助十郎、松山幸内。

（中略）佐野の遺体は親類に渡され、四月四日に浅草東本願寺中神田山徳本寺に葬られたところ多くの群衆が参拝した。（一説には、佐野大明神とあがめられ、毎日賽銭《さいせん》が六〇貫文ほど上り、のちに一分二朱の賽銭が寄せられるようになったそうである）

四月七日、大老井伊掃部頭《かもんのかみ》、老中久世大和守を通じて、次の諸侯たちに目通り差し控えの申し渡しがあった。

若年寄酒井石見守、同太田備中守、同米倉丹後守、町奉行山村信濃守、御勘定奉行桑原伊予守、同久世丹後守、御作事奉行柘植長門守、御普請奉行青山但馬守、御本丸御留守居堀内膳、御小普請奉行村山甲斐守、同支配中方金蔵、日光奉行井伊理左衛門、新御番頭飯田能登守、御勘定吟味役倉橋与四郎に対して、佐野善左衛門の乱心で山城守が怪我を負わされたときにその場に居合わせ、対処しようもあったのにしなかったのは不行き届きであるとして目通り差し控えを命じられた。

大目付の松平対馬守には、佐野乱心の際、取り押さえたのは神妙であるとして二〇〇石の加増と老中御側座の間を使う許可を久世大和守から申し渡された。

久松筑前守と牧野大隅守は、山城守が怪我をさせられた事件に関して、その場にいてどんな対処もできたのにしなかったのは不届きであるとして、久世大和守から差し控えるように申し渡しがあり、土屋遠江守からは上意により大和守の自宅へ移るようにという申し渡しもあった。

御目付井上図書頭、安藤郷右衛門、末吉善左衛門も同じ理由で差し控えとなり、目付山川下総守が上意を受け、遠江守の自宅に移るようにという申し渡しを受けた。御目付の跡部大膳と松平多宮も同じ理由により遠江守宅でお役御免を申し付けられた。

御目付の柳生主膳正に対しては、佐野が刀を抜いたのを見たなら止めるべきところ、手間取ったため山城守は亡くなった。役目不届きで咎められてもしかたないが、松平対馬守が佐野を止めたのを引き継いで抑えたため処分はしないので以後は入念に仕事に励むようにということが申し

渡された〉

暗殺の動機

佐野善左衛門が凶行におよんだ動機は何だったのだろうか。動機については前述のように私怨説と公憤説とがある。

私怨説は、善左衛門が個人的な理由で、意知を恨み、凶行におよんだというものである。理由については、いくつも噂になっている。

一　佐野家の系図を田沼親子がだまし取って返さないので怒った。

二　佐野家の領地にあった佐野大明神という社を意知が田沼大明神に変えてしまった。

三　佐野家にあった七曜の旗を意知が見たいというので貸したところ、七曜は田沼の紋だということで返してくれなかった。

四　もともと田沼家は佐野家の家来筋の出身なので、昇進の世話を頼んで、金を贈ったのだが、金ばかり取られて昇進できなかったことを怨んだ。

五　将軍の鷹狩の際、善左衛門が鴨を一羽射落としたが、その恩賞から洩れたのは、善左衛門が射落としたのではなく別の者の矢だと意知が言ったからだ。

これらのなかにはまったく根拠のない言いがかり的なものもある。殿中で斬りかかるという大事を起こすにしては取るに足らない動機である。

公憤説は次のようなものである。

佐野善左衛門が書付を持っていたという証言が残っていることはすでに紹介した。その書付の内容が不明であるとも説明した。しかし、のちのち佐野が田沼の悪業を列挙した書付を残していたとさまざまな人が書き残している。それは十八項目におよび、その内容は以下のようなものである。

一　天下の要職に就きながら私欲をほしいままにして御恩沢を忘れ、無道のおこないが多い。
二　依怙《えこ》ひいきをもって役人を立身させ、自派に引き入れている。
三　神祖の忌日《きじつ》である十七日に、重き役儀にもかかわらず翫童《がんどう》婢《ひ》妾《しょう》を集めて酒宴遊興乱婬《らんいん》している。
四　歴々の旗本に、成り上がりの家臣の賤女の縁談を取り持った。
五　蛮国到来の金《きん》をもって天下の通用金を作った。これは権威を笠に着た偽金《にせがね》作りだ。
六　自分の倅の意知を名家の者を差し置いて若年寄に抜擢した。
七　奥向きに手を入れ、役に立たない者でも金子を取って勤労の者を差し置いて取り立て、大奥の女性に面会し、我儘《わがまま》を取り計らい、君公を穢している。
八　自分の屋敷にお部屋様を招待して、芸者や河原者を呼んで乱淫なさんとする。
九　加恩の際に、諸大名や旗本の良地を引替え奪い取った。
一〇　本家の家系図を騙《だま》し取り、自分の家系図にしようとした。
一一　運上金を厳しく取り立て諸民が困窮した。

一二　本来死罪になる者を依怙によって法をまげて助けた。
一三　金子を蓄え、役目柄不適切にも利子を取って町人に貸した。
一四　法を犯し他家を追い出されたものを家臣とし、他家を侮《あなど》った。
一五　将軍の乗った馬や鞍を拝領し、自分が乗馬している。神祖を恐れぬ不遜なおこない。
一六　縁家土方家の先祖の名を、家にそのまま用いた。
一七　衆道《しゅどう》をもって立身出世し、武功の家柄の者を侮った。
一八　皆が困窮の時節に、倅の意知は五〇〇〇俵を拝領し、天下の法にそむいている。

この書付を公憤と呼ぶにはいささかお粗末であり、根も葉もない噂と嫉妬や妬みによって作られたものとしか思えない。

さらに内容を見ると、ほとんどが意次のことを書きたてたものであり、かろうじて二項目が意知に関係するのみである。この書付が本物だとすれば、佐野の本当の狙いは意次だったということになる。田沼失脚後老中になった松平定信ですら、隙《すき》あれば、意次を刺そうと懐剣を忍ばせていたという話があるほどだ。田沼は父子とも共犯という認識で、諸悪の根源と見なされていたと考えることもできる。

この公憤説はさらに次のような可能性を浮かび上がらせる。陰謀説とでもいうべき暗殺計画である。この事件は、田沼親子による改革を快く思わぬ保守勢力が佐野を焚きつけて、意知を殺そうとしたというものである。高齢である意次はそのうち死んでしまうだろうが、意知はまだ若い。今のうちにその芽を摘んでしまおうというのだ。当時詠まれた落首にもある。

鉢植えて　梅が桜と咲く花を　たれたきつけて　佐野に斬らせた

背後にいる誰かが佐野を操って意知を襲わせたのだという噂は、江戸町民の間にも相当広がっていたようだ。

陰謀説

佐野善左衛門の凶行の動機が私怨にしても公憤にしても、この事件によって意次が大きなダメージを受けたのは確かである。田沼家の跡取りを失ったばかりではなく、意次の次世代を担う中心人物を失うという二重の痛手であった。親としての悲しみはもちろんであるが、政権を担うものとして、この先の展望に大きな翳りが生じたことは否定できない。

将軍世子であった家基に続いて意知を失うことで、意次の政策の将来には不安が生じてきた。意次の後、この政策を引き継ぐ人材がいないということである。この時点で松本伊豆守以下、優秀な官僚はそろっているが、そのトップに立って政策を推し進めていく政治家が必要なのだ。意次はいずれ引退する。将軍家治もそうだ。その跡を継ぐ人物がいなければ、意次の政策は完成を見ない。

こう考えると、陰謀説がにわかに現実味を帯びてくる。佐野の私怨や公憤が問題なのではなく、それをうまく利用した陰謀による暗殺事件であった可能性が浮かんでくる。この件について、オランダ商館長は次のように書き残している。

〈年番通詞たちは、（和暦）三月二十四日、即ち（西暦）五月十三日に江戸で若年寄の田沼山城守様が城に入るとき、佐野善左衛門という名の立番兵（standing guard）だった役人が、どのように襲ってきたかということを話してくれた。この男は根掘鍬で彼に斬りかかって、彼はその翌日［実際は翌々日］死んだ。下手人、即ち上述二番目の人物は切腹した。このことのすべての理由はまだ明らかではない〉（一七八四年六月十八日付、ロンベルフの商館長日誌）

より迫真的で、内容が一味違っているのは、オランダ商館長ティチングが書いた『日本風俗図誌』である。彼はたんなる噂だけでなく、江戸でかなり位の高い者から聞いて書いたらしく、出版した本のなかで詳しく述べている。意知は、意次の後を継ぐ者としてオランダからも期待されていた。とくにティチングはオランダとの関係上大いに期待していた。ティチングは意知が開国構想を持っていたと具体的に記していたたったひとりの人物であるだけに、興味ある記述と言える。

「天明四年三月の二十四日（一七八四年五月十三日）、若年寄 counsellor of state 田沼山城守 Tanuma-yamassiro-no-kami［意知］は、父親の老中 counsellor in ordinary 田沼主殿守 Tanuma-tonomo-no-kami や、他の同僚といっしょに御用部屋から邸に帰るところを、五〇〇石取りの新御番 singo-ban、すなわち新しい親衛隊の隊士佐野善左衛門 Sanno-sinsayemon［政言］という者のために殺された。この殺人事件に伴ういろいろの事情から推測するに、もっとも幕府の高い位にある高官数名がこの事件にあずかっており、また、この事件を使嗾《しそう》［そそのかすこと］しているように思われる。また、この二人の閣老に一般の憎しみが集中していた事実から考えると、この意見はいっそう確かなものとなる。もともとこの暗殺の意図は、田沼主殿守と息子の山城守の改革を妨げるために、その父親の方を殺すことにあったとさえいわれる。この二人は将軍のもっともお気に入りであり、田沼の一族はつぎからつぎへ、国政の各部門に参与するようになっており、それが因となって二人とも大変憎まれていた。しかしながら、こういうことも考えられた。つまり、父親の方はもう年もとっているので、間もなく死ぬだろうし、死ねば自然にその計画もやむであろう。しかし息子はまだ若い盛りだし、彼らがこれまで考えていたいろいろの改革を十分実行するだけの時間がある。のみならずまた、父親から、そのたった独りの息子を奪ってしまえば、それ以上に父親にとって痛烈な打撃はあり得ないはずだ、ということである。こういうわけで、息子を殺すことが決定したのである」（『ティチング　日本風俗図誌』）

ティチングは、既に幕府の高官がより詳細にこの殺人事件を知っていて、彼らが殺人を指示したと言っている。またこのころ、田沼親子に天候不順、政治不信など一般の憎しみが集中していたから、この暗殺の意図は、ある計画を実行させないがために息子の方を殺すことにあったとつけ加えている。田沼親子はもともと将軍に気に入られ、田沼の一族は次から次へと幕政の要職につき、それを恐れた保守層が凶行におよんだ可能性を指摘している。

ティチングは意次が「死ねば自然にその計画もやむであろう」と述べている。その計画とは、これまでの意次の開放政策のことを指している。さらに、「意知は若いので、これから様々な改革を実行することができる。その優秀な息子を奪ってしまえば、父親にとりこれ以上の大きな打撃はないはずだ。ということで、保守派は、意知を殺すことに決定した」というコメントは、かなり断定的である。

保守派幕府高官がこの事件に関わり、暗殺まで実行したというのだ。ティチングは陰の暗殺者を知っていたのだろうか。そのことを示すような文書は現存していない。

ティチングの言葉を続けよう。

「老中、若年寄たちは、閣議が散会した後、自分たちの駕籠の所に帰って行くとき、よく第三番目の門の所で立ち止まっておたがいに話を交じえることが多かったが、その日はばらばらに分かれていた。三人の若年寄の一人は出羽の大名で二万五〇〇〇石［酒井石見守忠休、出羽松山藩主］、一人は武蔵の大名で一万二〇〇〇石［米倉丹後守昌晴、武蔵金沢藩主］。いま一人は遠江の大名で五万三七〇石［太田備中守資愛、遠江掛川藩主］、この三人も田沼山城守［意知］と同時に江戸城を下ったが、しかし三人は急いで歩き去ったので、山城守はかなり離れた後ろに取り残された。佐野善左衛門［政言］はそのとき芙蓉の間 Tsouyo-no-ma という広間で勤務中であったが、この機会を捉えて駅《ママ》［駆］け寄ると、刀を抜いて激しい一撃を腕に浴びせた。山城守は防禦の姿勢をとって刀を抜く暇がなかった。しかし山城守は刀の鞘《さや》をもってこの暗殺者の刃を受け流そうと努力したが、四ヵ所の重傷を負って床上に倒れた。善左衛門といっしょに勤務していた番士たちや、中の間 Naka-no-ma 及び桔梗の間 Kikio-no-ma の番士たちが物音を聞きつけてやって来たが、しかし、それはどうも相当ゆっくりとしたことであったらしく、善左衛門に逃げる余裕を与えてやろうという意図があったと信ずべき十分な理由がある。しかしそのうちに、すでに齢《よわい》六十歳をこえた、城中の主席目付松平飛驒守 Matsdaira-fida-no-kami［後に見える対馬守忠郷の誤りである」が善左衛門を背後から捕えて腕で抱き止め、このような大罪を犯した動機をたずねた。善左衛門は静かにその刀を差し出して、自分の計画を遂行することができて、満足であると述べた。それから善左衛門は、五万一〇八九石を領する播磨 Farima の大名［龍野藩主脇坂安親であろう、ただし、実際は預けられてはいない」に預けられた。太田備後守 O-ota-biengo-no-kami［備中守の誤りか」は戻って来て山城守を駕籠に乗せるよう命じ、その屋敷まで随いて行った。ある人によれば、山城守は屋敷に帰りつかぬうちに絶命したということであるが、また他の人の話では、その反対のようにもいわれている。

城内で刀を抜くことは厳禁で、違反すれば死刑であった。これを犯せば、違反者が死罪に処せられたばかりでなく、その家族全部が同じ死罪に処せられることもしばしばあったので、ある報告によると、佐野善左衛門は乱心していたという話も流布された。四月の二日（五月二十日）、山城守は負傷のため死亡したこと、善左衛門は切腹を命ずる旨の宣告を与えられた。仇敵の死を聞いたとき、善左衛門は目を輝かして喜んだが、友人たちに別れを告げて、勇ましくこの宣告通り切腹して果てた。善左衛門の妻は非常な美人で、まだわずか二十二歳の若さであったが、夫の死を聞くや夫の行為をほめたたえて、夫に劣らぬ勇気をもって懐剣を胸に突き立てたのであった」

（『ティチング　日本風俗図誌』）

ティチングの記述はかなり詳しく、凶行におよんだ佐野もその妻も、意知の死を聞いて本懐をとげたことを知り、潔く死んでいったことになる。ティチングの記述は『営中刃傷記』とあまり変わらないが、これをただの噂ではなく、ある幕府の高官を通じて聞いていたという。幕府高官とは誰か、どのようにして『営中刃傷記』をティチングに伝えたのか気になるところだが、これについては何も記していない。

しかし、それに比べ佐野についてはかなり詳しく、意知暗殺の原因も含め、いくつかの例を挙げて説明している。それによると、佐野の行動は一般民衆の憎悪の念に共鳴しておこなったものだが、それだけではなく私怨も含まれていたという。再びティチングの言葉から探っていこう。

「将軍［家治］は田沼主殿守に命じて、相模の国 Sagami［遠江国の誤り］の相良 Sagara に邸を築かせた。ところが、その近くに佐野 Sanno の村があり、この村は善左衛門の所領であったが、その場所がすぐ近くにあったために、田沼が賜わった命令を実行する妨げになっていた。

田沼は佐野に同村をどこか他の土地と交換するよう申し入れたが、佐野は、この村は自分の先祖がその功労に対する褒賞として権現から賜わったものであり、そこから相当の収入があるうえに、それだけでなく佐野という名前もそこからきているというので、それを処分することは自分の不名誉になると考えて、交換の申込みを拒絶した。主殿守は怒ったが、それを押し隠していろいろ工作をめぐらした結果、およそ一年あまりたったのち、将軍は田沼にそそのかされて、佐野に対して佐野村を将軍の所有としたいという意志を表明した。将軍の意向を拒むことはできないことであった。佐野は非常に残念には思ったが、承諾せざるを得なかった。そこで、別の村が佐野村と交換に佐野に与えられた。ところがその後、将軍は佐野村を主殿守に与えたので、佐野は一体どこからそのような、彼にとっての大打撃となることが出てきたのかを推量して、その結果、非常に激しい敵意を抱いたのであった。

しかも、これだけではなかった。その後、幾日かたって、将軍が気晴らしに鷹狩に出かけた。そのとき、山城守も善左衛門もお供をしていたが、善左衛門が軽い失策をした。すると、かつて自分の父親の申出を善左衛門が拒絶した恨みを忘れていなかった山城守は声を荒らげて佐野を叱責し、当分の間登城して将軍の前に出ることを禁止したのである。このように公然たる侮辱を受けたので、佐野の怒りは最高度に達した。佐野は復讐を決意したが、さらに佐野の母親とその妻も佐野を力づけた。二人とも、恥辱にまみれて生きてゆくより名誉を守って死んだ方がましだといって、佐野を励ました」（『ティチング　日本風俗図誌』）

そして、意知の死に対する民衆の感情も、「山城守の遺骸は夜間ひそかに埋葬された。一般の国民の憎しみと怒りが激しかったので、彼らは四方から棺とそれに付き添う人々に石を投げた。その反対に、佐野善左衛門は国のためにその命を捧げた犠牲者だと考えられたのである。善左衛門の墓には名誉のしるしとして石碑が建てられたが、あらゆる著名の士や、善左衛門が国のために尽した行為に対して、祈願と感謝を捧げるために参詣する士たちが多かった」と書き記している。

ティチングが述べる佐野乱心の原因はさほど目新しいものではないが、そのニュースが直接ティチングの耳に入ったこと自体が重要で、当時はまことしやかにこのような話が幕閣内に飛びかっていたのだろう。のちに、事件の詳しい調査がおこなわれて佐野の乱心が公に認められたが、ティチングは関係者の処分についても克明に記し、その場にいた人々のことを書き残している。

ところが、ここに思わぬ人物の存在が明らかになった。それは、当時若年寄の米倉丹後守昌晴と酒井石見守忠休、幕府目付の末吉善左衛門利隆である。米倉丹後守と酒井石見守は意知と共に城中から出て駕籠に乗ろうとしていて、意知暗殺の現場に居合わせた。米倉と酒井は、意知をその場に残して小走りに走り去ったというから、彼らもそのとき佐野が意知を襲うことを知っていたのではないかという疑問が残る。

目付の末吉善左衛門は、意知の暗殺現場を遠くから見ていた。目付でありながら止めることもしなかった。彼も一橋サイドとして田沼意知暗殺を黙認していた可能性が高い。なぜならその後、末吉善左衛門へのお叱りは、「職を免ずる」とされていたが、実際には職を免ぜられることもなく、お叱りの上、目付職に復帰している。

他にも罪に問われた何人かの者が挙げられているが、ほとんどの者が軽いお叱り程度ですんだ。これらの命令は、目付山川下総守を通じて関係者に通達されたが、この目付山川も、一橋治済と大きなパイプを持っており、こうなると大納言家基と同様、意知の暗殺も一橋治済の手の者によって実行されたのではないかと思われてくる。

保守派が暗殺に加わった可能性については、ティチングも『日本風俗図誌』のなかで示唆している。では、なぜ一橋治済がこの田沼意知の暗殺を佐野に指示した可能性があるか知りたいところだが、何の資料も残されていない。そして、なぜ佐野が意知を襲ったのだろうか。これに関しては研究論文さえ書かれていない。ティチングがいう佐野の意知に対する「恨み」も調べていくと実態がなく、誰かが後から作った話としか考えられない。

意次と意知をめぐる情勢

ティチングは日本の開国を推進する人物として意知を見ていた。

「身分が高く実際政治にも通じている日本人の多くは、なお日本をもって世界第一の国と考えており、国外で起っている事件にはほとんど注意を払わないが、このような人々は、開明的な考えを持つ人々から『井の中の蛙』という有名な比喩で呼ばれている。すなわち、彼らが頭の上を見上げた場合、井戸の中からは井戸の上の狭い世界しか見えないということを表した言葉である。しかし、もっと事情に通じた人々は、長い間田沼山城守［意知、若年寄］、すなわち将軍の伯父（注・将軍の伯父というのはもちろん誤りである）で老中である田沼主殿頭［意次］の子で、才幹あり進取の気性に富む青年田沼山城守に大いに嘱望の目を注いできた。彼らは、山城守がその父の後を継いだならば、必ずや大いに父の開いた道をさらに拡大することであろうと考えていた。山城守が若年寄に任命されると、山城守とその父主殿頭はいろいろの改革を企てたために、幕府の大官たちの憎しみを買い、また国家の安寧に害ありとして非難を受け、山城守はとうとう一七八四年［天明四年］五月十三日、佐野善左衛門［政言］のため暗殺されてしまった。このことは私の『日本の年代記』にも書いてある。この暗殺のために、日本が外国人に開放され、日本人が他国を訪問するのが見られる希望はまったく絶たれてしまった。このような企てが成功するのにもっとも必要なものは、ただほんとに開明的な精神と果敢な性格の持主の人ということだけである。これまでの経過をよくよく考えてみた結果、今日では、彼らはある僧侶の陰謀と密計とが長年の間、日本帝国の平和を攪《ママ》［掻］き乱したトラブルの真の原因であったと信じている」

（『ティチング　日本風俗図誌』）

では、どうして意知は暗殺されなければならなかったのか。それは田沼政権の当時の状況にヒントがある。この時期、田沼政権は、権力を確立するための変革期にあった。いずれ意次から意知に政権はシフトされ、田沼政治が続いていく大きな節目であり、意知暗殺は田沼追い落としの始まりでもあった。最近の研究でも、この一七八四（天明四）年三月から四月にかけて保守大名層が「反田沼派」の大クーデターをおこなう動きが始まっていたと言われている。

しかしよく調べてみると、その動きは将軍の世継・家基暗殺の時から始まっており、反乱分子は幕府内の大目付、目付層にまで浸透し、既に意次がその動きを抑えつけることはできなくなっていたのではないだろうか。その確証は、一七八二（天明二）年から一七八四（天明四）年三月にかけての幕府の人事異動においても見ることができる。意次は勝手方老中水野出羽守忠友を自分の勢力に組み込み、松本伊豆守秀持や赤井豊前守忠晶を勝手方勘定奉行にして忠実な腹心とし、財務係の勝手方を支配下におき、自らの経済政策を実行しようとしていた。配下の勘定吟味役や警察機構である町奉行も取り込み、体制を作っていたのだ。前にも述べたように、これはあくまで幕府官僚の地固めであり、実際は、外堀の目付など下級官僚の要所は、既に一橋派によって抑え込まれていた。意知の暗殺はクーデターそのもので、次期政権の息の根を止められた意次は、それから三年後に失脚する。これらを証明するには、一橋治済のすべての陰謀を暴きだすしかないが、一橋治済は陰で何をおこなったのか、陰謀と策謀が渦巻く世界のように思われる。

このころの田沼意次は、少し焦っていたのか。積極的過ぎるほどの貿易政策をとっている。例えば勘定方の人間を長崎に派遣し、輸出用の銅をすべて大坂に集めるようにもしている。そして長崎貿易の主要な輸出品である海産物なども大いに増産を図り、日本国内で確保した銅や海産物を輸出し、その代わりにオランダ・中国から金や銀、なかでも多くの銀を輸入した。長崎貿易を利潤あるものにさせ、幕府財政を立ち直らせようとした。貨幣鋳造まで手がけ、輸入した銀は五匁銀や南鐐二朱判に使い、貨幣価値を安定させるなど経済政策にかなりの努力を費やしている。

これまで幕府は、寛永の鎖国以降、貿易を縮小してきていたが、その背景には輸出すべき金銀などの鉱物資源の枯渇が挙げられる。ところが田沼意次は「金銀が不足したら逆に輸入すればよい、その代わりに銅や海産物を輸出に振り向けて長崎貿易を徐々に拡大しよう」という新たな考えで将来を見ていた。

その観点から秋田の阿仁銅山の開発計画（途中で中止）や、津軽・松前（蝦夷地）の海産物確保計画の実行が考えられた。これは現代のわれわれの目には、ごく限定的な交易政策にしか見えないが、当時の意次は、さらに広い範囲での開国政策を実行しようとしていたのではないだろうか。

アメリカの研究者ジョン・ホール氏は、論文「近代日本の先駆者」で、田沼意次について、「田沼は、当時としては新進気鋭の革新的な人物であり、日本を開国することすら意図していた。しかし、周囲の保守的な政治家に反対されて失脚した」と書いている。のちの研究によるとそれだけではなかったことがわかる。意次は、革新的な政治家の面を一面で持ちながら、保守的な政治もおこなっていたのだ。

たとえば一七七一（明和八）年には倹約令を実行し、歳出予算の厳しい削減、役人に対する食費をはじめ事務用品や江戸城内の調度品に関する細々とした節約をさまざまおこなった。奉公・出稼ぎ禁止を一七七七（安永六）年に出し、本百姓制を維持するための保守的な政策も実行した。一七七六（安永五）年には将軍・家治の日光社参を実現させて、全国統一の将軍の権威を天下に誇示して再確認させた。これは吉宗以降おこなわれていなかったもので、家治の偉業のひとつである。二〇万両の巨費がかかったが、将軍の権威を示す上で、神君家康公にまでさかのぼる意味は大きかった。

意次は、たびかさなる百姓一揆に対する対応では強訴は採り上げず、穏便な嘆願は受理するという、うまい政策もとっていた。しかし、実際は強訴ばかりで、一揆につながりかねなかった。それは近隣大名の出兵につながった。各領主に対して意次は、「鎮圧しがたい一揆には鉄砲などの火器の使用も許可する」と述べ、「領主の江戸屋敷に直接訴える門訴は厳重に処する」とも言っている。意次の百姓一揆弾圧は、江戸時代のなかで最も体系的な方策で、のちにそのまま踏襲されることになった。

しかし、この時期、百姓一揆は頻発していた。天候不順だけが原因とは思えない起こり方だ。むしろ何者かが扇動して起こさせたのではないかと見るほうが自然だと思われる。

一七八八（天明八）年、意次の僚友・老中松平康福の三河藩は、領内において一揆の集中的な攻撃を受け、康福は老中職を辞任させられている。一揆くらいで老中職を解かれることがあり得るのかと思うが、オランダに残るフェイトの記述には、康福は「城は奪われ、その城から逃げなければならず、百姓は城内を制圧してしまった」と書かれている。幕府の文書にはその記述がないところから、フェイトの信頼度は増してくる。康福は責任をとり、老中の職を解かれてしまったのだ。

なぜ百姓たちのパワーがこれほど強かったのだろう。城を落とすなど、前代未聞である。兵農分離が徹底する前の戦国時代や徳川政権の初期ならばともかく、城に攻め込むことなどできるはずもない。現代でいう情報戦や後方攪乱作戦のように御庭番や隠密が尖兵となり、百姓たちを扇動しなければ無理だったのではないだろうか。

田沼失脚以降、すべての実権は一橋に奪われ、田沼に関する史料はすべて抹殺された。唯一長文の意次の遺言状も政治的陰謀とは無縁のものである。他の文献から見ても意次は誠実に政治に取り組み、多くの政策をおこなっていたように思える。意次その人の史料がないに等しいのは、何を意味するのか。残すことで困る人がいたのである。その人物とは一橋治済であった。

暗殺の真相

私たちはオランダ側の書簡集、商館長日誌などから意次・意知の実態に迫り、思わぬ人物たちの暗躍について見てきた。ティチングの残した文書は、意知暗殺の真実を告げ、治済の野望について語りかけてくる。

だが、残念なことにティチングが書いた本からだけではそれ以上知ることはできない。そのためこれまでリサーチをオリジナルの原文書にまで拡げ、イギリスやフランスなどに散らばる資料の調査をおこなった。ティチングの文書の多くは、イギリスの出版社から寄贈され、大英図書館に所蔵されている。『日本風俗図誌』はイギリスで出版され、その後、ティチングはパリで亡くなっている。ティチングの手紙はフランス語とオランダ語、英語などで書かれていたので、調査の場所はオランダだけでなくフランスのプロヴァンス公文書館やパリ国立図書館へと拡がっていった。最も量が多いのは大英図書館で、顔見知りの学芸員が捜し出してくれたティチングの数十枚にも及ぶファイルを見ることができた。黄色く変色した表紙は年代を感じさせ、内容を見ると出版された本よりティチングの手書きの原稿の量が多いことがわかった。未知の資料が増えたのである。

ティチングは本に引用する際、かなりの部分を割愛したり、省略したりしている。なかでも意知が城内で佐野という旗本に襲われた部分は『営中刃傷記』とかなり異なる。ティチングは謀殺と断定し、現場にいた人を細かく列挙していた。彼らを斬殺の証人と見ていたのだ。

ティチングの手記をもとに関係者、目撃者をいくつかのグループに分けてみた。

被害者と加害者。事件の始終を目撃した者。事件が起こってから駆けつけて事件を目撃した者。事件直後、加害者および被害者を目撃した者。その後の事後処理関係者、参考人。とくに参考人は目撃者になる可能性がありながら居合わせなかった者。加害者の縁者と被害者の縁者である。

意知暗殺に関しては、すでに若年寄米倉丹後守昌晴や幕府目付末吉善左衛門利隆について述べたが、ここでは佐野との関係について追求してみる。

まず、現場を目撃したのは、若年寄の酒井石見守忠休と太田備中守資愛、米倉丹後守昌晴の三人である。なかでも米倉は妻が島津家の出身（山城守久芬の娘）で、家基死亡時には田沼意次とともに遺品処理にあたっていた。『営中刃傷記』では田沼派といわれていたが、一橋と大きなパイプを持っていることは間違いない。酒井石見守忠休と太田備中守資愛も『営中刃傷記』では田沼派とされていたが、実際は親戚筋に一橋との関係があった。

佐野が属していた新番士のグループにも目撃者がいるが、そのなかでも猪飼五郎兵衛正高は末吉善左衛門と親戚筋で、一橋とは大きなパイプがある。その後、彼は別に罪にも問われず、職務に復帰していることを見てもきなくさい感じがする。

事件の最中に駆けつけた者も何人かいる。刺された意知を目撃した者は多数いたにもかかわらず、年長の大目付、松平対馬守忠郷以外は、佐野を取り押さえにいった者はいない。他の者は何をしていたのだろうか。本来行動して然るべき大目付の久松筑前守定愷《さだたか》や牧野大隅守成賢は出仕を止められ、武芸の達人である目付の柳生主膳正久通はお咎めなしだった。久通も、一橋家家老幕府大目付の新庄能登守直宥から娘を妻としてもらい、一橋派になっていたからだ。米倉同様、最も注目すべき人物は家基暗殺のメンバーの一人でもある目付の末吉善左衛門利隆で、この事件を最初から目撃していた。ほかに目付の安藤郷右衛門惟徳や町奉行の山村信濃守良旺《たかあきら》もいたが、安藤も大久保忠興と関係があり、山村もまた末吉善左衛門の親戚筋である。前にも述べたように、一橋は機密を守るために配下の者をいたるところに差し出して姻戚関係を結び、一橋の息のかかる大機構を作っていた。その機構を治済はうまく使い、この意知暗殺劇に利用したのではないか。

勘定奉行の久世丹後守広民もそこにいたのだが、監督不行届きでお叱りを受けただけだった。久世広民は、長崎奉行のときは田沼意次の手先として開国策の先頭に立っていたが、江戸に帰って勘定奉行になり、一橋派に寝返ったのだ。また作事奉行の柘植長門守正寔と新番頭の飯田能登守易信《かねのぶ》も、そこにいたのに何の処分もなかった。彼らも一橋と関係があり、末吉の親戚筋だった。逆に目撃者となる可能性がありながら居合わせなかった者に、若年寄の井伊兵部少輔直朗や鳥居丹後守、父の老中田沼意次、水野出羽守などがいるが、意次などは暗殺の現場にいてもらっては困る存在で、あえて一橋は遠ざけていた可能性すらある。

さらに気になる人物がいる。加害者佐野政言の父・佐野伝右衛門と政言の母・かよ、それに妻のとよである。三人は死ぬ覚悟ができていた。佐野が切腹した日に、妻・とよは自害して果てたとティチングは述べている。

しかし、日本側の史料を調べたところ、当時の世相が出てきた。意知暗殺に関する佐野の縁者が見聞きした経過である。佐野の菩提寺である徳本寺（浅草。浄土真宗、東本願寺派）に、この史料は存在し、当時の住職が書き留めていた。

〈二十四日の夕暮れ時、寺のものが往来から殿中で騒動が起こったらしいという噂を耳にした。気にはしていたが、翌二十五日、五ツ時に、寺に出入りしているものが田沼意知が旗本佐野善左衛門政言に殺害されたと告げたという。佐野が寺の檀家であるので驚き、その確認のために僧を佐野家に遣わしたが、佐野家はそのときすでに謹慎中で接触できずに事の次第は不明だった。寺の者は困り果て、佐野の近所にすんでいる同じ檀家の新見正明に聞いたが、彼とて未だ詳細については不明であるという。その僧が九ツ時、寺に戻ったが、翌二十六日、九ツ時、佐野善左衛門政言の姉が嫁いだ春日広端家より書状が届いた。謹慎中の佐野家に代わって出したのだという。具体的な内容についてはわからなかったが、とんでもないことが起きたという。殿中で刀を抜き、佐野善左衛門政言は切腹もので、家族の者も同じようにあとを追うという。二十七日、寺側として正式に春日家に事件の詳細を尋ねたが、春日家としてもまだわからないという回答があった〉

（「佐野家関係文書」徳本寺所蔵）

当時の民衆の素直な反応がこれだった。一様に、突然のことで驚いたのだった。ティチングが記述しているように、身内もあとを追うというからなおさらである。では、一体その加害者の佐野善左衛門政言とはどのような人物なのか、調べてみた。

一七七三（安永二）年八月二十二日　家督を継ぐ

一七七三（安永二）年十二月二十二日　初めて将軍家治に御目見得した
一七七七（安永六）年　大番となる
一七七八（安永七）年六月五日　新番蜷川相模守の配下となる（現在の皇宮警察官のようなもの）
一七八四（天明四）年三月二十四日　田沼意知を斬りつける
一七八四（天明四）年四月三日　前述の理由で切腹

妻は、村上肥後守義方の娘で二十二歳、事件当時、住まいは番町御厩谷の角にあった。佐野の父親は政豊といい、『寛政重修諸家譜』によると実父であるが『営中刃傷記』では養父となっており、一七四八（寛延元）年に家督を継ぎ、大番、西の丸新番を務めて最終的には本丸新番で終わっている。父の政豊が死去するのはこの事件があった三年後の一七八七（天明七）年で七十五歳。事件後、佐野家は断絶となり、七十八歳だった政言の母・かよは、実家の春日家に帰っている。これが事実ならば、政言の母は自害していなかったことになる。春日家は前にも述べたが押田岑勝という家基小納戸頭取とつながり、佐野政言の姉の一人の嫁ぎ先は、一橋治済の用人の小宮山利助長則だった。佐野の家は『一橋徳川家文書』によると一橋を媒体にして、多くの家とつながっていた。

政言の妻・とよは自害したと思っていたが、とよは事件後、実の兄・村上大学に引き取られて実家の村上家に帰り、その後、岡野彦五郎という人物のところに嫁いでいた。これは大きな手がかりで、もしかすると実家の村上家、嫁ぎ先の岡野家を調べれば一橋家との関係が出てくるかもしれないと思い、とよの父親・村上肥前守義方の家譜を調べてみた。

彼女の父は一七六四（明和元）年に御三卿清水家の家老に推挙されたが、断わったため解任された。とよの実兄、村上大学義礼《よしあや》が一七七一（明和八）年、家を継ぎ、少なからず一橋家とつながっている。村上大学義礼の経歴を次にあげる。

一七六三（宝暦十三）年九月六日　十七歳のとき、家基の山王社参に騎馬にて御供する
一七八五（天明五）年　書院番となり、その三年後進物の役を務める
一七九二（寛政四）年一月十一日　使番となり、八月十九日、西の丸目付となる
一七九二（寛政四）年十一月十一日　ロシア船が松前に来たため、石川将監忠房とともに松前におもむくが、そこでロシア使節ラクスマンと接触し、のちに松前で改めて話し合った
一七九三（寛政五）年　松前からの帰路、南部藩、津軽藩の海辺地の要害を巡視し十月七日、江戸に帰着、労を賞されて、黄金七枚を賜わる
一七九四（寛政六）年　功を認められ、本丸目付となる

一七九三（寛政五）年、松平定信が老中を辞任してからも村上義礼の出世はとどまるところを知らなかった。松平定信辞任後の一七九六（寛政八）年、江戸町奉行となり、死ぬまでの二年間務めた。これらの出世から見てもわかるように、一橋治済政権と大きくつながっているのは間違いない。それに松前では、御庭番筋で当時勘定吟味役の村垣定行とも接触があり、村垣は時期こそずれているが、松前奉行になっている。当時の北は要衝の地であり、御庭番筋と関係ある家が多く派遣されていた。

また村上家は島津重豪の実家とも深くつながり、幕閣要人との関係を持っていた。一橋べったりではなく、島津にも近く、鷹匠内山家とも関係があった。

佐野との縁組を見ても、不思議なことに一〇〇〇石の村上家が、五〇〇石の佐野家にとよを嫁に出している。またのちに、とよは一橋のはからいで、一橋派の岡野家に嫁にいっている。その時代に生きていた人々には、水面下でおこなわれたことは気づいていないことも多かったに違いない。各人物の生きた年代、そして職歴などを見て初めてわかることなのである。

ここで考えられるのは、一橋治済が末吉、丸毛などを使って中間派、田沼派と目される人物たちを将来自分の配下にするために踏み絵をさせていた可能性である。当時、一〇〇〇石の旗本が生き残るためには仕方のないことだったのだ。この凶行は、幕府内のクーデターに中間派旗本が巻き込まれ、また旗本自身の生き残りたいという切望を逆手に取ったものといえる。そして、その役目をかって出たのは実母のかよと妻のとよであったのだろう。二人は佐野政言が英雄になり、自らも喉を突いて死ぬと公言したが、これは最初から実行されるはずもなく、政言は犬死となってしまった。

こうして、家基の不審な事故死、意知暗殺と相ついだ理由がはっきりしてくる。明らかに田沼の政策を潰し、さらには田沼政権そのものを潰して自分のものにしようという一橋治済の陰謀であったのだ。そして協力者は、意次のかつての盟友、島津重豪。結局、家基と意知が相次いで亡くなり、そして将軍家治も亡くなり、田沼は実権を失うことになる。絵に描いたような権力争いである。

家治の死は、田沼による毒殺だという説がある（『天明巷説』など）。しかし、意次には何のメリットもない。これは反田沼派が田沼を追い落とすために流した噂だった。しかし、その噂は思わぬところで力を持ってしまう。

それまで意次は大奥の力をうまく利用してきた。世子であった家治の長男・家基の生母であるお知保の方、夭逝した次男・貞次郎の生母であるお品の方、十一代将軍となる家斉の生母であるお富の方など、大奥の重要な人物とのつながりを保っていた。老女とよばれる大奥女中の重要な地位にある人物とも接触をはかり、味方につけていたと言われている。ところが、ここにきて形勢が変わった。それまで意次についていた大奥が、反旗を翻すように意次を非難するようになったのである。既に述べたように、家斉付きの老女大崎などが中心である。これには反田沼派の黒幕が暗躍している。大崎が力を持ってきた背景には一橋治済がいたのである。

政治は田沼の手から離れ、次期政権にゆだねられることになった。次期政権を手に入れたのは、家基の代わりに家治の跡を継ぐことになった一橋家の家斉の父・治済と御台所の父・島津重豪である。

本章の最後に、ここまでの動きをまとめておこう。

これまでを見た結果、次のように結論づけたい。家基は、一橋治済の作った暗殺軍団により暗殺された。その手口は、馬方村松親子が鞍に細工し、警護の御庭番たちが桜咲き誇る御殿山の崖まで家基を導き、ティチングの言うように崖から突き落としたのだ。そのとき、家基の鞍は宙を舞い、馬と共に先に落下していた家基の胸の上に落ちてきた。咄嗟のことで避けきれず、家基にあたり、それが原因で出血し重傷を負った。その現場に真っ先に駆けつけたのは、それを見届ける一橋家家老で幕府目付の新庄だったらしく、治済は口もきけない重傷の家基を確認させていたのである。

フェイトの日誌の一部には、「城では、すぐさま新しい世継が決まることになるだろうが、それは新たなトラブルを巻き起こすだろう。亡くなった世継は十八歳で、まだ子どもがなく、こうなると徳川御三家の尾張藩主か紀州藩主のどちらかから世継がきめられることになるだろう。すぐに世継が指名されることは間違いないが、これについてはまだ一般民衆には知らされておらず、ことは秘密裏におこなわれている。いつもなら御三卿の名前も出て、そのなかから次の世継が選ばれるというのに、御三卿の名前がまったく出てこないのは不思議なことだ」とある。

当時一橋治済は御三家の名を口にしながら、秘密裏に動いていたのだろう。のちに自分の息子・一橋豊千代が世継となったときのことを考えていたからにちがいない。そのときには御三卿の名は片鱗すら出てこなく、一橋治済が息子をして将軍職を手に入れたとき初めてわかる仕掛けだった。

一橋治済は息子の家斉が一七八七（天明七）年に将軍職に就くまでは、裏舞台でさまざまに暗躍していった。一橋政権は確固たるものとなり、のちに十四代将軍まで続いていくことになる。そのやり方は神君家康公と酷似し、八代将軍吉宗にも似通い、ある意味、一橋治済は徳川幕府に忠節を尽くして、徳川家を守り抜いた人物なのかもしれない。

やがて天明が終わり、家治のあとを追うように蟄居中の意次が七十歳で死去した。田沼家は六万石の召し上げとなり、相良城は取り壊しとなった。

田沼意次が亡くなったのが一七八八（天明八）年七月二十四日。翌年二月八日に僚友の老中、意知の岳父であった松平康福が亡くなる。あまりの二人の死のタイミングのよさに、治済が処刑したとしてもおかしくない。口封じの可能性も捨て切れない。

そこへ颯爽と登場し、次期政権を掌握したのが松平定信だった。緊縮財政、朱子学の徹底など、老中となった定信は田沼派への攻撃色を強めていく。

この後、勘定奉行になった久世丹後守は、松平定信から思わぬ提案を受ける。和船と唐船を兼ねた船を造ってほしいというのだ。そこで久世は一七九二（寛政四）年十一月二十六日、長崎奉行水野若狭守に問い合わせた。伺書のなかでは「蛮船製之御船」の作り方となっているので、ジャンクというよりも洋式船を本命としていたらしい。この「蛮船製之御船」を、定信は海防政策の一環である御《お》救《すくい》交易のために使おうと考えていた。日本の船は北国の冬のなかの航海に弱いため、異国船の導入を決めたのであるが、中身は和船と唐船を兼ねた折衷船であることがわかっている。つまりこのとき、この船の作り方を聞かれた長崎奉行の返答のなかに、三国丸の書類の写しが含まれていた可能性は捨てきれない。意次失脚後、定信の時代になると、中洲富永町の歓楽街は厳しい風俗取締りの対象となった。すべて取り壊され、埋め立てた土すらもさらってしまい、元の川に戻してしまった。表向きの理由は大川の流れを阻害し、洪水が発生する恐れがあるからというものだったが、江戸の人々は、次のように惜しんだという。

白河の　清きに魚も　住みかねて　もとのにごりの　田沼恋しき

第五章　田沼意次から松平定信へ——権力争奪戦

1　ティチングが見た田沼意次の失脚

相次ぐ幕閣の死

一七八五（天明五）年、思わぬ人物が辞職後すぐに亡くなっている。若年寄だった米倉丹後守昌晴（五十八歳）である。知りすぎた故の死だったのか。

この年十月、長崎奉行戸田出雲守氏孟《うじたけ》（四十八歳）が亡くなっている。これはオランダ側の商館長日記によると、何者かに毒殺された可能性があり、一連の要人たちの死がこれと同じであるとし、十一月二十一日のロンベルフからバタビア当局への手紙には、長崎奉行の死について詳しく書かれている。それによると「もし今後幕府内で争い事が起こり、田沼が失脚することになったら、奉行は切腹することに決めている。切腹しなかったら毒殺される可能性がある」と言っていた。『徳川実紀』によると、七月に病気になり、三カ月後の十月十六日に亡くなったとしか記述されていない。オランダ人のいうように、毒殺され抹殺されたのだろうか。この時期、新庄能登守直宥や米倉丹後守にしても、田沼派、一橋派に限らず、治済にとってもう利用価値のない者、歯向かう者は次々と処罰されていった。そして、十代将軍徳川家治が、元気だったのに五十歳で死去した。

同じ月に、奏者番の大岡式部小輔忠要《ただとし》（二十一歳）が亡くなっている。側用人であった大岡忠光の孫で、義理の母は田沼意次の養女である。二十一歳の若さの奏者番が死ぬこと自体おかしい。奏者番は次の若年寄・老中の出世コースでエリートなのだ。

将軍家治の死と田沼の没落

一七八六（天明六）年八月七日、将軍徳川家治が死去する。それにともなって、八月二十七日、田沼意次が老中職を免ぜられている。開国計画はここでほとんど潰えた。

反田沼派の記録『星月夜萬八実録』によると、家治死去と田沼失脚の経緯として次のような記述がある。

〈四十九　将軍家御違例の事　並典薬衆争論の事

将軍家治は一七八六（天明六）年の夏ごろから病気になった。いろいろ手を尽くしても症状は重くなり祈禱しても効き目がないので、八月二十三日午後、老中たちは典薬を招いた。招かれたのは、医師半井大炊守《おおいのかみ》成高、今大路兵部大輔《ひょうぶたゆう》元充、河野仙寿院法印、竹田法印、曲直瀬安院法眼、岡本玄冶法眼、吉田意安、久志本左京、数原通胤、井関昌伯、津軽松寿、三雲施薬院、佐田玉川、堀本一甫、大八木伝庵、日向陶庵、坂上池庵、若林敬俊《ママ》［敬順］などである。

典薬たちは薬の処方の書類を出して配合を終えてから、若林敬俊が匙を受け取り調合した。典薬たちがこれを順に見終わってから、敬俊は再度これに一味加えた。そこで、竹田法印や久志本左京たちは『私たち医師が皆で配合した薬に一味加えるとは納得がいかない。加えた薬はどういうものなのか』と尋ねた。敬俊が『秘伝の薬である』と答えたので河野仙寿院法印は怒って、『主君の病に対して薬を差し上げる時は臣下に仕える者が試してから差し上げるものであり、三代を経ていない医師の薬は服用しないとも言われている。あなたの出身はまだ何世代も経ていない典薬の家であり、半井や今大路など諸先生たちがすでに配合済みの薬によくわからない秘伝の薬を加えることはおかしい。あなたは薬を差し上げる必要はない』と申した。

このやりとりに対して田沼主殿頭は一同に言った。『仙寿院、竹田、久志本の言っていることはもっともである。しかし、若林敬俊は現在、名医の評判があるので将軍家の希望に沿い、将軍家は彼の技術に注目されて召し出した。なので、三代を経ていないといっても粗略に扱ってよいのだろうか。それに、彼としては手柄を立て立身出世のときだと思ったから秘伝の薬を入れたのだと思う。三代続いている医師でも手柄を立てていなければ用いる必要はない。このようなときに格式にとらわれて私的な疑念を持つことは不忠である』。医師たちがこの言葉に対して反論できないでいると、日向陶庵が薬を加えた件はよいのではないかと言ったので、主殿頭は秘伝の薬を加えることを許した。半井大炊、今大路兵部、仙寿院、竹田やその他の医師たちは不承知として退席した。主殿頭は内心怒りながらも、一理あることなので是非を決めることなくそのまま、若林敬俊と日向陶庵の両人に即刻一〇〇石宛の加増を申し渡したうえ、午後四時にお薬を差し上げた。
ところが、将軍はその日の夜十二時ころから容態が急変し危篤状態となったため、世継ぎに御三家、老中、譜代などが駆けつけて大騒ぎになった。（一説には、将軍に見初められ寵愛を受けた奥女中も病死した。その発病の様子がいずれも将軍の場合と似ていた。しかし、書くことは恐れ多いので、詳しくは書かない）〉

このことが世間に流布して、意次が推薦した医師が処方した薬を服用したために家治が危篤状態に陥ったので、意次が毒を盛ったという噂が流れた。

徳川家治の死亡について『天明巷説』によると、医師がいなかったので田沼意次が奥医師の若林敬順を送ったと記述されているが、本当のことはわからない。「この日、家治の体は震えだし、吐血激しく、異常な死だった」と伝え、家治の死については、田沼による毒殺の疑いが濃厚だとしている。後日、田沼意次による毒殺説はより具体化し、意次の推薦した奥医師日向陶庵、若林敬順のうち、若林が毒を盛り、家治の病状を悪化させたということになった。しかし、八月二十四日に当番で城中に勤めていた新番士仙石次兵衛組大木市左衛門の話として、城内で「小さな騒ぎがあり何人かの者が取り乱していた」とある。『徳川実紀』のその翌日の項に「この日より病が重くなり、お見舞に来ている者どもは家に帰らなかった」と記されているのだが、いったい何があったのだろうか。

〈五十　水戸殿登城有って諸大名の出入り差し止めの事　並《ならびに》松平周防守小石川屋敷へ召し寄せらる事

従来の公儀の様子を水戸宰相治保卿も気がかりに思っていたところ、このたびの変事を聞いて大変驚き、もはや捨て置くことではないと思ってさっそく登城し老中諸役人を招集して政事の様子を糾明し天下泰平の協議をしたうえで老中年寄の面々はかしこまって退出した。それから酒井・本多・松平・榊原・戸田に申し示して諸大名の登城や出入りを厳しく差し止めた後、家臣太田主水正に申し付け、松平周防守康福を小石川の屋敷へ密かに招いた。周防守はさっそく来たので、治保卿も書院へ向かい、すぐに寝室の一間へ招き、人払いをしたうえで仰せになった。

『近年天下は非常に困窮して政治はおかしなことになっている。それならば民衆の苦しみを見て嘆かわしく、ぜひとも糾明したいと思っている。よくよくこれを考えてみると、主殿頭意次が権威をかさにきて邪道でやりたい放題しているためにこのようになったものだが、主君の寵臣なのでこれを糾明しない、なので近日のうちに将軍をお諫《いさ》めしなければと思っていたところ、後悔となったことは心外である。そして、このたびの将軍家の急変は予想外のことである。あなた様は老中職の上座でしかも主殿頭とは親類縁者である。それならばどんなことでも評議には出られてまったく知らないということはないでしょう。主殿頭の様子を詳しくお話しください。少しでも偽りがあるときは、老中職といっても治保は天下のため何が恐れるに足りるでしょうか』

とその勢いは厳しく、元来臆病の周防守はおおいに恐怖を感じ是非もなくことの始終を細かく述べた。水戸殿も怒りあるいは驚きの声を上げた。訪問は午後二時から十二時までかかった（隣の部屋では祐筆が周防守の話したことを書き留めたという）。水戸殿は翌朝から尾張殿紀伊殿両家を

訪ねて密かに相談した〉

家治が亡くなったことを受けて御三家の水戸治保が登城し、老中を集めて協議のうえ、老中の登城・出入りを差し止めた。また、松平康福を小石川の屋敷にひそかに招き、意次の様子を問いただした。臆病な康福は一部始終を話したという。このあと水戸治保は尾張と紀伊とで話し合い、意次の処分を検討したようである。

その頃、意次の自宅では自派の者を招いて密談していた。

〈五十一　主殿頭館に於いて評会の事

『今度の将軍家の変事の様子はすでに明らかであるが、かねがね将軍家のご希望には私へ大納言家斉公の後見をするようにというご内意が仰せられた。もっとも大納言家斉公は私には内縁もあるので先ごろ民部卿［治済］のお耳には委細申し上げていた。なので、大納言家斉公へ御代を譲り将軍宣下して本丸にお移りになるときは民部卿から私を後見に任命するということは間違いない。しかし、不快なご家門や譜代の面々は異議を申されるだろう。しかし、そのとき民部卿のご意志であると言ったなら大変なことになるかもしれなくおしはかるのが難しい。そのとき、それぞれどんな了見を考えているのだろう』

その場に座って聞いていた者たちは、元来加担や追従している者たちであるから、事に臨んで一命差し上げますと言う者、あるいは妨げる者は討ち果たすのに何の手間もいらないと言う者、さまざまであった。そのとき意次が、

『なんと頼もしき方々なのだ。いざ後日のために』と言って一巻の誓紙を取り出し、前書を読み上げたが、なんと愚かなことである。こうしてすべての者が署名血判をしたので意次は喜んで酒宴をした。その後、また評議をしたうえで、本丸付きは誰々、西の丸付きは誰、と話し合い、また一応は和談で事を計画し、異議を唱えればさっそく戦をして討ち果たすべきである。そのときはだれが一番槍になるのかと言う言葉のうちから、私が一番槍、私が二番槍、と勇み立つ様子はおこがましく見えた。そのとき、意次は再び言った。『いずれにしても武勇は肝要であるが、軍略知計は最も大切なことである。身分は不肖だが臨機応変に対応する手段は、愚臣井上、三浦に任せるべきだ』

そういう言葉に、満座の一同の密談もこれで方針決定した〉

このように、意次は次期将軍の家斉のことについて、誰がどの役に就くかなど田沼派の者を集めて話しているのは、ある意味滑稽である。このあと、田沼派がどのような仕打ちを受けるかについては知る由もなかった。

〈五十二　水戸殿太平の取り捌きの事　並主殿頭御役ご免雁之間席の事

明君として評判の高い水戸治保がこのたびの将軍死去にともなう諸事変更の後始末を任せられた。松平隠岐守定静、松平越中守定邦、榊原式部大輔政敦、本多中務《なかつかさの》大輔《たゆう》忠典、小笠原左京大夫忠総、酒井左衛門尉《さえもんのじょう》忠徳、戸田采女正《うねめのしょう》氏教《うじのり》などは、天下のためなら命も惜しまず今回の政変の原因究明をおこない、加担や追従した諸侯はすべて処分するべきと提案した。

治保は彼らに感心しながらも、『さすがは譜代の出身だけあって忠誠は他とはくらべものにならない。しかし、何といっても政変なので、私たちの考えにすべて任せてほしい。近日、それぞれの件について処理をして報告をする』とした。

一、八月二十七日、大老・井伊掃部頭その他老中が出席する中、田沼主殿頭意次には次のような申し渡しがあった。

老中職に任命していたが、不正があるので今回希望通りお役御免として雁之間の席に異動とする。

神田橋の屋敷は明くる二十八日までに明け渡すことを申し渡す。

主殿頭は病気のため親類の西尾隠岐守に預かりとなることを申し渡す。

稲葉越中守正明に対しては次のことが申し付けられた。

長く仕えたが不正があるので、役目を外れることと、知行一万三〇〇〇石のうち三〇〇〇石を没収する。

このような処分が下ったので、他に主殿頭に加担していた人々は、自分はどうなるかと戦々恐々だった。そのなかでも桑名城主松平下総守［忠啓《ただひら》］は加担追従していた人々の筆頭だったので、弁明できないことを察して密かに切腹した。

主殿頭の神田橋の屋敷は幕府の同心や足軽に厳重に包囲され、奉公人たちは道具など諸物品を持ち出すことができず、密かに衣類を重ね着して屋敷を出た。二十八日午前八時から道具など物品を持ち出す予定だったが、奉公人たちは自分の私物を運び出すので主人の荷物には手をつけなかった。物品持ち出しは正午までとなっていたので、思い通りにならず逃げるように貝殻町の屋敷に移った。その様子に町の者たちは道から石を投げ、笑い者にして罵った〉

天変地異による政策の失敗や頓挫もあったが、家治という最大の後ろ盾が亡くなると、意次は老中を辞任させられ、あっという間に失脚していく。知行や屋敷は没収され、それまで縁戚を結んでいた者たちも累が及ぶのを恐れて次々と離縁していった。

このように、記録に残っていない詳細も、実際の出来事により筆を加えて実録としていった。『星月夜萬八実録』には、意次の屋敷没収について次のような記述も残されている。

〈五十三　主殿頭二万石御取り上げ三万七〇〇〇石になる事　並三浦井上高木所持の品物の事

主殿頭の屋敷は点検され、道具類は没収され封印がつけられた。家老や用人たちの持つ器材などもたくさんあった。

用人・井上伊織の所持品としては、江戸千両屋敷一七カ所、折り紙つき刀七〇腰、そして金二万七〇〇〇両などがあった。

三浦庄二の所持品には、千両屋敷三五カ所、折り紙つき刀十三腰、折り紙つき茶器二一〇揃え、金三万二〇〇〇両、手形金二万両余などがあった。

主殿頭の所持品は、江戸の蔵に米三二万八〇〇〇石余、大豆三万石、小豆二万石余、遠州相良城内に米一七三万六七〇〇石、大豆四二万三〇〇〇石、金四七万二八〇〇両などがあった。

他にもいろいろなところに意次の所持品として記録されたものがたくさんあった。

意次の知行五万七〇〇〇石のうち二万石が取り上げられ、都合三万七〇〇〇石となって、後から国替えも命じられるようである。

三浦庄二は幕府が事情を聞きたいとのことで、遠州相良の城へ網乗り物で護送され、井上伊織は閉門を言い渡された。主殿頭も閉門を申し付けられ、これは前代未聞のことであった。意次へのこのような処分は、水戸治保の才覚による優れた判断であり、今度の松平が治める時代に暮らす民はめでたいことである〉

こうして、一七八六（天明六）年の十代将軍家治逝去にともなって、十一代将軍徳川家斉が就任した。そして、翌一七八七（天明七）年、松平定信が老中に就任する。意次の悪名はここに確定し、「悪名高き」意次に代わって「善名」の松平定信に交代したという形になった。

一橋治済の手紙

一七八六（天明六）年十一月十五日には、勘定奉行の松本伊豆守秀持が罷免され、もうひとりの勘定奉行・赤井忠晶が濡れ衣を着せられて、処罰された。これらはでっちあげで、第四章の治済の手紙のところでも述べた。彼のよく使う手段だった。

治済が黒幕としていかに力をふるったかを証明する貴重な手紙（『一橋徳川家文書』）が、茨城県立歴史館にある。この年、松平定信を翌年に老中に就任させる一件で、政治的空白を埋めるために、一

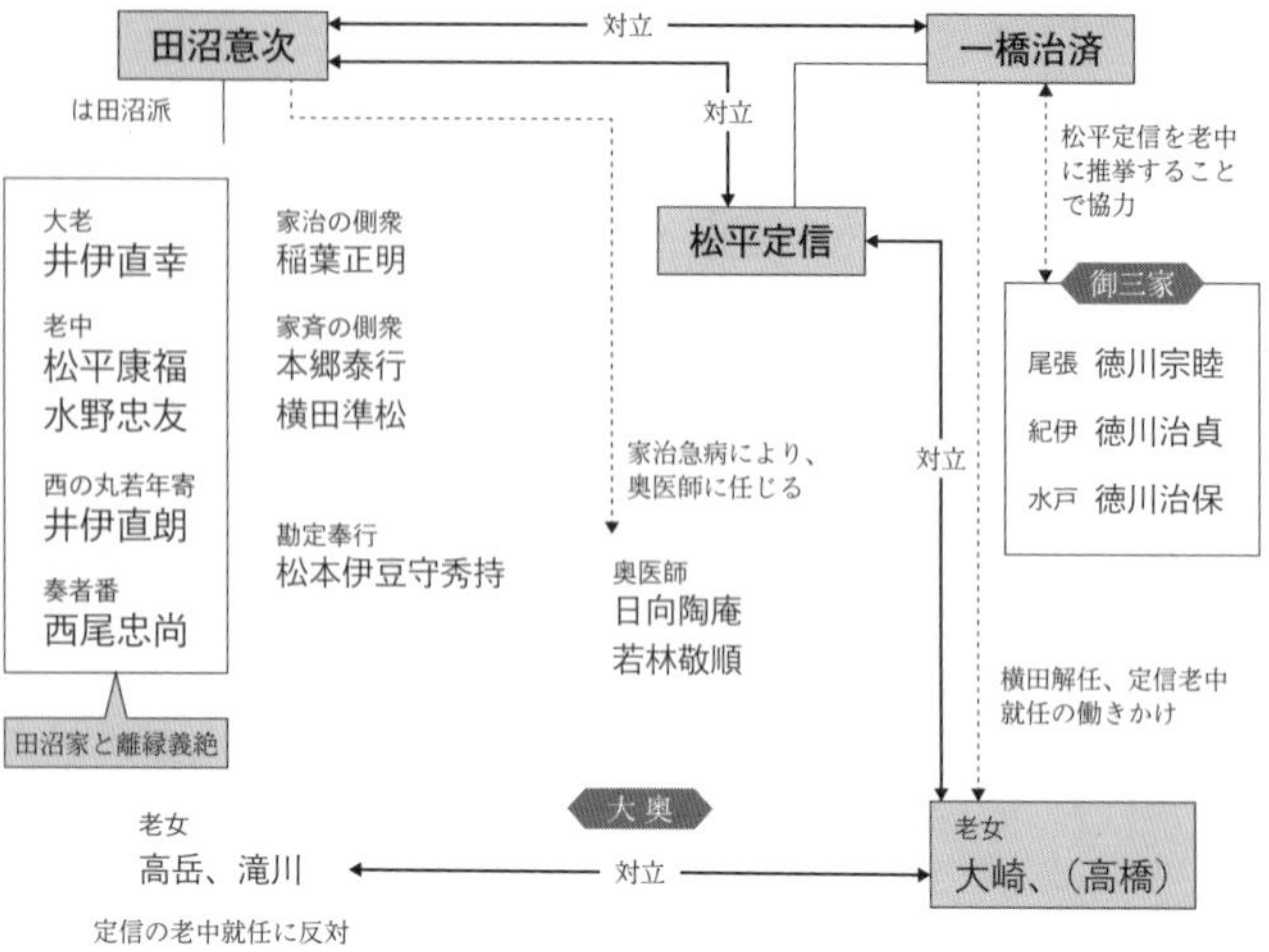

田沼失脚をめぐる人間関係

橋治済は画策して、紀州・尾張・水戸の御三家に老中承認を申し入れていた。十月二十四日、水戸治保への手紙で、「この際、家柄も含め、実際に才能のある人物を老中に加え、享保のころに吉宗様がおこなった素晴しい、意義深い政治をおこなわせたいと思います、そのために多少とも心当たりの人物がいますが、自分一人の考えで決められることではないので我々御三卿同様、御三家の方にも内密に相談したいと思います、尾張家の方には、私（治済）がその旨申し入れますので、紀州家へは、水戸家と尾張家よりお伝えください」と申し入れた。すでに松平定信の老中推挙が具体化していたのだ。

　治済はそれ以前にも、尾張宗睦と水戸治保に、老中候補として松平越中守定信、酒井修理大夫忠貫《ただつら》、戸田采女正氏教の三人を推薦して、十月二十四日の手紙で「最終同意を得たい」と言っていたのだ。あくまで形式上であり、もと御三卿田安家で自分より家格が上であった定信に政治をおこなわせたいと言っているところにそら恐ろしささえ感じる。

十月二十九日、尾張宗睦と水戸治保は連名で治済に書状を送り、以下のことについて治済の意見を求めている。

「先日、田沼意次が老中を免職させられ、また五日には、将軍家治より戴いた二万石の地を没収されたが、まだこれだけでは軽過ぎないでしょうか」（水戸徳川家文書「文公御筆類」）

治済はその日のうちに返事を出している。

「意次の罪を厳重に問いただせば当時の役人に潔白な者は一人もいません。それに、事情をよく理解しないままいろいろな御沙汰をすれば、かえって民衆の間に不信感がつのります。したがって、ことをこのまま鎮めるのが妥当ではないでしょうか」（同前）

治済はことを穏便に済ませようとしていた。本来は自分が起こしたことなのに、御三家をもうまくごまかしていたのである。

十二月七日、治済は尾張宗睦と水戸治保に、正式に松平定信を老中に推薦する旨の手紙を書いた。その後、尾張と水戸は相談し、「御三家の意向として、大老井伊直幸および諸老中へ、そのように回答するつもりです」と定信の件を了承し、治済に告げた、それまでは定信では多少とも差し障りがあるのではという意見があったが、それもうなくなり、御三家から大老および諸老中への申し入れが実現した。治済の思惑はこの時点で実現したのである。

松平定信による田沼政策の否定

老中の座につくと、定信は幕閣から田沼派の人間を徹底的に排除した。そして田沼の政策を頭から否定し、手がけていた事業をすべて中止した。

印旛沼・手賀沼干拓事業も中止させ、遊興を禁じた。出版や芝居など庶民の娯楽にも統制を加えた。朱子学以外の学問も禁止し（寛政異学の禁）、蘭学その他の学問は冷遇されてしまった。そのほかにも、第二章で述べた貨幣に関しても、定信は、ようやく浸透しかけていた南鐐二朱銀の発行を止めてしまっている。意次がやっていたこと、やろうとしていたこと、息のかかっていた者すべてを憎み、その痕跡すら残らぬように徹底的に否定していったのである。それが時代の流れに逆行することになろうが、不利益を生むことになろうが、考えもせずに意次のすべてを消し去ろうとしていた。

このように定信が徹底して意次の意向と逆行する政策を進めたのには、どのような経緯があり、後世にどのような影響を与えたのだろうか。

前述したように、田沼による印旛沼の干拓工事は、計画書に「印旛沼新堀割御普請目論見帳」という名が付いていることからもわかるが、農地を拡大することが目的というよりは、利根川から印旛沼を通って、そこから運河で江戸に入るような海上流通路を造ろうとしたものである。これが完成すれば、江戸と北方を結ぶ航路は大幅に短縮されて、商品流通は非常に活性化されるはずであった。

工事は全工程の三分の二ほどまで終わっていたが、一七八六（天明六）年七月、「寛保の大洪水」の十倍という超弩級《ちょうどきゅう》の大洪水が関東を襲い、烏有《うゆう》に帰してしまった。「これほどの大災害をひきおこしたのは、天明三年の浅間山の大噴火によって、関東一円を覆っていた土砂が、河川の川底を高くして水はけを悪くしていたからである」（『田沼意次の時代』）と大石慎三郎氏は言う。それに加えて、意次の失脚である。

また、蝦夷地開発では、意次は、アイヌに農具や種子を与えて農民化しようと考えた。それまで松前藩は、アイヌが農民化すると彼らの生活が安定し、鮭や毛皮をとってこなくなるとして、農民化を禁止してきたから、これは一八〇度の方針転換だった。また、人員が足りないときには内地から人を送り込む入植計画まで考えていた。蝦夷地調査も進み、開発に取りかかろうとするなか、意次が失脚し、松平定信のもとで、蝦夷地調査と開発計画は断念されたのである。外国が北方から攻めてきたときに蝦夷地が荒蕪地であれば駐留できないから、一切開発しないほうがいいというのが定信の考え方だった。一世紀後に、明治政権が一番最初の仕事の一つとして北海道の開拓に着手するが、もしも田沼意次の政策が実現していたら、そのとき既に北海道は巨大な耕地に変わり、有力な食糧生産地となっていたはずである。

結局、田沼意次が打ち出した政策のほとんどは、次の松平定信政権で潰されてしまったのである。田沼の政策はどれも時代を先取りしたもので、それまでの社会を大きく変えて、日本を一つにすることでさらに発展させるといった気宇壮大なものだった。天変地異による自然災害や飢饉による頓挫の部分もあるが、もしもこうした田沼の政策が日の目を見ていたら、前出のティチングら長崎の外国人たちが指摘しているようにこの時代に日本は開国し、もっと経済の発展した国として別の歴史を歩んでいただろう。また全国各地で同様に民間業者を活用した大規模な公共事業が盛んにおこなわれていただろう。

田沼の経済政策とは何であったのか

既に述べたように、意次は一七八五（天明五）年には御用金令を出し、大坂奉行所は大名・旗本への救済資金融資を大坂の商人に命じた。だが商人の反発があり、計画段階で頓挫した。その次の段階として、新たな資金対策として、幕府が進めた計画がある。

それは一七八六（天明六）年の貸金会所設立の構想である。

これは現代の中央銀行のような仕組みで、幕府設立の銀行から財政難に陥っている大名や旗本への救済資金貸付をおこなうというものである。御用金令で資金を集め、それを財源として幕府の金融機関「貸金会所」を大坂に設立するという計画だった。その負担は、寺社は最高金十五両、農民は持ち分一〇〇石に対し銀二五匁、町人は所有する屋敷の間口の広さ一間に対し銀三匁を上納するというものである。貸金会所を通じてそれを年利七パーセントで大名に融資し、五年後以降七パーセントの貸付利息から事務手数料を引いた利息をつけて融資資金の負担者に返済される仕組みになっている。

商人だけでなく、全国の農民、寺社、町人に対して、強制的だが高額ではない金銭を幅広く徴収しようとした。自分の領地が担保で、五年後に利息がついて還元される仕組みなので、それ以前の御用金より負担しやすいと考えられがちだが、当時の人々には新たな税負担が課せられたという認識だった。また時代のめぐり合わせも悪かった。一七八六（天明六）年は飢謹に見舞われているうえ、「増税」ととらえた人々は反発した。それだけでなく、融資対象の大名も反発した。税率は、確かに他の商人から融資を受けるよりは低金利だったが、幕府設立の「貸金会所」から借金をするということは、藩の内情を幕府に知らせることになる。また、被支配者層の農民・町人から徴収した金銭の中から融資を受けるということは、支配者層の武士である大名・旗本にとっては自分の体面に関わるので受け入れがたい。このような理由が重なり、結局本格的に運用される前に中止となり、これも計画段階で頓挫した（藤田覚『田沼意次―御不審を蒙ること、身に覚えなし』）。

この貸金会所の構想は、旗本・大名への融資だけでなく、さまざまな大規模開発事業などへの投資にも利用されるという可能性もあった。貸金会所の設立も構想だけに終わってしまう。もし実現していたら画期的な金融政策として、のちの幕府の財政、日本の経済は大きく変わっていたに違いない。

幕府の財政は意次が主導権を握った宝暦末年以降悪化しはじめた。明和期・安永期は不安定だったが、天明期に入ると、天明の大飢饉や浅間山の大噴火、関東の大洪水など災害が相次ぎ、財政支出が拡大して破綻寸前まで悪化した。一七七〇（明和七）年に三〇〇万両あった幕府の備蓄金は一七八八（天明八）年には八一万両にまで減っていたという。

田沼意次の経済政策は、専売制や株仲間を奨励したり、また、間接税といえる流通税をとったり、金融政策においても貨幣制度の改革をおこなったり、貸金会所を作ったりというもので、これらの政策はそれまでの幕府首脳にはまったくなかった政策であった。経済は活性化され、あらゆる分野で発展をもたらしたが、相次ぐ天災により幕府保守派勢力や商人の反発、民衆の怨嗟を受け、政策を必ずしも狙い通りに進めることができず、大部分の政策が大きな成果を上げる前に挫折した。

これらの政策は、田沼時代には失敗に終わったが、松平定信の時代になると株仲間や運上・冥加金を一部廃止するなどの動きはあるが、一部ではさらに進化させた形として生き残っていった。

政権交代に対する知られざるオランダの反応

意次が老中を免ぜられる年の一七八六（天明六）年三月十日、開国への期待を寄せているティチングはバタビアから、友人である朽木昌綱（重豪と関係の深い）と幕府御典医桂川甫周へ次のような手紙を送った。

〈日本人が海外を訪れるようになれば、日本美術や科学は貿易の利益となり、日本の国に膨大な富をもたらすことは間違いありません。日本人は好奇心強く、貿易をおこなうことにより短い間に進んだ文明を取り入れ、いずれはヨーロッパの国々を凌ぎ、彼らを驚かすことになるでしょう〉（一七八六年三月十日付、ティチングから朽木昌綱宛書簡）

〈私は五年以内に、何の制約もなく日本国内を自由に旅行し、動き回れることを確信しています。それはある方との約束により実現可能ですし、そのことについては最大の努力をすることを厭いません〉（一七八六年三月十日付、ティチングから桂川甫周宛書簡）

この年、商館長一行は江戸参府している。二月に長崎を出発、三月に京都に到着した。そこで聞いたのは、次の長崎奉行が末吉善左衛門であることだった。これまでの職歴を買われ、世継直属の幕府目付として長崎に派遣されたという。これまで田沼派で占められていた長崎奉行の座に、治済直属ともいえる人物が就いている。これも治済の策略に違いない。まだこの時は意次も老中であったからか、四月二十二日のファン・レーデの日誌に「幕府より長崎奉行を監視するため、上席目付と目付が派遣されることになった」と書いていることも興味深い。

また、通詞から江戸で大火となり、定宿が焼けてしまったので三つの寺が宿泊所にあてがわれることになったと聞いた。ファン・レーデ一行は、三月二十七日にやっと江戸に到着。実際江戸の町は見渡す限りほとんどが焼け野原で、焼け残った家屋も壊されていた。宿泊先の寺に着いた彼らは、長崎奉行の祝いを受けた。

〈お寺に着いた私たちを長崎奉行の使いが祝ってくれた。私たちは末吉善左衛門の長崎奉行への昇進を心からお祝い申し上げると伝えた。そして翌二十八日、また奉行から、儀礼的な到着祝いの報告があった。新しい奉行に、我々の嘆願をかなえてくれるように再度願い出た〉（一七八六年三月二十七・二十八日付、ファン・レーデの商館長日誌）

オランダは、末吉が次の将軍世継の側近として直結のパイプを持っていることを知り、今後に大きく期待した。そして、田沼意次が民衆に不評であることを知った。これについて、長崎奉行久世丹後守は多くのコメントを避けた。また、ファン・レーデは幕府からの依頼で江戸の町がどのように焼けたか測量するための助言をした。

その後、ファン・レーデは、六月一日、長崎出島に帰着し、六月九日に長崎奉行所で面白い場面に遭遇した。ファン・レーデが謁見の間に行った際、六人の上検使が、たぶん田沼派だと思われるが、罪を犯したかどで連行され、収容されるところだった。手に縄を掛けられ、商館長の前を通り過ぎていったという。オランダは政権の移り変わりを実感していた。

六月二十二日、その六人の上検使たちが拷問にかけられたが、全面的に罪状を認めず、全員自害しようとしたが果たせなかった。ひとりは自分の舌を嚙み切ろうとしたが、咄嗟に役人が止めに入り、かろうじて舌の一部を嚙み切っただけで済んだという。

七月十五日、その者たちは奉行所内で再度拷問を受けたが、歯を引き抜かれても罪状は認めなかった。田沼に肩入れし、暴利をむさぼっていた者は、次々と粛清されていった。一七八六（天明六）年十月十三日、幕府目付が出島にやって来ると伝えられた。同時に、将軍家治が正式には九月二十九日に亡くなったとの報せが届き、十月十三日以降、出島や船場での音楽が五〇日間禁止され、大工仕事は音をたてることもできなくなった。

十月十四日、一橋治済の意向を受けた末吉善左衛門（このときは末吉摂津守）が出島を訪れ、オランダに挨拶をした。オランダ側は参府の廃止について言及したが、末吉は「これは公表しない。なぜなら、このことは自分が任命される以前に決まっていたことで、いずれ廃止されるだろう。今は政権が変わるのでわからない」と答えた。

これまで紹介したティチングの商館長日誌や秘密日誌、またファン・レーデなどの原文書については、私たちが独自に翻訳したものである。これまでは原文書から翻訳されたものはなかった。のちに述べる各商館長に関する原文書等についても、ハーグの古文書館で見つけ出して翻訳したもので、日本未公開の資料である。

一七八六（天明六）年、ファン・レーデに代わり商館長となったロンベルフの商館長日誌の十二月十五日の記述に、「江戸からの情報で、二の丸首席老中が本丸の次席老中に任命された」とあり、その四日後の十二月十九日には次のように書かれている。

〈通詞の吉雄幸作が私（ロンベルフ）に語ったところでは、江戸の有名な勘定奉行松本伊豆守秀持が罷免され、監禁されたという。彼はすでに民衆からの評判を落とし、家禄も五〇〇石から二〇〇石に落とされたそうだ。そして、上席の幕府目付が、多分明日以降、江戸を発ち、新たな長崎奉行に任命されるということである〉（一七八六年十二月十九日付、ロンベルフの商館長日誌）

この幕府目付とは、前年出島を訪れた一橋の用人であり、意知の暗殺の場にいた末吉善左衛門その人であった。

2 松平定信の反撃

定信の大老問題

一七八七（天明七）年四月二十日、商館長の日記には、次のような記載がある。

〈一七八六（天明六）年、田沼意次は解任された。その後には徳川家斉が将軍職を継ぎ、城全体は彼の都合のいいようになっていった〉（一七八七年四月二十日付、ロンベルフの商館長日誌）

しかし、家斉はまだ十四歳で、政治ができるはずもなく、背後にいた一橋治済が次々と人事を決定していったのである。オランダ側もある程度そのことを知っていた。「だが、それに反して田沼と名のつく者はすべて消えた」と続く。

田沼と縁戚関係にあった老中の水野忠友は、すぐさま意次の四男・田沼意正を離縁し、田沼家に返している。これがきっかけとなり、老中松平康福、西の丸若年寄井伊直朗、奏者番西尾忠尚も即刻田沼派と離縁し、その数は大名五三人にも及んだという。田沼政権は崩壊し、一橋治済は黒幕として絶対的な地位を得たのだが、冷酷で非情な治済の粛清は止まらなかった。翌一七八七（天明七）年四月二日、田沼とともに政治を切り盛りした老中阿部正允の息子の大坂城代阿部能登守正敏は、これまた五十八歳で亡くなった。定信が最終的に老中になるまでにはかなりの紆余曲折があったが、これについては、プロローグで示した通りなので、ここでは繰り返さない。

一七八八（天明八）年二月二十五日に、松平定信が御三家と治済に送った面白い手紙がある。内容は不可思議なものだが、興味深い。

「大老の地位をいただけるとのこと。現在の幕府の状態では、定信は老中に専念したく思います。将軍様にも御心遣いを頂きましたが、大老の地位などもってのほか、老中で結構です」

この件については、三日前の二月二十二日、治済が、定信を大老に昇進させてもよいのではないかという意見を尾張と水戸に送り、同意を得ていた。しかし、定信自身、老中に昇進してまだ間もないのに大老に就くのはいろいろな人の不信を招くと称して、この案を断った。つまり、今はいやだと治済に伝えたことになる。政治的なやりとりだが、二人の確執が見え隠れしている。

治済としては、定信を老中にさせたのはいいが、いろいろと口を出し始めたので、これは困ると思い、大老という形式上の役職に追いやりたかったのだろう。逆に、定信は老中を外されて、大老になりたくはなかった。田沼意次と組んだ一橋治済によって田安家から白河松平家に養子に出され、その結果将軍になれなかった定信は内心面白くなかっただろう。心のなかではいつか治済にひと泡ふかせてやろうと思っていたに違いない。すぐさま大老にまつりあげられるなどいやなことだった。定信は、策謀家・治済のやり方をよく知っていたのだろう。定信は老中として自分の政策を実行しはじめ、治済との確執も一層激しくなっていく。

同年三月十七日、尾張宗睦、水戸治保連名の書状が一橋治済の元に届いた。

「城中の定信より、『老中の松平康福と水野忠友を免職したいと思うけれど、自分からは言い出しにくいので、御三家と一橋家の意向として申し出てほしい』との手紙をもらった。治済様の意向はいかに」（水戸徳川家文書「文公御筆類」）

というもので、同日即刻、治済は同意するとの返事をしたためて定信に送った。この月二十八日に水野忠友、四月三日に松平康福がそれぞれ老中職を免じられることになり、定信でも御三家でもなく、一橋治済の最終的な判断によって各老中が罷免されていったのである。

尊号事件と大御所問題

一七八八（天明八）年一月、応仁の乱以来という大火がおこり、禁裏《きんり》（天皇）御所、仙洞《せんとう》（上皇）御所をはじめ、公家の屋敷も大方焼け落ちてしまった。この焼失した内裏の造営に関しても光格天皇の復古志向が表れている。

御所の造営は幕府の責任でおこなわれていた。幕府は財政再建の途上であり、焼失した御所をそのままの形で造営することを予定していた。ところが、朝廷側は議奏《ぎそう》（天皇の近くに仕え、勅命を公卿以下に伝え、議事を奏上する役職）中山愛親《なるちか》を造営御用掛に任命して独自に造営計画を進めていった。朝儀の際に、それまでの御所の規模では狭いため、紫宸殿《ししんでん》と清涼殿《せいりょうでん》を平安時代の規模にするというものである。幕府の御所造営総奉行に就任した老中松平定信は上京し、関白鷹司輔平《たかつかさすけひら》と交渉に当たった。財政再建途上で費用が出せないとか、足りない分は大名に負担させるため、大名から負担を転嫁させられて人民が苦しむことになるなど、さまざまな理由を挙げて説得を試みたが、朝廷側は折れず、結局わずかな修正をしただけでほとんど朝廷側の望むとおりの造営となってしまった。朝廷の圧力に定信が屈服した形である。定信は今後、朝廷の要求に対しては厳しく対応することにした。

御所造営とほぼ同時期に光格天皇が望んでいたのは、太上天皇の尊号についてである。

光格天皇の実父である閑院宮典仁親王《かんいんのみやすけひとしんのう》は天皇の位についていないため、その席次は、「禁中並公家諸法度」により、三公（太政大臣・左大臣・右大臣）の下に位置づけられる。

光格天皇はこの状況に耐えられず、親王に「太上天皇」の尊号を宣下しようとした。本来なら「禁中並公家諸法度」を改正するのが筋であるが、幕府の基本法の一つであるために改正はとても望めない。そこで、「太上天皇」の尊号宣下を考えたのである。「太上天皇」は一般的に「上皇」と呼ばれており、譲位した天皇に対する称号である。「太上天皇」の尊号が宣下されれば、親王は上皇扱いとなり席次は天皇の次となる。天皇の意を汲んだ議奏の中山愛親が天皇の実父に尊号を与えた先例を書き上げ、光格天皇に注進した。一七八八（天明八）年四月のことである。

ところで、大御所問題は将軍家斉が実父・治済を大御所にしようと考えたところから始まる。大御所とは将軍職を退き隠居した前将軍をいう。徳川幕府では家康、吉宗が有名で、隠居後も政治の実権を握ったままとなる。治済は家斉の実父とはいえ、将軍職についたことはないのだから大御所とは言えない。それを家斉は大御所待遇にしようというのである。同じ年、家斉は幕閣にこの話を持ちかけるが、定信は受け付けない。大御所とは前将軍をいうのだから、将軍職についていないものを大御所と同格に扱うことはできないというのだ。

定信は、自分を白河松平家に送り出した張本人を田沼意次だと思っていたが、将軍の世継・家基が亡くなり、そして田沼意次の息子・意知が殺害されたことにより、その背後にいる人物が一橋治済だと気づいたのだろう。意次と定信の和解はなかったのかもしれないが、定信が意次に一つの約束をしたのではないかと考えられる。それは、自分が老中になることにより、一橋治済を大御所として政治の表舞台に立たせないこと、治済を自分の政治生命を賭けて葬り去ること、それを約束したように思われる。その約束は忠実に守られ、称号問題として結果を迎えることになる。

定信は、尊号問題もこの大御所問題と同様な対応をした。光格天皇が即位以来、実父に太上天皇の称号を贈ることを幕府に求めていたが、定信はそのたびに巧みに回避し無視した。この年の京都天明大火災を機に再びこの要求が出され、光格天皇は復興を指揮するために上洛した松平定信に申し出たが、拒否されてしまった。定信の拒否の理由は「太上天皇という尊号は先例としてはあるが、いずれも衰乱の時期にあったことで、縁起問題だ」と、こともなげに再度無視したのである。

一七八九（寛政元）年二月、武家伝奏《てんそう》の久我《こが》信通《のぶみち》から京都所司代の太田備中守資愛に尊号宣下を認めるよう正式に申し入れをし、八月、所司代は老中にお伺いを立てた。

老中首座の松平定信は、あらためて天皇位についていない親王に「太上天皇」という尊号を宣下するのは「虚号」であり、光格天皇の孝行心から贈るにしても道理に反するし、先例として挙げられているのは戦乱後の混乱期という特殊な状況におけるものであるとして反対し、十一月、朝廷に再考を促すよう所司代に指示した。

同時に、定信は関白鷹司輔平と尊号一件について書簡で意見を交換した。鷹司輔平は閑院宮典仁親王の弟であり、甥に当たる光格天皇を補佐していた。前述の京都御所が焼失した際、御所の再建をめぐって幕府と交渉に当たった人物でもある。その際に定信とも懇意となり、私的なつながりを持った。尊号問題に関しても朝廷と幕府が全面的に対立してしまった場合の兄・典仁親王の立場を危惧して、定信と私的に妥協を図る交渉をしていた。

一七九一（寛政三）年二月、鷹司輔平の説得もあり、朝廷側が譲歩して「太上天皇」という尊号にはこだわらず、太上天皇の「格」を求めるが、定信は、「なお再考を求む」と拒否した。先に挙げた道理に反するという理由のほかに、後桜町上皇がまだ存命であること、幕府財政が困窮していることなどがあった。

八月、定信と協調し、尊号問題に消極的であった鷹司輔平が関白を辞任したが、事実上更迭であった。後任は幕府に反発していた左大臣一条輝良《てるよし》が就任した。一条輝良が幕府に反感を持っていたのは、将軍徳川家治の死去にともなう諸事穏便のため、自分の誕生日を祝うことができなかったからであるという。また、定信に対する朝廷の反感のひとつに、一七八八（天明八）年の御所造営に際して定信が上京した折に、他の天皇陵に参拝しながら「謀反天子」ということで後醍醐天皇陵には参拝しなかったのは、天子を辱しめるものだというものがある。

この一条輝良の関白就任によって朝幕関係が疎遠になってしまう。さらに同年十二月、武家伝奏久我信通も更迭され、後任はこちらも幕府に反感を持っていた前権大納言正親町公明《おうぎまちきんあき》であった。

朝廷では、関白・議奏・武家伝奏以外の公家に対して意見を聞く「勅問《ちょくもん》」が出された。通常、朝廷の政務は関白・議奏・武家伝奏で処理するものであり、「勅問」がおこなわれる場合にも、五摂家が対象になるくらいであったが、今回の「勅問」は四一名の公家が対象となっていた。結果は尊号宣下に賛成の意見が多数を占めた。わずかに前関白の鷹司輔平や前武家伝奏の久我信通などが反対意見を述べたにすぎなかった。

この「勅問」の結果を受けて、一七九二（寛政四）年一月、あらためて尊号宣下を幕府に求めた。尊号宣下をしなければ、実父に対する孝道に欠ける、先例があるのにやらないのは先例を破ることになる、上皇や公家の大多数も賛成しているなどを理由に挙げ、なおかつ、太上天皇の御所は閑院宮邸の増改築でよい、御料や領地は通常より少なくてよいという譲歩も提案した。そして、尊号が認められないなら、天皇にも考えがあると幕府に迫った。この天皇の「考え」が具体的にどのようなことなのかは不明だが、定信は「尊号宣下の儀は、決して御無用に遊ばさるべき旨」と、拒否の態度を変えなかった。

そこで、朝廷側は、同年十一月をめどに尊号宣下を強行しようとしたが、京都所司代の堀田相模守正順に幕府からの回答を待つように説得される。

定信と朝廷

定信は京都側の執拗な掛け合いに対して、幕府側として強硬手段をとることにした。尊号問題において中心的な存在と見られる公卿三名（武家伝奏正親町公明、議奏中山愛親および広橋伊光）を江戸に呼び出した。はじめ朝廷は拒否するが、最終的には正親町と中山が江戸に召喚された。結局、朝廷内では尊号宣下を断念した。尊号宣下を言い出したのは光格天皇自身であったとしても、天皇を処分するわけにはいかない。近臣を処分することで、この一件に幕を引くことにしたのだ。一七九三（寛政五）年三月、幕府より中山愛親は閉門、正親町公明は逼塞《ひっそく》など、尊号問題にかかわる公家の処分が言い渡された。御所造営で煮え湯を飲まされた定信だったが、尊号問題では、幕府が朝廷を完全に抑えつけた形になった。

この事件を題材に書かれた実録物（「反汗《はんかん》秘録」「小夜《さよ》聞書《のききがき》」「中山瑞夢伝」「中山東物語」「中山夢物語」など）がのちに多く出版され、貸本屋などを通して流布した。実際には、中山愛親は江戸に呼び出されて処分を受けたのだが、実録物では中山が定信を論破して意気揚々と京に帰るという、現実とは逆に、中山が幕府に勝利した筋書きになっている。この風説書はエスカレートして中山愛親は英雄扱いになっていく。これは、天皇や公家に対する同情と、その後の定信および寛政改革に対する否定的な評判や定信解任といった出来事が反映されて、中山をより英雄視する傾向が強くなっていったのだと考えられる。

尊号問題が大きな事件に発展した要因としては、尊号に関して朝廷と幕府の認識の違いがあったことが考えられる。幕府は尊号宣下を光格天皇による朝廷の権威向上運動の一つととらえていたが、朝廷側は当初、天皇個人の問題と考えていた。しかし、光格天皇は傍系からの即位ということもあり、朝廷の権威を強化したいという考えに変わっていったと思われる。その現れの一つが尊号問題であり、そのほかにも諸朝儀祭祀の復興、新嘗祭《にいなめさい》・大嘗祭《だいじょうさい》などの再興・復古であり、御所再建に際しての復古的造営であった。

御所再建に関しては、朝廷の出した平安時代の内裏を復元するプランに対し、幕府側は焼失した御所を再建するだけという姿勢だった。定信が御所造営総奉行として関白鷹司輔平と書簡にて交渉するが、朝廷側に押し切られ、朝廷側の要求どおり復古的造営となってしまった。定信は、しぶしぶ朝廷の要求を受け入れたが、同時に所司代に対して、今後新規に朝廷が出してくる要求・要望は拒否するように指示している。これが尊号問題の伏線となっているのは明らかである。

定信の朝廷に対する考え方は、従来からあったものとして、とくに肯定も否定もしないというものであった。形式的にではあっても、征夷大将軍の位を与える側である天皇には礼儀を欠くことはしない。尊号問題に関して、関白・鷹司輔平と私的にやり取りをしたのは、この問題を表ざたにしたくなかったからと考えられる。

このことは、のちに定信が老中を追われる要因の一つと言われている。

『寛政重修諸家譜』

これまで述べてきたように、寛政期の諸政策すべてが定信によっておこなわれた政治とは言いきれない。たとえば、一七八九（寛政元）に大目付桑原盛員に命じた『寛政重修諸家譜』の作成である。

これまでは吉宗の幅広い人材登用に始まり、家格の低い田沼が次第に出世していき、旧来の幕閣人事に新しい風を送り込んだのであった。その後、政策のなかで定信は徹底した田沼潰しをおこない、二度とこのような民間登用をおこなわせないために、各大名・旗本の調査を含めてかなりのところまでさかのぼり、『寛政重修諸家譜』をまとめさせたと考えられてきた。最終的にこの家譜が完成したのは、それから二〇年も後で、公家まで含めた全一五三〇巻という膨大なものとなった。これを見れば、それぞれの人物がどのような職歴・経歴の持ち主なのか、もしくはどのような家系なのかがわかるのである。

私は『寛政重修諸家譜』は治済が発案し、ある部分までは定信が実行してできあがったのではないかと見ている。なぜなら、松平定信は大目付桑原に指示して作らせようとした五年後には老中職を辞任しているからである。定信が老中を辞してもこのプロジェクトは受け継がれ、最終的には完結した。

大義名分は、あくまで幕閣、旗本、大名、公家に至るまでの経歴の大集成であったが、労力たるや並々ならぬものがあった。定信個人の考えで作成したものならば、定信が辞任したときにプロジェクトは破棄されただろう。一八一二（文化九）年まで引き継がれていくこと自体、一橋家のサポートがなければ実現できなかったはずである。

大目付桑原の家系を見ると、これまた一橋家とつながっている。大目付はすべて反田沼、あるいは一橋の息のかかった者であったことは、既にこれまでの膨大な資料のなかから述べた通りである。『寛政重修諸家譜』はすべて一橋治済により立案され、定信によって無理やり実行されたものだったが、定信とて田沼の政策が気に入らなかったから、軽く賛同したのかもしれない。細かい性格の定信としては、内容を見ることより、これを利用することもあったのではないだろうか。

そんななかにあって、治済は、定信までをも巧みに利用し、自分の残りの生命を費やして、最終的に『寛政重修諸家譜』を完成させた。一橋治済にとって『寛政重修諸家譜』はなぜそれほど重要なものだったのか。それは治済がこれまでおこなってきた「悪行」のなかに理由がある。

治済は『寛政重修諸家譜』を作成する目的の一つとして、自分が家基を暗殺したときのように、知らず知らずの内に暗殺者を送り込まれることを恐れたことにある。もしこれから先、自分の宿敵となる者たちが巧みに暗殺者を送り込んだとしたら、徹底的にチェックする手段がなければ、即座に見抜けない。そのため、各人がどんな人物か、何をしていたのか知りたかったのだろう。のちにはこれを利用して、陰の存在として、大御所政治をおこない、反対派もしくは一橋派についていながらも不穏な動きをした者を粛清していった可能性がある。またのちに家斉が多くの子どもを作ると、『寛政重修諸家譜』を使い、自分の血縁関係の者を婚姻させ、子飼いの大名、旗本などを次々と増やしていく。治済は未来永劫、強固な政権が続くよう画策し、その後、政権は期待通り、のちの十四代将軍家茂まで治済の血筋で継がれていく。最終的に一橋家と婚姻関係のなかった水戸家が十五代将軍として将軍家を継ぎ、日本を開国させたのは皮肉な結果だったといえよう。

作成した各人の職歴データを見ればよくわかる。老中、若年寄、大坂城代、京都所司代、勘定奉行、江戸町奉行、大坂町奉行、長崎奉行、勘定吟味役から、本丸目付、西の丸目付、そして御庭番に至るまでデータにしてある。それを参考にすれば治済の「暗い＝悪」の部分が垣間見られる。

定信の海防政策

開国計画については、定信と意次の対立はともかく、松平定信は政策上の大きな否定をおこなわなかった。ティチングの手紙で見るように、開国計画が完全に閉ざされたのは寛政の改革が終わった年で、再び日本は完全な鎖国に変わっていった。ティチングは「イギリス船が日本近海に来る予定を立てたが、その計画は日本側の拒否により実現されなかった。より詳しく調べてほしい」（一七九一年二月十七日付、ティチングからシャッセ宛書簡）としている。

日本の文書には、一六二三（元和九）年の退去以降、イギリス船が日本に来たという話は残っていない。フェートン号事件は一八〇八（文化五）年のことであるが、それ以前にイギリス船は日本に近づいていたのだろうか。日本はイギリスからも貿易をしたいとアプローチを受け、大混乱した。オランダ、ロシア、イギリスはどこも状況は同じで、立て続けの開国催促だった。

オランダ側の文書を整理し翻訳したところ、田沼意次、意知、それに将軍となるべき家基は、何らかの開国計画を進めていたことがわかった。しかし、それ以上に、意次・意知らがもし失脚した場合には、自らが開国計画の音頭取りをしようと開国計画に深入りしていた重豪もいた。実際、田沼関連の文書はなかったが、オランダから見た資料により、開国計画をつぶす治済の政治陰謀は存在し、成功したことがわかる。

治済の家基、意知、もしかすると家治、意次の謀殺の目的は、これまで何度も述べているように、将軍職を得ることと、田沼派が推し進めようとしていた日本開国計画をつぶすことにあったのだ。

しかし、そこには思わぬ伏兵がいた。一度は始末し、今は子飼いと思っていた松平定信である。定信も海防政策のなかで言っているが、蝦夷地と江戸湾の防備をおこなわなければならないと思案していた。定信は前進的な開国論者ではなかったが、逆に蝦夷地を何とかしなければならないという久世丹後守が勘定奉行になった所以《ゆえん》もあり、蝦夷地の問題はかなり前向きに考えていた。

蝦夷地を幕府の直轄地とするか、もしくは松前藩が治めるのか、その理由等をめぐって定信は自分の意見を何度か変えている。定信の考えは、蝦夷地をこれまで通り松前藩に任せるというもので、田沼意次の蝦夷地開国開発とは大きな隔たりがあった。しかし、クナシリ、メナシ（羅臼）のアイヌと商人・飛驒屋久兵衛などとの間に紛争が起きていることも見逃すことはできなかった。

商人が漁業に携わるようになり、その労働力としてアイヌの人々に重労働を強いるようになった。この場所請負人や運上屋の酷使に立ち上がったのがクナシリとメナシのアイヌたちで、一七八九（寛政元）年に「クナシリ・メナシの戦い」が起きた。クナシリ泊村の場所請負人飛驒屋の運上屋が襲われ、七一人が殺害されるという事件だった。幕府の役人も加わり、ロシアの脅威を抑え込むためにも監視することが必要であるという結論に達した。

　そのための政策の一つが、御救交易をおこない、その船を造るというものだった。新たに西洋式の船を四隻建造し、一、二隻を北に、残りの一、二隻を伊豆、相模辺りの江戸防衛に当たらせようとする。このときの長崎交易の勘定方は久世丹後守である。久世丹後守から意見が出て、本多利明にはかったのだろう。結果、北へ船を送るため、天候の変化に強いオランダ式の艦船建造計画をオランダ商館長に照会することになった。一七九二（寛政四）十一月二十六日のことである。

　しかし、定信の心は、依然として揺れていた。西洋式の軍艦を造りたいとリクエストを出したにもかかわらず、帆は西洋船、船底は唐船、そして外見は日本船にするというかなり変わったものだった。久世丹後守は、長崎奉行・水野若狭守忠通《ただゆき》にこの依頼書を送った。定信が辞任するまでには約一年の時間があった。結局、この船は唐蛮制の船という形になり、沖乗船の「神風丸」なるものが考えだされた。船の大きさは一四六〇石、つまり三国丸より四〇石ほど小さい。文献によれば、神風丸は、浦賀で新造されて堀田仁助を乗り組ませた。この当時、幕府期待の沖乗船の最初のパターンであった。

　本多利明は、一八〇〇（寛政十二）年九月十五日に水戸彰考館総裁立原翠軒《すいけん》宛の書状のなかで神風丸について触れている。御用掛の勘定奉行石川忠房に誘われて神風丸を見分した利明は、神風丸について、少しは異形にできているが、例の骨なしの船であれば破船もやむなしと断じている。「少し異形」というのは、外見は日本船という注文通りではあるが、「例の骨なし」と酷評されているところから、中身は利明が推奨する本格的な西洋船ではないことはたしかで、中国船でもないということだろう。せいぜい三国丸のような折衷船というところか。神風丸に乗り組んだ天文方出役堀田仁助の門人が描いた手記によれば、「唐船造り」と記されている。弥帆《やほ》と本帆が各一枚、艫帆二枚で、帆柱は四本である。このあたりは形式こそ違うが、三国丸と同様に逆風時の帆走を考えての装備であろう。初めて神風丸は御船、御用船という立場をとり、幕府が戦艦もしくは商船の両方に使うつもりでいたことを示せるであろう。

オランダ側とはどのようなやりとりがあったのだろうか。オランダの資料によると当時の商館長ヘンミのところにも、久世丹後守からの依頼がきていた。一七九二（寛政四）年二月二十六日、長崎奉行が小さな船を見せてくれた。長崎奉行によると、幕府側の負担で一一〇フィートの船をつくる準備があり、ヘンミは、そのような仕事については喜んで受けるが、両国に満足感がなければ成り立たないと答えた。このときヘンミが望んでいたのは銅の輸出量の増加であり、彼はこの提案の承認を得るために早速政府に手紙を書き送った。オランダ政府がどこまでこの神風丸について協力したかどうかについてはオランダの文献には登場しない。

これから数年後、ヘンミは江戸参府の帰途、掛川で病死する。それまでもヘンミの病状は悪く、江戸に入っても一向によくならなかった。昏睡状態は、江戸からの帰路でも続き、掛川の宿で亡くなり、近くの天然寺に葬られた。この死について、ヘンミは毒殺されたという噂がたった。なぜならヘンミは薩摩と密貿易をやっていたので幕府から目をつけられ、わからないように毒殺されたのだという。

このことについて、私たちは信頼すべき新事実を見つけた。ヘンミは神風丸の建造にかかわり、薩摩を通してある程度の助言を幕府にしていた。しかし、薩摩にはすでに神風丸より大きなバーク船、二八〇〇石の船を作りあげるノウハウを教えていた。しかもその船はすでに近海で航行していたのだ。それがヘンミの毒殺につながったと考えられる。

定信が老中に就任してからは、ロシアからの再三にわたる開国要求もあった。

一七九二（寛政四）年、大黒屋光太夫がロシア使節ラクスマンにともなわれて帰国し、幕府に貿易関係を樹立することを申し出た。基本的に開国論者ではなかった定信だが、すべてにおいて開国させないというわけではなかった。奉行たちの意見をまとめ、最終的にロシアと貿易をするならば、蝦夷地だけでよいという限定的な開国論に動いていく。表向き一橋治済をはじめとする御三家や老中も了解していたふしもある。定信たちがもっとも恐れたことは、ロシア船が江戸湾に進入してくるということで、ラクスマンはそうする用意があることを定信に突きつけたからである。江戸湾はまったく無防備で、対処できる態勢にはなかったのである。この主張がいかに定信に衝撃を与えたかは、この後の対処を見ればわかる。

当時の江戸湾の海防態勢は裸同然だった。ラクスマン来航の危険を定信は十分理解していた。定信はラクスマンが江戸に来ることを阻止し、なおかつ穏便に帰国させるための策をあみ出さなくてはならなかった。国防態勢が不十分なうちに紛争が起きれば大変な事態になる。そこで、定信は国法を示すことによって、ただやみくもに拒否しているわけではないことを示し、こちらにはこちらの法があり、それにのっとって要求を断るのだという体裁を整えてロシアとの紛争を避けようとした。しかし、それだけではラクスマンが江戸に来ることを防ぐことはできない。そこで、「国法によれば外交交渉の地は長崎であるから、江戸に来ることは認められない。したがって長崎の地にまわりそこで通商要求をおこなうべきである」と示して、「ただ不意に長崎にやってきても入港できないので、入港許可証である信牌《しんぱい》を与えよう」と伝えた。こうして、翌一七九三（寛政五）年六月、松前に来たラクスマンに信牌を与えることにより、ロシア側の要求を一部受け入れる「飴《あめ》と鞭《むち》」的な方法を考えだしたのである。

定信の限定的開国はいかにして作られたか。それを実行する意義は何か。それは、次のようなものだった。

ラクスマンの来航により、定信は海防問題と外交問題の解決を同時に迫られることになった。老中たちの間で協議した結果、ラクスマンには礼と国法をもって対応することにしたが、通商に関しては、長崎に回航することと、そのために長崎入港の許可証として信牌を与えることを仕方なく定めた。ここで定信は限定的ではあったが、ロシアとの限定的通商開始を決意し、ラクスマンに信牌を与えたのである。それは重要なことだった。

しかし、運命はそうはならなかった。ラクスマンが箱館を去った七月十六日から七日後の二十三日、定信は突然老中の職を解かれた。ロシア来航や沿岸防備計画などの重要な問題に自ら重大な決意を持って対処していた最中の解任である。結果、「唐蛮制之船」導入計画、それにともなう限定的開国計画も挫折する。

のちにそれを知らないレザノフは、一八〇四（文化元）年、ラクスマンの持ち帰った入港許可証を持って長崎に来航したが、幕府はこの正式使節に対し、冷淡に対応して追い返した。ロシアにとって幕府のとった行動は信じがたく、のちの北の紛争に発展していく。もしあれほど早く定信が老中を解任されていなかったら、定信の限定的開国がなされていたかもしれない。

ときが日本に開国をうながしていた結果、定信がまずおこなったことは、江戸の防備であり、相模、伊豆海岸巡視行である。柏窪、下田、伊浜、甘縄、走水《はしりみず》の五カ所に奉行所を新設し、浦賀防衛のために奔走していたのである。

定信は、一七九二（寛政四）年、『三国通覧図説』、『海国兵談』を著した林子平を処罰している。処罰の理由は三つ。それは、異国が来襲するとありもしない「奇怪異説」を唱えたこと、幕府の国防政策について論じたこと、実際とは違う地図を描いて出版したことの三つである。このことから、定信は、表向きはロシアを脅威と感じていない振りをしていたということがわかる。定信は田沼親子ほど積極的に開国を進めたわけではないが、保守派ほど頑《かたく》なに外国を排除しようというわけでもなかったのである。

3 黒幕・治済の策謀の終幕

一橋治済の狙い

ここまでの動きを総合して、治済について結論づけてみることにする。

一橋治済は将軍の正当な世継である家基を暗殺し、意知暗殺、家治・意次謀殺と陰で大クーデターを起こし、御三卿のなかで末席にいたにもかかわらず、将軍職を手中にした。意次は、自分の息子・意知が暗殺されるまで、この大陰謀には気づかず、一橋と手を結んで限定開国に向けて進んでいこうとしていた。そこには、もう一人の鍵を握る人物、島津重豪がいたが、彼は治済から何も知らされず、利用されるだけ利用されていた。大クーデターは治済の一存でおこなわれたものだった。

一橋治済は、まず重豪に多大なお金を注ぎ込ませ、ときがくると、逆に島津重豪を封じ込めるために一つの妙案を実行に移した。それが松平定信の老中昇進で、開放政策をつぶさせるように仕向け、最終的には成功した。治済は、あるときは田沼意次に頼り、またあるときは島津重豪と組み、駄目とわかると徹底的に一掃していく。もちろん一橋政権を作るためにはやらなければならなかったことなのかもしれないが、そのためには人を抹殺することなど厭わなかったのだろう。最終的には、何百人もの人間が亡くなり、それらの因縁はその後も、寛政、享和、文化へと引き継がれていった。

これで、どうやら歴史の裏側に隠れていた信じられないクーデターの姿を整理することができた。しかし、ここで知りたかったのは、なぜ治済は田沼派をこうも根絶やしに一掃したかったのか、である。その答えは日本開国を推し進めようとした田沼意次・意知親子の政治にあり、それに治済は大きく対抗したことだった。

定信と治済

家斉と光格天皇を比較すると、共通点がいくつかある。

幼くしてその地位についたという点。

家斉は九歳で将軍家治の養子となり、十五歳で将軍の地位についた。光格天皇は、九歳で危篤状態に陥った後桃園天皇の養子となり、翌年には天皇の地位についた。

次に、直系ではなく傍系であるという点。

家斉は一橋家の出身、八代将軍吉宗のひ孫である。家治は実父・治済のいとこにあたる。一方、光格天皇は、閑院宮家の二代目典仁親王の子である。閑院宮家は十八世紀のはじめ、東山天皇の皇子であった直仁親王を祖とする新しい世襲親王家である。新しいだけにもっとも直系に血筋が近いとはいえ傍系であることにはかわりはない。

これらのことから、どちらもその権威を確かなものにするために、さまざまなことを画策しなければならなかった。その一つが大御所号であり、太上天皇の尊号であった。どちらの実父も、将軍・天皇の地位についていない。幼いうちは後ろ盾が必要であるにもかかわらず、実父の地位は確固たるものではなかった。そこで、大御所、太上天皇という尊号が必要だったのだ。

それらを幕府に要求したのがともに一七八八（天明八）年だったのは偶然だろうか。朱子学に傾倒する定信には、孝を訴えた家斉や光格天皇の考えは響かず、道理にかなわぬということで却下された。このことが、のちに定信に対する評価を変えてしまったのかもしれない。

定信と治済の関係は、まだ定信が田安家にいたときから始まる。既に述べたように、御三卿筆頭の田安家の七男として生まれた定信は、嫡子となった五男・治察が病弱であったため、田安家の後継者とも目されていた。また、十代将軍家治の嫡子・家基に何かあったときには、その後継者の第一候補になるとの噂もあった。しかし、田沼意次と一橋治済の画策により、白河藩松平家の養子とされた。これは田沼政治についての批判への鞘当てとも、治済の陰謀ともいわれる。その後、田安家を継いだ兄・治察が亡くなり、田安家は当主不在となるが復帰は認められず、また、将軍嫡子・家基が亡くなったため、一橋家の豊千代（家斉）が嫡子となるなどが、定信には大きな遺恨となった。

しかし、田沼意次の政治に裏では不満を持っていた治済は御三家に働きかけ、田沼に代わって幕閣を担う人物として定信を老中に推挙したのであった。田沼憎しで利害が一致し、定信は老中となり、家斉を補佐することとなる。

定信が老中に就任した当時、幕閣内にはまだ田沼派が残っていた。定信は孤立無援の状態であった。そこでまず、定信に奥向きを兼帯させ、いずれ老中にするということを前提に松平信明《のぶあきら》を側用人に進ませるよう、治済は御三家に働きかけた。松平信明は一七八八（天明八）年二月に側用人、四月には老中に任ぜられ、奥向きも兼ねた。さらに、本多忠籌《ただかず》を若年寄から側用人に昇進させ、一七九〇（寛政二）年四月に老中格と奥勤を兼帯させ、戸田氏教を奏者番兼寺社奉行から側用人に起用し、十一月には老中にしている。こうして定信を支える改革派が幕閣を占めていき、残る田沼派である老中松平康福と水野忠友は御三家の意向という名目で解任された。

このころになると、定信は改革を進めていくために少将昇進を望むようになり、御三家と治済に働きかけた。結果として、将軍補佐という形で落ち着いた。

意次を追い落とすという点での利害は一致していた治済と定信だが、定信は祖父に当たる吉宗を手本とした理想の政治をおこなおうとした。そのために、御三家や治済の力を借りていたが、次第に治済に不満を感じるようになっていた。例えば、定信に相談なしに、当主不在となっていた田安家に自分の五男・慶之丞（斉匡《なりまさ》）を送り込んだことにも不満を感じていた。治済が大御所となって権勢をもつことは許せなかったのだ。大御所問題と同時期、一橋家の屋敷が手狭になったことを理由に二の丸あるいは三の丸に移りたいという希望が治済、家斉から出されていたが、これも定信は却下している。江戸城内に居住することでその影響力はますます強まる可能性がある。定信にとっては認められることではない。この件に関しては御三家も反対し、田安門外に拝領した土地に屋敷を建築する資金を補助することで落ち着いた。さらに中納言昇進を認めることで城内居住をあきらめさせた。

一方、治済は、いずれは「大御所」の立場から実権を握ろうとしていた。そうなると定信は邪魔な存在となる。定信を老中に引っ張り出したのは治済だったが、いざ老中となり権勢を振るうと目障りな存在になってきた。治済の大きな誤算は、定信を老中に据えたことだったのではないか。定信に「大御所」になる夢を最後に嗅ぎつけられ、定信の将軍補佐就任にともない、自らを政治の表舞台に立たせることができなくなってしまったのだ。

定信の罷免

定信は、何度か将軍家斉の補佐を辞任する意向を伝えているが、そのたびに慰留されていた。しかし、一七九三（寛政五）年に将軍補佐を辞することを申し出たとき、慰留されることもなく、同時に老中の職も解かれてしまった。

この件に関して、治済の面白い記述（水戸徳川家文書「文公御筆類」）をみることができる。

「一七九三（寛政五）年七月十九日、松平定信はかねてより将軍補佐の任を辞したいと表明していたが、願いは差し止めになっていた」とあり、定信は、兼任していた将軍補佐の職のみを辞めたいと何度も治済に辞職願いを出していたのだが、治済は棚上げにして、老中職を辞めさせる機会を狙っていたのである。そしてこの日、「定信は近ごろ道理に外れたおこないがあり、辞めたいということなので、辞任させようという評議が幕閣内に起こっている」と決定をうながした。

その日のうちに手紙を尾張と水戸に出し、御三家も即刻、老中本多忠籌のもとに密書を送って真相を問いただした。

その結果、四日後の七月二十三日になって、松平定信の将軍補佐役および老中職の罷免が公表された。このころ、一橋と関係のない唯一の御三家水戸家の水戸治保は、書状を以て治済に以下のような質問を出している。治保は正論派で、治済に諫言するタイプだったようだ。

「定信が罷免されたのは、政治上のことというのは二の次で、実は、将軍との関係が悪化し、定信を疎んじて、避けようとしているのではないでしょうか。結果として治済様が定信を疎んじ、遠ざけようとしているのであり、これまで固く結束していた定信と各老中との関係、なかでも本多忠籌との関係の悪化が発端ではなかったのでしょうか」（水戸徳川家文書「文公御筆類」）

水戸は次のように言いたかったのだ。治済が定信を嫌い、老中本多忠籌を自分の所に引き込み二人の分断を図った。つまりはあなたが定信を辞めさせたいのでしょう、と。治済はその文書に答えることなく、御三家の水戸治保の抗議にもかかわらず、定信を罷免した。寛政期の人事、政治のすべては治済の意向によりおこなわれていたことは、これで明白である。もしかすると寛政の改革は治済の立案、定信の実施であったのではないだろうか。両者の暗闘は水面下でおこなわれ、そして終結していった。

茨城県立歴史館に残されている一橋治済の文書は、おそらく自分に都合のよい部分だけである。それもすべて「御三家にご相談した」という形式を取り、手紙類もほとんど同様で、都合の悪いものはすべて処分して、後世に残さなかったのだ。田沼に関する史料も、多くあったに違いない。しかし、一橋治済らによって抹殺されてしまい、まったくといっていいほど史料が残っていないこと自体が、そう証明しているように思われる。

「大御所」の称号をめぐる一件をきっかけとして、次第に定信と家斉・治済との対立が表面化していき、ついには老中罷免という事態に至る。もちろん「大御所問題」がすべてではない。はじめは田沼政治を非難し、定信の寛政の改革を歓迎していた勢力は、寛政の改革が思ったほどの効果をあげられないことがわかると、定信の政治に不満を持つようになった。また、倹約によって、経済的にも精神的にも生活を圧迫されるようになった江戸の庶民にも改革は不評であった。

結局のところ、定信は田沼を追い落とすために起用されたのであって、真の改革を期待されていたわけではなかったのかもしれない。少なくとも仕掛け人であった一橋治済にとっては、将軍家斉・大御所治済という体制ができあがるまでのつなぎの役割でしかなかったのだ。

尊号問題をめぐる一連の出来事は、朝廷側にも不満を残し、大政委任という考え方は幕末の尊王論へと発展するきっかけを作ってしまったということができる。

定信は朝廷と幕府の関係において、幕府は朝廷から天下を預かっていると考えていた。これは、家斉が将軍になるときに定信が提出した「将軍家御心得之箇条」十五条のうちのひとつに現れている。

「古くから、天下は天下の天下、ひとりの天下ではないといわれています。まして六十余州は、朝廷よりお預かりしたものであって、かりそめにもご自身のものであるとお思いにならないように。将軍となられて天下をお治めになるのは職分であって、（中略）養生して、長寿を保ち、長く天下を治めるのは、天皇および朝廷へのお勤め、ご先祖に対する孝心に当たるものであります」

天皇から権限を全面的に委任されているという大政委任論を根拠に、王臣としては公家も武家も区別はないとして中山愛親や正親町公明を処分した。しかし、この考え方の基本は、天下は天皇のもので、幕府はその権限を委任されたに過ぎないのであるから、天皇は幕府の上に立つものということになってしまう。ここから幕府の政治権限独占に対する朝廷や公家の不満がくすぶり始め、権限を朝廷に取り戻そうという動きの思想的背景のひとつとなっていくのである。

ところで、ティチングはすべてを理解し、一七九三（寛政五）年六月十日、通詞今村金三郎に、次のような手紙を出した。開国案についての最終的状況で、すべては大きく変わり、ティチングの気持ちも変わっていた。

〈日本の政治統治機関の大きな変化を聞き、とても悲しく思っている。私が日本に行くのは不可能で、日本の禁令を破る計画は水泡と帰し、この計画に関わった人は悔やむべきであろう。私個人としては日本に帰りたいが、現在の不愉快な状況下では帰ることはできない〉（一七九三年六月十日付、ティチングから今村金三郎宛）

この年は定信が老中を辞任した年であり、五年余り続いた寛政の改革が終わりを告げる時でもあった。ティチングがこの段階でこのような気持ちになったのはなぜだろうか。もっと早く、田沼が失脚し、定信による寛政の改革が始まった時点で開国計画をあきらめなかったのはなぜだろうか。歴史の表向きで見ていけば、松平定信は限定開国には否定的に見えるが、実際はそれほど否定的ではなく、ロシアの使節と会ったりしており、細々ながらその限定開国の灯はともっていたのである。

定信が罷免される一カ月前の六月、高山彦九郎（尊王思想家）が自殺し、そしてあの『海国兵談』の著者林子平が死んでいる。寛政の三奇人の二人が六月に亡くなり、これまでおこなってきた松平定信の政治がここに終わりを迎えた。

定信後の幕政

定信の後は、治済の意に反し、将軍家斉が自ら御庭番を駆使して独自に情報を収集し、老中任せにはせず、幕政に関わっていった。

深井雅海氏は将軍がどのように御庭番を駆使していたかを次のように述べている。

「寛政改革期に定信が御庭番を管掌していたことは、将軍家斉が若年であったための特例であって、寛政五年七月に定信が老中首座兼将軍補佐を辞任すると、家斉は定信同様御庭番の重要性を認識し、直接御庭番を管掌したのである。しかも寛政二年三月に創設され、老中に直属して風聞探索の任にあたっていた目付の町方掛りは、同九年の改正によって風聞探索の職務が廃止されたため、将軍に直属する御庭番の存在意義は倍加したものと思われる。

将軍は幕府の絶対的権威者ではあるが、政務全般は行政機構の長である老中が司っているため、老中が故意に将軍への連絡を怠ったり、両者の関係が円滑に機能していないと、将軍は現実の政治状況から遊離しがちである。また、将軍が老中から上申された問題について疑問を感じても、独自に再調査できる手段を有していないと、結局行政機構を掌握している老中の意のままになりがちである。

このような将軍が、直属の御庭番を使って、老中をはじめとする行政機構にも知られず、独自に多様な情報を入手して現実の状況を把握し、そうして収集した情報を幕政に反映させていたことは、幕政史上重要な意味があったといえるのである。すなわち、将軍家斉は直属の御庭番を使って柔軟な政治体制を維持していたわけである。そしてこうした体制が、結局家斉時代後期の文政～天保期における、『御庭番家筋』出身の勝手方勘定奉行への登用（村垣定行・明楽茂村両名）にと帰結したものと考えられるのである」（『徳川将軍政治権力の研究』）

最後に本書全体を振り返ってみることにしよう。

田沼意次は、実権を握った約十四年後に罷免されてしまった。松平定信は六年で老中職を解任されてしまった。六年の歳月は、当時、短いもので、政策や今後の方針を立案して実行し、それが進み始めるのは六年、七年後くらいのことだから、一橋治済は、その政策が進み始めた段階で両者とも気に食わないとして抹殺していったのである。

意次が政治の表舞台から去った後に登場した幕府保守派の松平定信の政治が「寛政の改革」と表現され、その後一八三四（天保五）年に老中に就任した水野忠邦は「天保の改革」をおこなった。

このように保守派に分類される定信や水野忠邦の政治が「改革」と表現されるところに、武家のなかでも高い家柄の出身者が善名とされ、政治をおこなうのが望ましいとする「武士の建前」が如実に反映されている。これには幕府の革新派が経済発展を進めた改革を保守派が「改革」の名のもとに停滞させたという構図が見えてくる。

さらにその後の徳川幕府では、「吉宗に匹敵する資質を持つ」と期待されながら、それを発揮しないまま大政奉還をおこなって幕府の幕引きをした十五代将軍慶喜が最後の将軍となった。

一七九六（寛政八）年には田沼意次の孫・意明、翌一七九七（寛政九）年には田沼派で勘定奉行だった松本伊豆守が亡くなり、一八〇〇（寛政十二）年には孫の田沼意壱が死んでいる。それから三年後にはこれまた孫の田沼意信が死に、翌一八〇四（文化元）年、最後の孫である田沼意定が死んだ。これをただ単なる病死と片づけることができるのだろうか。意次の孫の死は数年おきで、治済の執念深さを感じざるを得ない。治済の秘密を知る人物はすべてその対象となり、御庭番の村垣定行のように、心から自分に忠誠を誓う者しか信じられなくなっていったのだろう。江戸時代、御庭番より出世した勘定奉行村垣定行がそのことを証明していると言っても過言ではない。

エピローグ

もともと田沼意次は吉宗の命により開国計画を進めていた。十代将軍家治をサポートするとともに、朝廷との関係をも考えていた。外国と対等にわたりあうためには天皇の権威が必要で、尊王運動に対して柔軟な姿勢で対応し、朝廷と幕府の融合を図ることで、開国計画を進めていたと考えられる。天皇・朝廷側もこれ以上、尊王派が弾圧されないことを願っていた。そこで、意次は武家伝奏を通じ、うまく朝廷とのネゴシエーションをおこなっていた。武家伝奏とは幕府の奏請を朝廷に取り次ぐ役目で、幕府が公卿の中から任命する。

だが、これらのことも一橋治済に知られてしまう。治済の正室が宮家の出身であることもあって、治済は朝廷の動きを掴んでいた。宝暦事件や明和事件についても情報を手にしており、保守派の治済にとっては田沼の動きは見過ごすことのできないものだった。

治済は田沼が朝廷や公卿と密接な関係を持ち、尊王思想を利用し、もし開国政策を進めていくなら、危険と判断していた。それが現実となり、家基や後桃園天皇の時代に、その動きが具体化してきた。

もしそのように動き始めれば、いくら治済でも手の打ちようがなくなってしまう。だから先回りして危険な芽は摘んでおこうと考えたのであろう。

三五年に及ぶ私たちのリサーチの結果わかったことは、当時出世していった者は、すべて一橋に可愛がられた者で、一橋の意向を聞かぬ者は、田沼派として粛清されていることだ。その証拠に家基暗殺だけでなく、一橋治済は、田沼意知暗殺のクーデターを作り上げるため、幕府内に送り込んだ一橋派の暗殺者を使い、田沼派や中間派を一橋派に寝返らせた。その結果として、彼らに徳川家基や後桃園天皇、田沼意知を暗殺させたのである。治済にとって、徳川家基を暗殺すること、そして田沼意知を殺害することなど、それほど難しいことではなかった。各公家・旗本にある程度の脅しをかけ、将来をちらつかせ、彼らに手をくださせればそれができたのである。

のちに、田沼意次は初めて一橋の裏切りに気づき、家基を暗殺したのは一橋治済だと理解した。一橋治済は形式上、老中に松平定信をつけて、田沼政権を抹殺しようとしたからである。

一橋治済は、松平定信を使って傀儡政権を発足させ、家康、吉宗と同じ大御所になろうとしたが、結果的にはなれなかった。数年後には将軍家治を亡き者にし、田沼意次も老中から引きずり下した。それと同時に田沼派の重鎮たち、勘定奉行、要職にある者を罷免し、抹殺していった。ただ定信は、家基の月命日には欠かさず千代田城紅葉山の東照宮別院霊廟にお参りに行っている。これは何を意味するのか。家基の墓所は上野寛永寺にあり、大納言でありながら将軍霊廟形式で建立され、吉宗墓所の参道脇、父・家治の隣りにある。歴代の将軍を祀る紅葉山の東照宮にも、唯一将軍でない家基が合祀されている。

十一代将軍家斉も毎年命日には家基の墓所へお参りに行っている。家基の霊が枕元に立ち、眼病になり、父・治済の所業に心痛んだのか、のちの一八一九（文政二）年には田沼意正を若年寄に取り立て、大名として屋敷を与えた。そして、一橋が取り上げた相良を田沼意正に返した。また一八二五（文政八）年、田沼意正を側用人に昇格させ、以後九年間重用した。その二年後の一八二七（文政十）年、シーボルト事件前に一橋治済は死去し、田沼家は再興したのである。

意次失脚により開国は七〇年遅れた。もし幕府の大官僚・田沼意次、意知らによって、開国されていたら、歴史は大きく変わっていただろう。徳川一門は今でも存在するが、引き続き権勢をふるっていたのではないだろうか。また外交的には他の列強と同様、より早く先進国の仲間入りをし、確固たる地位を築いていたかもしれない。だが、歴史は皮肉なことに、ときはまだ早く、田沼意次や意知、それに徳川家基、後桃園天皇らに転換期を求めてはいなかったのである。

一橋治済は、田沼意次に対して自分がおこなった陰謀を恐れ、各官僚登用は特に気をつけることにした。そのため、『寛政重修諸家譜』を作成し、御三家、御三卿に限らず、大名や旗本など、すべての家臣の経歴本を作成した。各官僚のレファレンス本である。自らがおこなった各人の登用を、今後出てくるかもしれない第二の敵にはさせたくなかったからだろう。

私たちはそれを逆手にとり、動かぬ証拠として、一橋治済の大陰謀をあぶりだすことの成功につなげることができた。

因果応報とはまさにこのことだと言わざるを得ない。島津重豪との関係はまだ続きそうであるが、徳川家基、田沼意次・意知、後桃園天皇と、一橋治済、松平定信との長い歴史の旅もこれをもって終わりとしたい。

合掌

田沼意次年表

西暦	和暦	年齢	月日	田沼意次の出来事と政治	月日	その他の出来事
一七一九	享保四		7月	意次誕生		
一七三五	享保二十	17歳	3月4日	意次元服し、家督を継ぐ		
一七三七	元文二	19歳	12月16日	意次主殿頭となる。従五位下		
一七四一	寛保元	23歳		役料　三〇〇俵・石高一一〇〇石		享保の改革 （一七一六〜一七四五）
一七四五	延享二	27歳	9月25日	意次、家重公に供奉し本丸に移る	11月2日	吉宗隠居・大御所となる 家重九代将軍となる
一七四六	延享三	28歳	7月22日	小姓頭取となり役手当一〇〇両		
一七四七	延享四	29歳	9月15日	意次御用諸取次見習となる		
一七四八	寛延元	30歳	閏10月	小姓組番頭となり、二〇〇〇石に加増		
一七五〇	寛延三	32歳	3月	長子意知誕生		
一七五一	寛延四	33歳	7月28日	**御側御用取次**となる	6月20日	吉宗死去
一七五五	宝暦五	37歳	9月19日	五〇〇〇石に加増		
一七五八	宝暦八	40歳	9月3日 11月18日	一万石に加増 相良藩主		

一七六〇	宝暦十	42歳			9月 2月	家重隠居・家治十代将軍となる 江戸大火
一七六二	宝暦十二	44歳	2月15日	一万五〇〇〇石に加増		10月25日　家基誕生
一七六四	明和元	46歳	12月	人参座を神田紺屋町に設置		
一七六五	明和二	47歳	4月11日 9月5日	日光東照宮に石灯籠奉献 五匁銀新鋳発行		
一七六七	明和四	49歳	7月1日	御側用人に昇格。二万石に加増 相良城築城拝命。従四位下		
一七六八	明和五	50歳	4月11日	相良城鍬入式 長崎に竜脳座設置		意知・御小姓頭となる。 二〇〇石
一七六九	明和六	51歳	8月18日	**老中格**となる。二万五〇〇〇石に加増		
一七七二	明和九 安永元	54歳	1月15日 2月 9月	**老中**となる。三万石に加増 江戸目黒行人坂大火により、屋敷全焼 一万両を拝借する 南鐐二朱判（計数貨幣）発行	2月	江戸大火
一七七三	安永二	55歳				弟・意誠死去
一七七七	安永六	59歳	4月21日	三万七〇〇〇石に加増		
一七七九	安永八	61歳			2月24日 12月16日	家基死去（18） 後桃園天皇崩御（22）
一七八〇	安永九	62歳	4月 8月	相良城落成、意次お国入り 大坂に鉄座・真鍮座を新設する		

田沼意次年表

一七八一	天明元	63歳	7月	和泉国日根郡にて四万七〇〇〇石に加増	閏5月18日 12月15日	家斉・世継となる 意知・奏者番となる
一七八二	天明二	64歳	11月	印旛沼・手賀沼干拓、利根川堀割着工	11月15日	意知・山城守を拝命
一七八三	天明三	65歳	7月	浅間山大噴火・死者二万人余 天明大飢饉五年連続・この年最悪	11月1日	意知・若年寄となる。 蔵米五〇〇〇俵給
一七八四	天明四	66歳			3月 4月	意知(36)・殿中で佐野政言に刺され、死去 政言は切腹となる
一七八五	天明五	67歳	1月 6月	河内・三河で五万七〇〇〇石に加増 米の買い占めを禁止		
一七八六	天明六	68歳	8月 閏10月	家治の死去に伴い、意次老中を免ぜられる 神田屋敷・大坂蔵屋敷・領地二万石没収。 木挽町屋敷へ	6月 8月25日 9月	東日本大洪水、利根川大氾濫 家治死去 家斉十一代将軍となる 寛政の改革（〜一七九三）
一七八七	天明七	69歳	10月 10月	意次蟄居・所領二万七〇〇〇石没収 孫意明家督相続・奥州下村、一万石移封 相良城没収。収城使岡部美濃守	5月 6月	難民蜂起し、暴動全国に広がる 松平定信老中首座となる
一七八八	天明八	70歳	7月 1月16日〜 2月5日	意次死す。勝林寺に葬る 相良城とり壊し		

徳川家基年表

西暦（和暦）	月日	徳川家基の出来事
一七七二（安永元）		家基十一歳
	2月20日	心観院（家治夫人）霊牌所に、自らの代理として（西丸）若年寄鳥居伊賀守忠意を行かせ参拝させる
	22日	至心院（家治生母）二五周忌に、自らの代理として阿部豊後守正允を行かせ参列させる
	29日	前年、歳暮として時服を献上した各家に、（礼として）奉書を与える
	3月4日	天皇の使いとして（下向した）、広橋大納言勝胤、姉小路大納言公文、上皇の使いとして難波前中納言宗城が、将軍と面会した。この折、使いの者から将軍に贈り物を持ってきたが、家基にもあった 天皇よりは、太刀の目録、金二枚、三種二荷 上皇よりは、太刀の目録、金一枚、一種一荷 女院よりは、末広三柄、一種一荷 新女院よりも、末広三柄、一種一荷
	7日	（将軍・家治と共に、帰洛の前に）公家との面会あり その折に、家基からも贈り物あり 広橋大納言勝胤、姉小路大納言公文、難波前中納言宗城に、各々銀五〇枚 知恩院尊峯法親王には、銀二〇枚
	20日	心観院の仮の霊牌所（先日の大火で焼失してしまったので）に、自らの代理として、（西丸）若年寄酒井飛驒守忠香を行かせ、参拝させる （先日、将軍に謁見した）オランダ人が、（長崎に帰るので）おいとまにやってきた。その折、家基からも贈り物あり。時服二〇枚
	4月20日	心観院霊牌所に、自らの代理として（西丸）若年寄鳥居伊賀守忠意を行かせ参拝させる

一七七二（安永元）	5月20日	心観院霊牌所に、自らの代理として阿部豊後守正允を行かせ参拝させる
	6月20日	心観院霊牌所に、自らの代理として（西丸）若年寄鳥居伊賀守忠意を行かせ参拝させる
	7月15日	輪王寺門跡一品公啓法親王死亡に際し、家基も喪に服す （心観院と縁あり）
	17日	群臣、西丸に出仕して、家基の機嫌を伺う。また、万石以上で病気の者、幼き者、引退した者については、（西丸老中）阿部豊後守正允の宅に使いを立てて、（家基の）ご機嫌を伺う様に。また、国に戻っている者は、書状にて伺う様に
	18日	溜り詰の者、高家、雁の間詰の者、芙蓉の間詰めの者、西丸に出て、家基のご機嫌を伺う
	20日	群臣、西丸へ出仕
	21日	溜り詰の者、高家、雁の間詰の者、奏者番、布衣以上の諸有司、西丸に出仕 家基は、この日、喪が明ける
	8月17日	心観院霊牌所に、自らの代理として阿部豊後守正允を行かせ参拝させる
	9月19日	喪が終わったので、紅葉山霊廟に参拝あり。 山王権現には、自らの代理として（西丸）側衆の大久保下野守忠恕を行かせ参拝させる
	11月5日	女御の入内を祝い、（将軍家より皇室に、祝いの）使いを立てた。家基からも贈る物あり
	12月9日	将軍家治、島津重豪の許に使いを立てて、浄岸院の香料を贈る。家基からも銀二〇枚
	20日	公遵法親王登城、家基にも初めて対面する

一七七三（安永二）		家基十二歳
	1月7日	将軍は、恒例の、歳首を祝って使を各所に立てた。彼らは、家基の使も兼ねている 伊勢神宮には、高家大沢相模守基典 京（の皇室）には、前田伊豆守長敦 日光山には、六角越前守広孝
	17日	紅葉山霊廟参詣。家基は、西丸裏門外にて（本丸よりの一行に合流すべく）待機 （西丸一行は、）簾（持ち）が阿部豊後守正允 太刀（持ち）が堀川兵部大輔広之 刀（持ち）が美濃部中務少輔茂好 沓（持ち）が前田淡路守孝武
	2月21日	（二〇日に万寿姫〈家治の娘〉が死去したに際し）群臣、西丸にも出仕
	22日	同上
	25日	同じく、番頭、物頭、布衣以上、出仕し、西丸にも機嫌を伺う
	26日	同じく、高家、雁の間詰の者、奏者番、芙蓉の間詰の者、出仕し、西丸にも機嫌伺い
	3月13日	（本日が）結願（の最終日）であるので、家基は、代理として阿部豊後守正允を行かせ、参列させた
	4月9日	家基、王子の辺りにて狩り
	6月4日	寛永寺凌雲院にて、故田安宗武の三回忌の法会あり。家基は、自らの代理として、阿部豊後守正允を行かせ、参列させる。また、香典として、銀一〇枚。田安治察宅にも、（西丸）側衆の大久保下野守忠恕を遣わす。檜重を持参
	12日	惇信院（家重）の十三回忌に際し、霊廟に参詣あり。家基は、自らの代理として、阿部豊後守正允を行かせる

一七七三（安永二）	8月7日	家基、濱に遊ぶ
	9月7日	先頃下向した公家に、将軍の謁見あり 天皇の使いとして、広橋大納言勝胤と姉小路前大納言公文 上皇の使いとして、平松前中納言時行 天皇の、〝女御入内の際のお礼〟の使いとして、油小路大納言隆前 女御の使いとして、三室戸宮内卿光村 この折、将軍に贈り物する。家基にもあり 女御入内のお礼として、 天皇より、太刀の目録、金一枚、五疋 上皇より、太刀の目録、金一枚、 女院より、絹一疋 皇后より、絹一疋 女御より、紗綾五巻 天皇の（疱瘡）快気祝いとして 天皇より、綸子一〇巻、二種一荷 上皇より、絹一〇疋、二種一荷 女院より、縮緬五巻、箱肴 皇后より、縮緬五巻、箱肴 女御より、縮緬五巻、箱肴 皇后（用の予算）の加増のお礼として、 皇后より、一種一荷
	13日	（将軍・家治と共に、帰洛の前に）公家との面会あり その折に、家基からも贈り物する 広橋大納言勝胤、姉小路前大納言公文に、各銀一〇〇枚 油小路大納言隆前に、銀二〇〇枚 平松前中納言時行に、銀五〇枚 三室戸宮内卿光村に、銀五〇枚

	知恩院門跡尊峯法親王に、銀一〇枚
10月9日	（同月三日、一橋治済に長子誕生、その）七夜の祝いあり。家基も使いを立て贈り物する。阿部豊後守正允により、銀二〇枚、二種一荷 また、同子に、〝豊千代〟の名がつけられたので、その祝いとして、家基からも、大和国則長作の脇差、銀二〇枚、二種一荷が贈られた
15日	家基、雑司が谷のほとりにて遊ぶ
21日	重陽（の節句の折）に、時服を献上した各家に、奉書を出し、労う
11月2日	（先月二五日、水戸治保に男子生まれる。同子の）七夜の祝いあり 家基も、阿部豊後守正允を使いに立てて、贈り物する 同子には、巻物一〇、二種一荷 父治保には、銀三〇枚、巻物一〇、二種一荷 簾中には、綿二〇把、二種一荷 俊祥院には、鮮鯛
24日	寛永寺にて、乗台院〈故・万寿姫〉の宝塔供養あり。家基は、自らの代理として、阿部豊後守正院を遣わし、参列させる
	家基十三歳
2月21日	前年、歳暮として時服を献上した各家に、（礼として）奉書を与え、労う
3月5日	先頃下向した公家に、将軍の謁見あり。家基も同席する 天皇の使いとして、広橋大納言勝胤と姉小路前大納言公文 上皇の使いとして、難波前中納言宗城 自らの相続を祝い、有栖川中務卿織仁親王 同じく、その礼として、鷹司

一七七四（安永三）	7日	（将軍・家治と共に、帰洛の前に）公家との面会あり その折に、家基からも贈り物する 広橋大納言勝胤、姉小路前大納言公文に、各銀一〇〇枚 難波前中納言宗城に、銀五〇枚 知恩院門跡尊峯法親王には、使の者に銀一〇枚 有栖川中務卿織仁親王には、その旅館に使を立てて、銀一〇〇枚、綿一〇〇把を
	4月11日	尾張中納言宗睦の嫡子に、その次男、松平兵部大輔睦篤が決まる。その祝いとして、家基からも贈り物する 当主・宗睦には、一種一荷 嫡子・睦篤には、二種一荷 簾中には、一種一荷 また、その礼として、宗睦父子が登域したおり、家基にも謝礼の品あり 一種一荷
	17日	紅葉山霊廟に参詣あり
	18日	家基、浅草のほとりにて放鷹
	5月2日	家基、羅漢寺のほとりにて放鷹
	5日	家基の〝具足召し初め〟の儀式あり 紅葉山宮に、報告の使いとして阿部豊後守正允が参拝 具足〈鎧〉一領、備前国景安（作）の刀、同じく備前国行助（作）の脇差を（将軍の？）御座所の床に飾り置く ほどなく家基は、御座所において（将軍と？）対面した。その折、先の品々を贈るとの仰せがあり、家基は、恐縮して、それを受けた。 （家基は）外殿に出、群臣からの寿ぎを受けた 家基はしばし席を立ち、先程の具足を身につけた そして、御座所にて（将軍に）礼を述べた

		（将軍は？）手ずから（家基に？）熨斗鮑を授けた 一橋民部卿治済、田安大蔵卿治察は、お祝いの言葉を述べた また、老中、若年寄、側衆も、それに続いた やがて、家基が後閤に入り（具足を身につけると）、近習の者は、その姿を拝した また、この儀式が執り行なわれることを祝い、（将軍より家基に）稲葉越中守正明を使いとして、鮮鯛が贈られた （そのお礼として）家基からは佐野右兵衛尉茂承を使いとして、これまた鮮鯛が献上された 側衆を始めとする側近の者にも酒、吸い物が振る舞われ、（本丸カ）老中、若年寄からも、西丸に鮮鯛とともにお祝いを申し上げた
	11日	両御所（家治、家基）、吹上の庭にて、近習、外様の諸士による笠懸を見る 射手は二一人、（それらの者への）賜り物は、いつもと同じである
	7月11日	家基は、（西丸）側衆の大久保下野守忠恕を使いに立てて、（将軍に）樽肴を献上し、生身たま（？）をお祝いした
一七七四（安永三）	30日	家基、初めて紅葉山霊廟に参詣する。衣装は直垂
	8月6日	家墓、濱の庭に遊ぶ
	9月2日	慣例の行事であるが、重陽の（祝儀として）、三家並びに諸大名から、時服が献上された
	8日	田安大蔵卿治察が危篤であるので、家基も、阿部豊後守正允を使いに立てて見舞う（しかし治察は同日死亡）
	20日	家基、心観院、乗台院の霊牌所に参詣する
	10月6日	寛永寺凌雲院にて故田安治察の法会が営まれる。また、（この日が）結願であるので、家基も本堂伊豆守親房を使いに立てて銀二〇枚を（その霊前に）供える
	21日	重陽の（祝儀として）時服を献上した各家に、家基よりも奉書を出し、労う

	11月1日	(本丸カ)小納戸本多志摩守行貞に、家基の射術を、西丸馬預松村四兵衛歳に、家基の乗馬を、其々携わるよう、令あり
	7日	御内証の方〈家基の生母、津田お知保〉に、今日より御部屋の方と称するよう、令あり
	9日	お部屋の方改称の祝儀として、 (将軍より)家基へ、松平右近将監武元を使いとして、二種一荷 家基より(将軍へ)、阿部豊後守正允を使いとして、二種一荷 家基より御部屋の方へ、巻物二〇、二種一荷 同上　二種一荷
一七七五 (安永四)		**家基十四歳**
	1月17日	紅葉山霊廟に、将軍と共に参詣 (西丸一行は、)簾(持ち)が阿部豊後守正允 太刀(持ち)が大友近江守義珍 刀(持ち)が松井備後守信任 沓(持ち)が前田淡路守孝武
	2月2日	(将軍より?)うちうちに、家基に短刀一口を授ける
	15日	(将軍は)西丸に渡り、家基と盛饌を供した。これは毎年の慣例である
	3月4日	先頃下向した公家に、将軍の謁見あり。(家基も同席する) 天皇の使いとして、広橋大納言勝胤と油小路大納言隆前 上皇の使いとして、四辻前大納言公亨 ほか、近衛関白内前をはじめ、摂家、宮門跡、勾当内侍も謁見
	7日	(将軍・家治と共に、帰洛の前に)公家との面会あり その折に、家基からも贈り物する 広橋大納言勝胤、油小路大納言隆前に、各銀五〇枚

一七七五（安永四）		四辻前大納言公亨に、銀五〇枚 知恩院門跡尊峯法親王には、使の者を立てて銀二〇枚
	4月7日	家基、王子村にて遊ぶ
	27日	両御所（家治、家基）、吹上の庭にて、近習、諸番士の騎射を見る 射手は三五人、（それらの者には）布帛が賜られたが、その量については各々による
	5月2日	三家を始めとする各家、端午の祝儀として、時服を献上
	15日	家基、羅漢寺のほとりに遊ぶ
	6月1日	松平讃岐守頼真に、〝明年御誥の後は、毎日、もしくは隔日で西丸を訪れ、家基の機嫌を伺い、また、本丸にも両三度出仕するように〟（？）との令あり
	4日	（日光新宮）公璋法親王、初めて将軍に拝謁し、家基にも対面する 家基には、太刀馬資を贈る また、家基は准后公遵法親王とも対面する。この折、法親王よりは、羽二重絹五疋を贈る
	20日	（将軍の）寛永寺参詣あり。家基は、自らの代理として、佐渡守勝清を立て参列させる 家基自身は、紅葉山霊廟に参詣する
	7月15日	家基、濱のその（？）に遊ぶ
	8月8日	故田安治察の一周忌は九月八日であるが、この日寛永寺淩雲院にて、法会を営む。家基は、自らの代理として、大久保下野守忠恕を立て、参列させる 香料として、銀五枚を、（その霊前に）供える
	9月2日	重陽の祝儀として、各家より時服が献上された
	6日	家基、深川のほとりに船にて遊ぶ

	18日	寛永寺の本坊の建立が成ったことを祝い、家基からも阿部豊後守正允を使いに立てて、贈り物する 准后（公遵法親王）には、屛風二双、二種一荷 （日光新宮）公璋法親王には、銀香炉、一種一荷
	11月7日	（十一月朔日に、故田安宗武の娘・種姫を、将軍家治の養女とする由の仰せあり） この日、種姫は江戸城に入、家基とも対面する 種姫の席次は、御部屋の方の上、と決められた
	12日	（家基と将軍？）山里の園にて、家基側近の者の、大的を見る 射手は四五人、その者たちへの（褒美の）品は、いつもの通り
	12月5日	家基、浅草のほとりにて、狩り。今日は、初めて放鷹を行なったので、本丸（の将軍は、祝いに、本丸）側衆津田日向守信之を使いとして（現地の）休息所に、菓子、鮮鯛を持たせた
	11日	歳暮の祝儀として、慣例通り、各家より時服の献上あり
	23日	家基、浅草のほとりにて放鷹し、新堀村浄光寺にて休息
一七七六（安永五）		**家基十五歳**
	1月15日	今年より、西丸においても弓場始めあり
	17日	（将軍と共に）紅葉山へ参詣
	29日	（今後）家基は、五節の月（正月、三月、五月、七月、九月）の朔望の日（一日、十五日）には、（将軍と同じく）拝賀を受けるよう、（将軍より）令あり
	2月9日	西丸側衆の小笠原若狭守信喜、家基の申次となる
	21日	（去年の）歳暮として、時服を献上した各家に、家基よりは、奉書を出して労う
	3月1日	三月朔日の月次（家基も同席？）

	2日	（将軍が日光山参詣で、江戸不在の折）江戸にいる各大名は、日ごとに（西丸老中）阿部豊後守正允の宅に使者を立て、家基の機嫌を伺うようにとの令あり （将軍が）帰城した次の日には、皆、両城（本丸、西丸）に出て、お祝いするように 雁の間詰めの者、西丸に出仕して、家基の機嫌を伺うように
	7日	家基、王子のほとりにて狩り
	22日	（将軍が）日光より帰城する際に、（将軍、および家基に）各家より献上する品々の制限が決められた 三〇万石以上の者、（家基へは）三種二荷 一〇万石以上の者、（家基へは）二種一荷 五万石以上の者、（家基へは）一種一荷 一万石以上の者、（家基へは）一種
	27日	（将軍）吹上の庭に遊覧する。この折、（この度の日光山）参詣の行列の練習を見る。家基も同じ
	30日	本丸と西丸の大奥の修理が成る
一七七六（安永五）	4月5日	（将軍）家基を伴い、巳の刻頃、黒木書院に出、（この度の日光社参の）留守をする者の拝謁を受ける また、その後白木書院にて、老中、若年寄の面々に、令あり。その中で、〃もし、異変が起きた折には、家基の命令を仰ぐように〃との一文あり
	7日	家基、阿部豊後守正允を使に立て、（この度の日光社参の）餞別として、（将軍に）羽織五、鞍二、鐙二、干鯛を贈る
	9日	井伊掃部頭直幸、松平隠岐守定静の二名、西丸に出仕して家基に拝謁し、物を賜る。これは、今回の（将軍の）日光山社参に御供することによる
	10日	将軍出発の当日、（他の者は、将軍に拝謁することとなっているが）諸門の警備を命じられている者については、出仕しなくてよい。それぞれ役目の地にいるように。また、その任が終わったあとも、家基に拝謁するには及ばず

一七七六（安永五）

11日
将軍出発の日、本丸にて家基に拝謁する者の、席次が決められた
黒木書院にて、溜の間詰めの者
西湖の間縁頬にて、高家、雁の間詰の者
（西湖の間？）勝手にて、常にここで拝謁している者
帝鑑の間にて、譜代大名、雁の間詰の者の子、菊の間縁頬詰の父子
諸番頭、諸物頭等

13日
（将軍の）首途を祝い、家基より干鯛を献上
家基は、卯の刻に本丸へ出、（家治の）機嫌を伺う。御座所にて対面
（将軍出発に際し）外殿、三の間～大溜、黒木書院を経て大広間四の間まで見送る
将軍一行は、午の刻に、川口の錫杖寺にて昼食。家基は同所に（西丸）若年寄の鳥居丹波守忠意を遣わし、将軍の機嫌を伺う
のち、今日の宿所である岩槻城に着く。家基よりは、小納戸押田信濃守峯勝を使いとして、肴一種を献上し、機嫌を伺う。押田信濃守には、（将軍より）巻物二が賜れた
また、この日、将軍が出発してからは、本丸の御座所にて、家基が一橋民部卿治済と対面し、三献のお祝いあり（お酒を三度つぐことを三回繰り返すこと。治済が家基にお酌？または互いに？？）
それが終わってから（家基）は、（本丸）大奥に入る
また、辰の刻過ぎには、祝いの囃子があり、（辰の刻）半ばに（家基は）西丸に帰った
帰ってからは、（今日、出仕している）者が、また西丸へ来たので、拝謁

14日
将軍の一行、岩槻城を出立。家基の使いである押田信濃守峯勝も、ここにて見送る

16日
将軍、日光山に到着。家基よりの使として、西丸側衆大久保下野守忠恕が機嫌を伺う

17日
家基は自らの代理として、高家の堀川兵部大輔広之を使いに立てて参詣させる。浄土院にて拝謁する
また、家基の代理として、（将軍参詣の後）御宮に参詣する
将軍、公遵法親王に対面あり。家基の代理として、西丸側衆大久保下野守忠恕も拝謁する。その折、時服三を賜る
江戸城においては、家基、紅葉山霊廟に参詣する。

19日
江戸城西丸の大奥にて、（将軍の）日光山社参が無事、終えられたことを祝して、猿楽あり

一七七六（安永五）

20日	将軍の帰路、家基は使い・西丸小納戸大井大和守持長を岩槻城に遣わし、将軍の機嫌を伺う
21日	将軍一行、川口の錫杖寺に着き、昼食とする。家基は、使・（西丸）鳥居丹波守忠意を遣わし、一種を献上 　江戸城においては、家基が午の刻頃より、本丸に出て、帰りを待つ 　一行の帰りを、黒木書院まで出迎え、（御座所まで）付き添う 　御座所にて、将軍と対面する
22日	老中、若年寄をはじめとする近習の者、将軍に肴を献上。家基にも同じく献上
23日	家基、（西丸老中）阿部豊後守正允を使いに立て、将軍に三種二荷を献上 　将軍より家基へは、松平右近将監武元が使いとなり、三種二荷が贈られる 　また、他の者から家基への贈り物は次の通り 　　安祥院（清水重好生母）よりは、鮮鯛 　　（田安）重好より、三種二荷 　　（一橋）治済より、　〃 　　重好簾中より、鮮鯛 　　宝蓮院（田安宗武夫人）より、鮮鯛
25日	准后公遵法親王と公璋法親王、この度の社参を賀し、将軍と対面する 　またこの折、家基と紀伊中納言治貞対面もあり。治貞も、家基にこの度のことの祝いの言葉あり 　その後、家治と家基、黒木書院に出、国持侍従従四位以上をはじめとする、万石以上の父子、留守居、諸番頭、諸物頭、布衣の者より祝いを受ける
5月1日	五月朔日の月次（家基も同席？）
2日	家基の、袖留めの儀式あり 　家基、本丸に出、儀式終了後、御座所にて、紀伊中納言治貞、水戸宰相治保と対面する 　次いで、溜の間詰の者、祝いを述べる 　同じく、月次の朝会に出席する（ために登城した）群臣の祝いを述べた 　（この賀を祝し）高家、雁の間詰の者、奏者番、菊の間縁頬詰の者をはじめとする布衣以上の者に、

一七七六（安永五）		酒と吸い物が振る舞われた （将軍からは、祝いとして）板倉佐渡守勝清を使いに立て、巻物二〇、二種一荷が贈られる また、家基からは、（その返礼として）同じ物を、阿部豊後守正允が使いとなり、献上された 三家よりも、贈り物し、祝いを述べた
	4日	端午の祝儀として（慣例通り、各家より、時服＝）夏衣が献上された
	15日	五月望日の月次（家基も同席？） また、家基の袖留めを賀し、准后高遵法親王、新宮公璋法親王より、各々贈り物あり
	19日	家基、麻疹を患う。群臣、西丸に出仕し、機嫌を伺う また、その病状がごく軽いことから、（それらの者は）本丸へも出仕し、（将軍に）祝いを述べた （将軍は）高家横瀬駿河守貞臣を使いに立て、准后遵公法親王に銀一〇〇枚を贈り（家基の病気が軽くあるようにとの）祈禱を依頼した
	20日	高家、雁の間詰の者、奏者番、西丸に出仕して、家基の機嫌を伺う。またその後、本丸へ
	21日	紀伊前中納言重倫より贈り物あり、家基の袖留めの儀式を祝う 群臣、西丸に出仕し、病状を伺う"
	6月3日	家基の、麻疹酒湯の式が行なわれた （将軍より、祝いとして）松平周防守康福を使いに立て、三種二荷、綿一〇〇把が贈られた 家基よりは、（その返礼として）阿部豊後守正允を使いに立て、（将軍に）二種一荷を献上した 三家よりも、使いを立て、祝いを述べる 群臣も、（本丸及び）西丸に出仕し、祝いを述べた 隠居した者、国元にある者は、慣例通り、書簡にて祝いを述べる
	5日	酒湯の式の返礼として、家基より贈り物する。使は、鳥居丹波守忠意水戸宰相治保に、鮮鯛一折 （清水）宮内卿重好に、（鮮鯛一折？）
	25日	端午の祝儀として時服を献上した各家に、奉書を出して労う

一七七六（安永五）

7月1日	七月朔日月次の拝賀あり（家基も同席カ） 紀伊前中納言より、使いが来て、家基の酒湯の式があったことを祝う
6日	各家より七夕を賀して、鯖料の金、銀の献上あり
12日	（一一日、尾張中将治興が死去したので）家基、（治興の父）尾張中納言宗睦の許に、使いとして阿部豊後守正允を送り、（弔問し、その霊前に）銀三〇枚を贈る
8月8日	故（田安）大蔵卿治察の三回忌の法会が、寛永寺凌雲院にて行なわれた 家基は、自らの代理として側衆の大久保志摩守忠翰を立て、（その霊前に）銀五枚を供える
11日	（将軍）西丸に渡り、家基より生身魂（?）の膳を進められる 上直（そこに控えていた?）の布衣以上の者には、酒と吸い物が振る舞われた
13日	西丸目付の小出兵庫有乗、出仕を止められる それは、家基が昨日（十二日?）本丸を訪れる際、西丸陰時計のはしに、清水邸より使いとしてやった来た身分の低い者が居たのに、その者をどけなかったためである
18日	家基、大川で舟にて遊ぶ。浅草まで（舟で）至り、（そこで）徒士六五人による水泳を見た。後日（それらの者には）褒美として、帷子を賜った
27日	（将軍の）日光社参が滞りなく果て、また家基の麻疹が治ったのを含めて、祝いの席あり。家基本丸に招いて膳を勧めた 家基は、阿部豊後守正允を使に立てて、（将軍に）鮮鯛を献上した 家基の供の者にも、食事を振る舞った
9月1日	九月朔日の月次の拝賀あり（家基の同席?）
2日	重陽の祝儀として、各家より時服を献上する
4日	先頃下向した公家に、将軍の謁見あり。家基も同席する 天皇の使いとして、広橋大納言勝胤と油小路隆前

また以上二名は、上皇の使いも兼ねる
天皇の麻疹が治った事、将軍の日光社参を祝い贈り物あり。家基へも有
天皇より、太刀の目録、金二枚
上皇より、太刀の目録、金一枚
女院より、二種一荷
皇后より、〃
女御より、〃

7日　(将軍家治と共に、帰洛の前に)公家との面会あり
その折に、家基からも贈り物する
広橋大納言勝胤、姉小路前大納言公文に、各銀一〇〇枚、綿一〇〇把
また、今回は彼らが上皇の使いをも兼ねているので、各銀五〇枚、綿五〇把も付ける
知恩院門跡尊峯法親王には、使の者に銀一〇枚

18日　家基、雑司が谷のあたりに遊ぶ

一七七六(安永五)

10月19日　西丸の小姓天野大膳亮康寿、仕事の上で無礼があったとして、(家基の?)勘気を蒙り、出仕を止められ、小普請となる

22日　故一橋贈中納言宗尹の十三年忌の法会あり
家基は、自らの代理として、阿部豊後守正允を使いに立て、参列させる
また(その霊前に)銀五枚を供える

11月2日　両御所(家治、家基)、吹上の庭にて仙台の馬を見る

11日　両御所(家治、家基)朝鮮幅馬場にて諸士による騎射を見る。射手は三五人。(その者達への)褒美の品は、通常通り

15日　将軍家治の四〇歳の賀あり
(将軍より)家基へ、松平右近将監武元を使いとして、贈り物あり
また、家基より(将軍へも)阿部豊後守正允を使いとして、贈り物あり

	23日	家基、木下川ほとりにて狩り
	30日	両御所（家治、家基）吹上の庭にて、南部の馬を見る
	12月1日	日光社参が滞りなく終えたこと、家基の麻疹が軽く済んだことを祝い、家基を伴っての猿楽の饗宴あり。 またその折、将軍自らが捕らえた鳥を料理し、膳に出した それから、溜の間詰めの者、譜代大名、高家、雁の間詰の父子、奏者番の父子、菊の間縁詰の父子、 両城（本丸、西丸）の布衣以上の者にも振る舞う 猿楽（の演目）は、鶴亀、箙、六浦、船弁慶、祝言金札 狂言は、あさふ、いくゐであった これらに携わる者にも、銀を少しばかり下賜
	9日	家基、小松川のほとりにて放鷹
	21日	歳暮の祝儀として、各家より時服の献上あり
一七七七（安永六）	1月1日	**家基十六歳**
	15日	月次の拝賀あり（家基も同席？）
	17日	家基、紅葉山の諸霊廟に参詣する
	20日	家基、至心院、心観院、乗台院の各霊牌所に参拝
	21日	千住のほとりにて放鷹
	2月2日	家基、目黒のほとりにて放鷹
	6日	家基、今年が世間で言う厄年にあたるとして、高田馬場にて、流鏑馬の神事を行なう。射手は二五人 （神事を行なう）八幡宮には、家基の代理として、側衆佐野右兵衛尉茂承を遣わし、神前に供え物する

一七七七（安永六）	15日	将軍、月次拝賀の後、西丸に渡る。これは家基が新年に、宴を設け、膳を進めたことによる
	21日	昨年、歳暮の祝儀として時服を献上した各家に、奉書を出して労う
	3月7日	（将軍・家治と共に、帰洛の前に）公家との面会あり その折に、家基からも贈り物する 油小路大納言隆前、久我大納言信通に、各銀一〇〇枚 四辻前大納言公亨に、銀五〇枚 知恩院門跡尊峯法親王には、使の者に銀一〇枚
	9日	家基、雑司が谷のほとりにて狩り
	11日	尾張中将治行が童形を改めた（元服した）祝いとして、家基より贈り物あり 父、中納言宗睦に、一種 治行に、一種
	18日	家基、新井宿のほとりにて狩り
	26日	家基、山里の庭にて、西丸番士による射技を見る。射手は二四人、その者への（褒美の）品も、慣例通り。またこれが、家基の〝諸士大的御覧〟の最初であった
	4月9日	家基、目黒のほとりにて放鷹
	17日	家基、紅葉山霊廟に参詣
	22日	家基、羅漢寺ほとりにて放鷹
	5月2日	三家を始めとする各家、端午の祝儀として、時服を献上する。慣例通り 家基、小菅のほとりに放鷹
	22日	家基、濱の庭にて遊ぶ

一七七七（安永六）	6月12日	増上寺への参詣あり。家基は、自らの代理として阿部豊後守正允を立て、参列させる。正允は、位冠すがたにて出席
	7月1日	七月朔日の月次（家基も同席？）
	15日	家基、濱の庭にて遊び、漁を見る
	8月2日	家基、深川のほとりに遊ぶ
	12日	家基、本丸に渡り、（将軍に）生身魂（?・食物、肴の類?・?）の膳を進めた よって（将軍は）老中、若年寄、側衆、近習の者にも振る舞った
	13日	家基、中川のほとりに遊ぶ
	21日	家基、心観院の霊牌所に詣でる
	9月1日	九月朔日の月次（家基も同席？）
	2日	三家をはじめとする各家、重陽の祝儀として、西丸にも時服を献上
	10月11日	家基、高田のほとりにて放鷹
	19日	紀伊中納言治貞が養子を迎える件が、幕府より許された 家基も、阿部豊後守正允を使いに立て、治貞、紀伊前中納言重倫、岩千代（治貞養子、重倫の妾の子）、明脱院（故紀伊中納言宗将の正室）に、各々贈り物する 重倫、岩千代よりも、（返礼の）品あり
	21日	家基、中野のあたりにて放鷹
	23日	日光准后公遵法親王、新宮公延法親王を伴い、登城し、（公延法親王が、この度新たに下向してきたので、そのことへの）お礼を（将軍に）言上した 家基も同席し、贈り物を受ける

		公延法親王より、太刀馬料 公遵法親王より、羽二重五疋
	25日	西丸にて、家基の誕生祝いあり
	26日	家基、山里の庭にて、西丸新番、小十人による射芸を見る。その者達への、（褒美の）品は、いつもの通り
	29日	公延法親王に、〝親王宣下〟（臨時に、親王の称が与えられる事）があったのを祝し、家基よりも、使・六角越前守広孝を立てて、贈り物する 准后公遵法親王には、一種 新宮公延法親王には、一種一荷
	11月22日	家基、小菅のほとりに放鷹
	12月4日	家基、浅草川のほとりにて狩り。雁を射る
	21日	三家をはじめとする各家、歳暮の祝儀として、時服を献上
	23日	家基、平井のあたりに放鷹
一七七八（安永七）		**家基十七歳**
	1月1日	
	15日	月次の拝賀（家基も同席カ）
	17日	紅葉山霊廟参詣あり。家基も詣でる （その一行は）簾（持ち）が、阿部豊後守正允 太刀（持ち）が、堀川兵部大輔広之 刀（持ち）が、浅井庇護守忠郷 沓（持ち）が、押田信濃守峯勝

	21日	千住のほとりにて狩り
	29日	(将軍より)以下の令あり 〝かつて〈家基に仕えている者で、痘瘡、麻疹、水痘の者を看病した者は(家基の)御前に出る(のをはばかること)は勿論のこと、(家基が)外殿に出られる時も、三回湯浴みをしないうちは、(出仕を)はばかるように〉という令を出したが、以後は遠慮するに及ばす。その病気にかかっている者も、物を献上するに際し、遠慮する必要はない。その他のことは、宝暦十二年の令に従うように〟
一七七八(安永七)	2月13日	家基、目黒のほとりに遊ぶ
	15日	西丸にて新年の饗膳
	27日	痘瘡にかかっていた一橋豊千代が回復したのを祝い、酒湯の式あり 家基からも、阿部豊後守正允を使いに立てて、贈り物あり 豊千代に、二種一荷 父、治済に、一種
	3月5日	家基、浅草のほとりにて狩り
	8日	(将軍)家基と共に、吹上の庭にて、近習の士及び番士による騎射を見る 射手三五人、(その者達への褒美の)品は慣例通り
	13日	(将軍・家治と共に、帰洛の前に)公家との面会あり その折に、家基からも贈り物する 油小路大納言隆前、久我大納言信通に、各銀一〇〇枚 難波前大納言宗城に、各銀五〇枚、 知恩院門跡尊峯法親王には、使の者に銀一〇枚 また、二条大納言治孝が宿所、青松寺にも使・阿部豊後守正允を遣わして銀二〇〇枚、綿一〇〇把を道り、別れを告げる
	18日	家基が童形を改める(儀式あり)

一七七八（安永七）

まず、家基は本丸に渡り、（将軍と）対面した
しばらく後、小姓飯田能登守易信が、白木の台に紙を敷き、（その上に）大小の鋏がのっているものを持ってやって来、（それを）前に置いた
将軍自ら、家基の前髪にはさみを入れた
将軍と家基の間で、祝いの盃のやりとりがあった
以上の礼が終わってから、一橋民部卿治済が進み出て、この喜ばしい儀式のお祝いを述べた
次いで、老中、若年寄も、お祝いを述べた
この折また、尾張中納言宗睦、紀伊中納言治貞、水戸宰相治保、尾張中将治行も出て、拝賀する
次いで、井伊掃部頭直幸、その子玄蕃頭直富も出、お祝いした
その後、水野出羽守忠友、若年寄、側衆の面々も、お祝いを述べた
以上の礼が終わり、（将軍は）奥へ戻った
家基は、自らの代理として、阿部豊後守正允を使いに立てて、（将軍に、お礼として）三種二荷を献上した
将軍からも、松平右京大夫輝高を使いとして、巻物二〇、二種一荷を贈る
三家からも、使いが二種一荷ずつ、持参した
西丸鐺奉行柳生播磨守久寿に、家基の剣技に携わるよう、命あり
日光准后公遵法親王と公延法親王、（将軍へ?）使いを立てて、昆布一箱を献上し、家基の童形改めをお祝いする

21日　日光准后公遵法親王と公延法親王、（将軍へ?）使いを立てて、この度の、家基童形改めに際し、（将軍?から両法親王へ）贈り物があったことへのお礼を述べた。そして両法親王より、寛永寺（内に咲く）山桜の枝が贈られた

26日　公延法親王が得度したので、（その報告に）准后公遵法親王と共に出仕し、将軍と対面する。その折、家基へも贈り物あり
公延法親王より、紗綾二〇反、馬料としての金
公遵法親王より、羽二重絹五疋

4月7日　紀伊中納言治貞より、使いをもって一種一荷を献上。家基の童形改めを祝ってのこと

一七七八（安永七）

11日 この度の、家基の童形改めを祝っての猿楽あり
雁の間詰の父子、奏者番の父子、菊の間縁詰の父子、布衣以上、法印法眼の医師ら、みな観ることをゆるされ、膳が振る舞われる
猿楽の演目は、翁、三番、老松、八島、東北、石橋、祝言弓八番
狂言は、麻生、いくゐ
（上演の）半ばにて、奥へ入り、御座所において、家基を呼び寄せ、象眼銘一文字の刀を引出物として贈る
終了後、猿楽（に携わったものらに）銀いくらかを与える

13日 西丸にて猿楽、饗宴あり
これも又、この度の童形改めを祝ってのものである
西丸に仕えている布衣以上の者には、酒と吸い物が振る舞われた
猿楽の演目は、高砂、龍田、祝言岩船
狂言は、末広がり、盆山
終了後、猿楽（に携わったものらに）銀いくらかを与える

17日 紅葉山参詣あり。家基も

23日 家基、落合のほとりにて狩り

5月2日 端午の祝儀として、各家より時服献上あり
家基、浅草ほとりにて狩り

10日 家基、吹上にて近習の騎射を見る。射手一三人、その者らへの褒美の品はいつも通り

13日 家基、亀有のほとりにて放鷹

26日 西丸小十人の柳生主膳正久通に、〝家基が撃剣（?）を行なう際、出て手伝うように〟との令あり

28日 家基、深川のほとりに遊ぶ

	6月12日	家基、紅葉山の霊廟に参詣。将軍に、〝以後は、毎年詣でるように〟との令あり
	15日	山王権現のお祭りあり 将軍と家基、吹上の御所にて、祭事のさまを見る
	25日	端午の節句の折り、時服を献上した各家に、奉書を出し、労う
	7月16日	家基、中川のほとりに放鷹
	8月11日	（将軍、）本丸にて、家基を饗膳
	16日	家基、雑司が谷にて遊ぶ。その折、高田馬場にて、お供をして来た者のうち、布衣以上（の者）と両番士の乗馬を見る
	20日	家基、心観院霊牌所に参詣
一七七八（安永七）	9月1日	九月朔日、月次の拝賀あり（家基も同席か）
	2日	重陽の節句の祝儀として、各家より時服の献上あり
	13日	家基、雑司が谷のほとりにて遊ぶ
	27日	家基、山里にて両番士による大的を見る。射手三九人（その者達への褒美の）品は、慣例通り
	10月2日	家基、中野のほとりにて狩り
	6日	この日の早朝・寅の刻、西丸に仕える者五人、馬方三人、馬で（江戸城と）相模国鎌倉までの（間を往復し、その）速さを競った。一番早く帰城したのは、小姓水上綾部正正相だった
	13日	家基、山里の庭にて西丸新番、小十人組（の者による）大的を見る。射手は三八人、（その者達への褒美の）品は、慣例通り
	21日	先日、重陽の祝儀として、時服を献上した各家に、奉書を出して労う

	27日	家基、浅草のほとりにて狩り
	11月13日	家基、亀有村のほとりにて狩り
	12月9日	西葛西のほとりに狩り
	11日	歳暮の祝儀として、各家より時服の献上あり
	15日	（家治の）厄年が（支障なく）終わったので、（お礼に）山王権現への代参あり。家基も、自らの代理として、阿部豊後守正允を行かせ、三種二荷を差し上げる
	21日	家基、千住のほとりにて放鷹
一七七九（安永八）		**家基十八歳**
	1月9日	家基、小松川のほとりにて狩り
	15日	月次の拝賀あり。（家基も同席カ）
	17日	紅葉山霊廟の参詣あり。家基も参列する 西丸裏門にて、（将軍の一行に）合流する 簾（持ち）は、阿部豊後守正允 太刀（持ち）は、有馬兵部大輔広之 刀（持ち）は、藤堂駿河守良安 沓（持ち）は、押田信濃守峯勝
	21日	家基、心観院、至心院、乗台院の各霊牌所に参詣
	22日	家基、二の江のほとりにて、放鷹、遊びあり
	25日	この度、前田治修（は、養父・前田肥前重教の実子を自らの養子に迎えたがそ）のことを祝い、家基も贈り物する。

	治修に、一種一荷 その養父重教に、一種
30日	家基、紅葉山霊廟に参詣
2月4日	家基、目黒のほとりに放鷹
2月21日	新井宿（東海寺に憩う）
2月24日	家基死去（18）

参考文献

《文書》

Diaries Kept by the Heads of the Dutch Factory in Japan : Dagregisters gehouden bij de Opperhoofden van de Nederlandsche Factorij in Japan

Aanwinsten van her Algemeen Rijksarchief（General State Archieves 所蔵）

Documents, sent in 1862 - 1863 from Batavia to the Netherlands, mainly relating to the administration of Outposts by the High Government at Batavia. 1602 - 1827.（General State Archieves）. Manuscripts inventory. 記録番号 9、10、42-10、178、181、186、19、190、195、197、198、250、397-14、404、466-6、466-13、466-14、466-15、466-17、467-14、467-16、467-18、467-32、481、495-1、495-2、495-5、495-6、495-7、495-32、504-5、1566

一橋徳川家文書　茨城県立歴史館

伊達家文書　宮城県立図書館蔵

島津家文書　東京大学史料編纂所蔵

「雛形船打立一件」

「東海寺文書」（「御成帳」「公用日記」）

「伊達家文書」（仙台市博物館所蔵）

「植村佐平次政勝書留」

「新庄能登守日記」

「忠言卿記」

「定晴卿記」
「続史愚抄」
「本朝史皇胤紹運録」
「後桃園院崩御記」
「後桃園天皇宸記」
「藩翰譜続編」
「佐野家関係文書」（徳本寺所蔵）
「佐野田沼始末」
「遠相実録」
「後見草」
「田沼実記：古今実録」栄泉社　一八八四

《図書》

The Private Correspondence of Isaac Titsingh. Lequin, F. Amsterdam. 1990-92

Isaac Titsingh（1745-1812）：een passie voor Japan, leven en werk van de grondlegger van de Europese Japanologie Lequin, F. Leiden. 2002

46 eigenhandige brieven aan de Heer Titsingh, geschreven door Sigé-Senoski, Nakagawa-Sjunnan, Ko-zack Monsuro, Feszi-Bzinby, Matsutsa, Nisi-Kijemon-Namoera Montjoisero, Nisi-Kitsrofe, Imamoera-Kinsabroo, Motoji-Enosin en andere Japansche Tolken of openbare ambtenaren, in de nederduitsche taal, en door de Heeren van Rheede, Romberg, Chassé, Ulps, Duurkoop, Fauvaroq, Riccard, Jonas enz., gedagteekend Batavia, Desima, Jedo, Nangasaki enz. 1785-1791.　Titsingh, Isaac

Collection P.and A.Bezemer.（Aanw.A.R.A., 1907. XXXVIII）. Inventory in: V.R.O.A. 1907

C.R.Boxer, Jan Compagnie in Japan, 1600-1850. An esseyon the cultural artistic and scientific influence exercised by Hollanders in Japan from the seventeenth to the nineteenth centuries.（2nd Rev. ed, The Hague, 1950）

K. Glamann, Dutch-Asiatic Trade. 1620 - 1740.（Copenhagen - The Hague, 1958）

E. N. van Kleffens, De Internationaalrechtelijke betrekkingen tussen Nederland en Japan,（1605 - heden.）（International law and the relations between the Netherlands and Japan,1605 - 1919）.（Amsterdam. 1919）.

Realia, Register op de Generale Resolutien van her Kasteel Batavia, 1632 - 1805.（Alphabetical index to the General Resolutions taken at Batavia Castle, 1632 - 1805）.（Leyden-The Hague-Batavia, 1882 - 1886）. 3 parts in 1 vol.

『日本關係海外史料―オランダ商館長日記　原文編一〜十三』（東京大学史料編纂所編）東京大学出版会、一九七四〜二〇一三

『日本關係海外史料―オランダ商館長日記　訳文編一〜十二』（東京大学史料編纂所編）東京大学出版会、一九七五〜二〇一一

『長崎オランダ商館日記　一―十』（日蘭学会編、日蘭交渉史研究会訳注）雄松堂出版会、一九八九・九九

『ティチング日本風俗図誌』（新異国叢書一〜七）雄松堂、一九七三

『日蘭交流遺聞―朽木昌綱＝イサーク・チチング交換書簡集』（根本惟明訳著）、一九九八

『長崎年表』（金井俊行著）以文会社、一八八八

『長崎叢書　下』（明治百年史叢書）（増補長崎略史〔金井俊行編〕）長崎市役所、一九七三（一九二六刊の複製）

『有所不為斎雑録』（添川栗編著）「第廿四至第卌續　第一・第二」（中野同子編著）、一九四二

『悪名の論理―田沼意次の生涯』（中公新書）（江上照彦著）中央公論社、一九六九

『田沼時代の経済政策』（土肥鑑高、宮沢嘉夫著）

『田沼意次の政権独占をめぐって』（山田忠雄著）
『田沼意次―都市と開発の時代』（吉田光邦著）（「日本を創った人びと二一」日本文化の会編）平凡社、一九七九
『田沼意次・その虚実』（後藤一朗著）清水書院、一九八四
『薩摩藩主島津重豪―近代日本形成の基礎過程』（松井正人著）本邦書籍、一九八五
『天明三年浅間大噴火―日本のポンペイ鎌原村発掘』（角川選書）（大石慎三郎著）角川書店、一九八六
『島津重豪』（人物叢書新装版）（芳即正著）吉川弘文館、一九八八
『田沼意次の時代』（大石慎三郎著）岩波書店、一九九一
『徳川将軍政治権力の研究』（深井雅海著）吉川弘文館、一九九一
『江戸城御庭番―徳川将軍の耳と目』（中公新書）（深井雅海著）中央公論社、一九九二
『星月夜万八実録―田沼意次その実像』（林泰教著、棚橋宗馬翻刻）近代文芸社、一九九五
『将軍と側用人の政治』（新書・江戸時代〈一〉）（講談社現代新書）（大石慎三郎著）講談社、一九九五
『江戸幕府政治史研究』（辻達也著）続群書類従完成会、一九九六
『異形の船―洋式船導入と鎖国体制』（安達裕之著）平凡社、一九九六
『田沼の改革―江戸時代最大の経済改革』（関根徳男著）郁朋社、一九九九
『近世政治史と天皇』（藤田覚著）吉川弘文館、一九九九
『田沼意次の時代』（岩波現代文庫）（大石慎三郎著）岩波書店、二〇〇一
『天明蝦夷探検始末記―田沼意次と悲運の探検家たち』（照井壮助著）影書房、二〇〇一
『田沼意次の評価』（荒井孝昌著）（「東京国際大学論叢」商学部編）、二〇〇三
『江戸時代の古文書を読む―田沼時代』（徳川林政史研究所監修、竹内誠・深井雅海・太田尚宏・白根孝胤著）東京堂出版、二〇〇五
『田沼意次関連講話録』（関根徳男著）思門出版会、二〇〇六

『通史田沼意次』（関根徳男著）思門出版会、二〇〇七
『田沼意次―御不審を蒙ること、身に覚えなし』（ミネルヴァ日本評伝選）（藤田覚著）ミネルヴァ書房、二〇〇七
『田沼意次―「商業革命」と江戸城政治家』（日本史リブレット・人 〇五二）（深谷克己著）山川出版社、二〇一〇
『開国前夜―田沼時代の輝き』（新潮新書）（鈴木由紀子著）新潮社、二〇一〇
『通史田沼意次―田沼家・田沼意次研究の集大成　増補版』（関根徳男著）思門出版会、二〇一三
『相良藩主田沼意次　改訂版』（牧之原市教育委員会編）牧之原市教育委員会、二〇一三
『徳川実紀』（「国史大系」三八〜四七）（黒板勝美・国史大系編修会編）吉川弘文館、一九六四〜七六
『続徳川実紀』（「国史大系」四八〜五二）（黒板勝美・国史大系編修会編）吉川弘文館
『公卿補任』（「国史大系」五三〜五七、別巻）（黒板勝美・国史大系編修会編）吉川弘文館
『新訂　寛政重修諸家譜』（全二六巻）（堀田正敦等編）続群書類従完成会、一九六四〜八三
「袖玉武鑑」（『徳川幕府大名旗本役職武鑑』所収）
『公卿補任』（「新訂増補国史大系」）
『群書類従』
『続群書類従』
『天明巷説』（「大衆文学代表作全集」十五）河出書房
『浅草寺日記』（第一〜九巻）金龍山浅草寺、一九七八〜八六
『加賀藩史料』清文堂出版、一九七〇
『鹿児島県史』三、鹿児島県、一九六七
「斉彬公史料三」（『鹿児島県史料』）鹿児島県、一九七八
「旧記雑録追録」（『鹿児島県史料』第六・七・八）（鹿児島県維新史料編さん所編）鹿児島県、一九七六〜七八
『自家年譜　森山孝盛日記』（上・中・下）（内閣文庫影印叢刊）（森山孝盛著）国立公文内閣文庫、一九九四〜九六

『蜑の焼藻の記』（森山隆盛著）（『日本随筆大成』第二期　二二）（日本随筆大成編輯部編）吉川弘文館、一九七四
「賤のをだ巻」（『燕石十種』第一巻）（岩本活東子編）中央公論社、一九七九
『江戸時代落書類聚』（上・中・下巻）（矢島隆教編、鈴木棠三・岡田哲校訂）東京堂出版、一九八五・八六
『徳川十五代史』（第一～六巻）（内藤耻叟著）人物往来社、一九六八・六九
『新編武蔵風土記稿　東京都区部編』（第一～三巻）（間宮士信他編）千秋社、一九八二
『江戸砂子』（沾涼纂輯、小池章太郎編）東京堂出版、一九七六
「佐野政言刃傷記」（『新燕石十種』）
「営中刀傷記」（『新燕石十種』）
『近世長崎貿易史の研究』（中村質著）吉川弘文館、一九八八
『関の秋風―青年藩主の白河の日々』（松平定信著、橋本登行訳・解説）橋本登行、二〇一八
『松平定信』（高澤憲治著）（「人物叢書　新装版」日本歴史学会編）吉川弘文館、二〇一二
『松平定信の生涯と芸術』（磯崎康彦著）（「ゆまに学芸選書」ULULA）ゆまに書房、二〇一〇
『松平定信政権と寛政改革』（高澤憲治著）清文堂出版、二〇〇八
『白河藩主松平定信公物語』（遠藤勝著）白河市教育委員会、二〇〇一
『松平定信―政治改革に挑んだ老中』（藤田覚著）（中公新書）、中央公論社、一九九三
『関の秋　現代語訳　青年藩主松平定信の白河見聞記』（松平定信著、橋本登行訳・解説）橋本登行、一九八七
『松平定信―その人と生涯』（山本敏夫著）山本敏夫、一九八三
『和菓子の系譜　砂糖』（中村孝也著）淡交新社、一九六九
『藩貿易史の研究』（武野要子著）ミネルヴァ書房、一九七九
『宮古市史　漁業・交易』、一九八一
『宮古市史　資料集（近世七―二）』、一九九三

『英艦フェートン号事件』（「海の長崎」Ⅱ）（松竹秀雄著）くさの書店、一九九三
『文禄・慶長役における被虜人の研究』（内藤雋輔著）一九七六
『近世アジアの日本と朝鮮半島』（三宅英利著）朝日新聞社、一九九三
『大定信展—松平定信の軌跡』（「桑名市・白河市合同特別企画展」桑名市・白河市合同企画展実行委員会編）桑名市・白河市合同企画展実行委員会、二〇一五／八
『企画展　生誕二五〇年松平定信展』（「桑名市・白河市友好都市締結一〇周年記念・松平定信生誕二五〇年記念」白河市歴史民俗資料館編）白河市歴史民俗資料館、二〇〇八／一〇
『松平定信展』桑名市博物館、二〇〇二／五
『松平定信—天理ギャラリー第六十八回展』（天理大学附属天理図書館編）天理ギャラリー、一九八四／五
『石川県銭屋五兵衛記念館銭五の館展示図録』（鏑木悠紀夫著）、二〇〇一
『藍の豪商—経営戦略と盛衰』（泉康弘著）徳島新聞社、一九九一
『砂糖の歴史物語』（谷口學著）一九九七
『抜け荷　鎖国時代の密貿易』（山脇悌二郎著）（日経新書）、一九六五
『北海道昆布漁業史』（田澤伸雄編著）、一九九〇
『昆布』（中嶋暉浩編）（「社団法人日本昆布協会一〇周年記念誌」）、一九八六
『富山県薬業史　通史』、一九八七

《**記事・論文**》
「札差に対する幕府の資金貸下に就いて—田沼時代より寛政改革期に至る」（北原進）（「立正史学」〈通号二四〉立正大学史学会編）、一九六〇／四

「五匁銀六十目通用令について―田沼時代の貨幣政策の一節」（中井信彦）（『史學』〈三六〉）、一九六三／九
「家斉の将軍就任と一橋治済」（横山則孝）（『史叢』〈通号一二〉）、一九六七／一二
「田沼意次に関する従来の史料の信憑性について―田沼時代再検討のために」（大石慎三郎）（『日本歴史』〈通号二三七〉日本歴史学会編）、一九六八／二
「虚説に埋められた田沼意次」（後藤海堂）（『日本歴史』〈通号二四三〉日本歴史学会編）、一九六八／八
「田沼意次―悪名の先駆者」（江上照彦）（『中央公論』）、一九六八／一二
「田沼意次の失脚と天明末年の政治状況」（山田五八六）、（『史學』〈四四・三〉）、一九七二／四
「因襲に潰された政治家―田沼意次の実像」（江上照彦）（一九七九―超克すべき二つのアポリア《特集》、悪名の底にきらめく実像）（『日本及日本人』〈通号一五五二〉）、一九七九／一
「田沼時代とイザーク・ティチング」（沼田次郎）（『日本歴史』〈通号三八〇〉日本歴史学会編）、一九八〇／一
「天明末年における将軍実父　一橋治済の政治的役割―御側御用取次小笠原信喜宛書簡の分析を中心に」（深井雅海）（『徳川林政史研究所研究紀要』〈昭和五六年度〉徳川黎明会編）、一九八二／三
「田沼意次・意知父子」（土井鑑高）（『江戸幕府―その実力者たち　下巻』北島正元編）人物往来社、一九六四
「田沼意次の経済政策」（荒井孝昌）（『国際商科大学論叢』〈通号二七〉）、一九八三／一
「田沼意次の虚像と実像」（大石慎三郎）（『図書』〈通号四二二〉）、一九八四／一〇
「田沼意次と蝦夷地探検」（上・中・下）（大石慎三郎）（『図書』〈通号四二五～四二七〉）、一九八五／一～三
「側衆田沼意次の勢力伸張について」（深井雅海）（『日本歴史』〈通号四五二〉日本歴史学会編）、一九八六／一
「田沼意次異聞」（山田忠雄）（『歴史評論』〈通号四七八〉歴史科学協議会編）、一九九〇／二
「徳川将軍政治権力の研究」（博士論文）（深井雅海）、一九九二
「田沼意次の重商政策に見るバブルの原点―白河の清きに魚のすみかねてもとの濁りの田沼こひしき」（上之郷利昭「Forbes」〈三・二〉日本版）ぎょうせい、一九九四／二

「歴史の交差点」（十九）「幕府の消費税導入　田沼意次の戦略」（大石慎三郎）（「週刊ダイヤモンド」（通号三五二八））、一九九四・五
「松平定信政権の大奥対策—寛政四年金剛院一件を中心に」（高澤憲治）（「南紀徳川史研究」（六））、一九九七
「近世日蘭貿易の衰退過程について」（鈴木康子）（花園大学）、一九九六～九八
「江戸を襲ったバブルとデフレ　徳川吉宗と田沼意次」（大石慎三郎）（「緊急総力特集　今、そこにある危機　デフレ経済＆世界恐慌」「エコノミスト」七六・一九　毎日新聞社編）、一九九八／四
「一橋治済・田沼意次二人三脚の陰謀」（典厩五郎）（「特集　徳川将軍家　血の暗闘　紀州頼宣と由比正雪の幕府転覆計画」「歴史と旅」）、一九九九／八
「田沼意次の追罰と松平定信政権」（高沢憲治）（「国史学」（一七一））、二〇〇〇／六
「歴史に見る財政再建　発想の転換—田沼意次（一）」（童門冬二）（「市政」（通号五八五）「五〇・四」）、二〇〇一／四
「歴史に見る財政再建　国産品を輸出・輸入品は国産化—田沼意次（二）」（童門冬二）（「市政」（通号五八六）五〇・五）、二〇〇一／五
「歴史に見る財政再建　清流の出現—田沼意次（三）」（童門冬二）（「市政」（通号五八七）「五〇・六」）、二〇〇一／六
「歴史に見る財政再建　江戸城の改革はじまる—田沼意次（四）」（童門冬二）（「市政」（通号五八八）「五〇・七」）、二〇〇一／七
「田沼意次関係の史料批判をめぐって」（山田忠雄）（「日本歴史」（通号六三八）日本歴史学会編）、二〇〇一／七
「歴史手帖　田沼意次関係の史料批判をめぐって」（山田忠雄）（「日本歴史」（通号六三八）日本歴史学会編）、二〇〇一／七
「田沼意次の評価」（荒井孝昌）（「東京国際大学論叢　商学部編」（六八）東京国際大学商学部論叢編集委員会編）、二〇〇三
「伊達家文書のなかの田沼意次—意次像の再検討」（藤田覚）（「論集きんせい」（二八））、二〇〇六／五
「田沼時代」に見る、大奥老女の政治力」（竹内誠）（「特集　江戸城　大奥—将軍が生まれ、育ち、夜ごとに通う女の園」「東京人」（通号二四二））、二〇〇七／七

「日本人　意志の力（十四）『発明』を貫いた田沼意次の人生」（中西進）（「Wedge」〈通号二二六〉ウエッジ編）、二〇〇八／二
「日本史のなかの茶道（一九）田沼意次と松平定信の改革―江戸時代　九」（谷端昭夫）（「淡交」〈通号七六六〉淡交社編）、二〇〇八／七
「徳川綱吉・吉宗・新井白石・田沼意次」（徳川家広）（「特集　江戸・幕末のリーダーたち『財政再建』はこの人に学べ！」（「歴史通」〈八〉）、二〇一〇／九
「『オランダ山師』の財政再建策―重商主義と田沼意次」（藤田覚）（「特集　世界のなかの江戸JAPAN―特集ワイド　世界のなかの江戸二六〇年」（「歴史読本」〈通号八五七〉）、二〇一〇／一一
「偉人に学ぶビジネススキル（第三回）改革に求められる理念のアナウンス　田沼意次」（日景聡）（「企業診断」〈五九・三〉同友館編）、二〇一二／三
「史談つれづれ（九六）遠州・相良城址と田沼意次」（新妻久郎）（「放射線と産業」〈一三三〉放射線利用振興協会高崎事業所編）、二〇一二／一二
「アベノミクスとタヌマノミクス―田沼意次の経済政策の功罪」（安藤優一郎）（「東京人」〈三二五〉二八・六）、二〇一三／六
「田沼意次邸の『中御勝手通』―美濃衆東高木家の家督相続をめぐって」（福留真紀）（「古文書研究」〈七六〉日本古文書学会編）、二〇一三／一二
「遠江相良藩　五万七千石　田沼意次追放事件―『悪評高い賄賂政治家』の実像と没落の要因」（小山譽城）（「特集　江戸大名―失敗の研究　特集ワイド　江戸大名　廃絶・減封の真相　大名の運命を変えた一大事件　政争に敗れた代償」）（「歴史読本」〈八九五〉）、二〇一四／一
「歴史に見る経営感覚（第三五回）毀誉褒貶を一身に浴びた宰相　田沼意次」（加来耕三）（「商工ジャーナル」〈四六七〉）、二〇一四／二

「十代将軍家治と田沼意次—重商主義に転換し、大胆な経済改革を推し進めた変革者」（鈴木由紀子）（「特集　徳川十五代　歴代将軍と幕閣　特集ワイド　歴代将軍を支えた最強ブレーン　十五代の将軍と十五人の幕閣」）（「歴史読本」（九〇六））、二〇一四／一二

「賄賂政治家『田沼意次』—平成のこの時代に見直されるわけ」（荒井孝昌著）（「江戸連」（一〇））、二〇一五／三

「展示批評　桑名市博物館開館三〇周年記念　白河市合併一〇周年記念　桑名市・白河市合同特別企画展『大定信展：松平定信の軌跡』」（望月良親）（「地方史研究」（通号三八二）地方史研究協議会編）地方史研究協議会、二〇一六／八

「高校の授業　日本史　田沼意次・松平定信・水野忠邦の政治を比較する—歴史を通して自ら考える力を養う」（増田翔太）（「歴史地理教育」（八五八）歴史教育者協議会編）歴史教育者協議会、二〇一六／一二

「松平定信とその時代—藩主定信をめぐる人とモノ」（「特別企画展」白河市歴史民俗資料館編）白河市歴史民俗資料館、二〇一六／一

「松平定信の入閣をめぐる一橋治済と御三家の提携—島津重豪の殊遇との関連で」（高沢憲治）（『近世国家の支配構造』林陸朗先生還暦記念会編）雄山閣出版、一九八六

「政治情報と献策—中井竹山の『松平定信』像」（清水光明）（「論集きんせい」（通号三六））近世史研究会、二〇一四／五

「十一代将軍家斉と松平定信—農業重視と質素倹約で危機にあたった将軍候補の清廉宰相」（安藤優一郎）（「特集　徳川十五代　歴代将軍と幕閣　特集ワイド　歴代将軍を支えた最強ブレーン：十五代の将軍と十五人の幕閣」）（「歴史読本」（通号九〇六））、二〇一四／一二

「松平定信と『鎖国』」（岩﨑奈緒子）（「史林」（通号四九三）史学研究会編）史学研究会、二〇一二／五

「『御救』から『御備』へ—松平定信『寛政の改革』にみられる社会安定策」（宣芝秀）（「日本思想史研究」（四四）東北大学大学院文学研究科日本思想史学研究室編）、二〇一二

「書評と紹介—高沢憲治著『松平定信政権と寛政改革』」（松尾美恵子）（「国史学」（通号二〇二）国史学会編）、二〇一〇／一二

「松平定信と蘭学」（磯崎康彦著）（「福島大学人間発達文化学類論集」〈七〉福島大学人間発達文化学類編）福島大学人間発達文化学類、二〇〇八／六

「歴史手帖　松平定信の書簡の中から」（辻達也）（「日本歴史」〈通号六九六〉日本歴史学会編）吉川弘文館、二〇〇六／五

「寛政改革前後の白河藩政と松平定信」（高澤憲治著）（「国史学」〈通号一八五〉国史学会編）、二〇〇五／二

「歴史に見る財政再建　愛民を改革の根底に—松平定信（二）」（童門冬二）（「市政」〈通号五九〇〉）全国市長会館、二〇〇一／九

「歴史に見る財政再建　福祉の社会化—松平定信（二）（童門冬二）（「市政」〈通号五八九〉）全国市長会館、二〇〇一／八

「歴史に見る財政再建　痛みの共有—松平定信（三）」（童門冬二）（「市政」〈通号五九一〉）全国市長会館、二〇〇一／一〇

「松平定信の官位昇進運動」（橋本政宣）（「特集　歴史の虚像と実像」）（「日本歴史」〈通号六〇〇〉日本歴史学会編）吉川弘文館、一九九八／五

「松平定信の評判」（藤田覚）（「特集　歴史の虚像と実像」）（「日本歴史」〈通号六〇〇〉日本歴史学会編）吉川弘文館、一九九八／五

「松平定信政権崩壊への道程—松平定信と一橋治済・松平信明・本多忠籌との関わり方を中心に」（高沢憲治）（「国史学」〈通号一六四〉国史学会編）、一九九八／二

「天理ギャラリー『松平定信』展」（遠藤真次郎）（「ビブリア　天理図書館報」〈通号八三〉）天理大学出版部、一九八四／一〇

「幕藩制下における唐物抜荷と琉球—輸入品の流通構造をめぐる視点」（真栄平房昭）（「近世日本の社会と流通」藤野保先生還暦記念会編）雄山閣出版、一九九三

「富山売薬薩摩組の鹿児島藩内での営業活動—入国差留と昆布廻送」（高瀬保）（「九州水上交通史」柚木学編）（「日本水上交通史論集」〈五〉）

「富山売薬薩摩組の鹿児島藩内での営業活動—入国差留と昆布廻送」（高瀬保）（「特別展・富山の売薬　図録」富山市郷土博

物館）、一九九六
「近世における琉球・薩摩間の商品流通」（仲地哲夫）（「九州文化史研究所紀要」〈三六〉）、一九九一
「行商圏と領域経済　交通路及び輸送　第五節　薩摩および蝦夷地への輸送」（植村元覚）ミネルヴァ書房、一九六九
「富山売薬をめぐる諸問題」（新田二郎）（「地方史研究」〈二六八〉）、一九九七
「日本海における物流の問題点―北前船再考」（平野俊）（「地方史研究」〈二六八〉）、一九九七
「富山売薬に関する覚書」（根井浄）（「地方史研究」〈二六九〉）、一九九七
「富山売薬商の薩摩との昆布・抜荷品輸送と廻船・飛脚」（深井甚三）（「地方史研究」〈二六九〉）、一九九七
「富山売薬商の薩摩との昆布・抜荷品輸送と廻船・飛脚」（深井甚三）（『情報と物流の日本史』）雄山閣出版、一九九八
「北前船の展開と抜荷」（深井甚三）（「日本歴史」〈通号五八七〉）、一九九七
「幕末期、富山売薬商薩摩組の抜荷取引の実態」（深井甚三（「日本歴史」〈通号五九七〉）、一九九八／二
「近世後期、加越能の抜け荷取引地の廻船問屋展開と富山売薬商の抜け荷売買」（深井甚三）（「富山大学教育学部紀要」〈五三〉）、一九九九／二
「日本海における昆布輸送路成立の歴史的考察」（大石圭一・原田武夫）（「日本水上交通史論集」〈二〉、「日本海水上交通史続」柚木学編）、一九八七
「薩摩藩、両島津家文書の長者丸漂流一件史料について」（深井甚三）（「富山大学教育学部研究論集」〈四〉）、二〇〇一
「近世中期、敦賀の廻船業―高嶋屋（荻原）久兵衛家の場合」（「日本海地域の歴史と文化」小葉田淳編）文献出版、一九七九
「藩貿易の展開と構造―天保・弘化期における薩摩藩唐物商法の動向」（上原兼善）（「九州の外交・貿易・キリシタン」Ⅱ、「九州近世史研究叢書」〈六〉藤野保編）国書刊行会、一九八五
「近世後期における薩摩藩の薬種国産化計画」（熟美保子）（「史泉」〈九二〉）、二〇〇〇／七
「阿波藍業の発展と明和の仕法」「寛政改革と関東売場株の制定」（天野雅敏）（「阿波藍経済史研究」）吉川弘文館、

一九八六
「幕藩制下における阿波藍の流通形態―薩長の藍専売と阿波藍、薩摩国産品交易」（泉康弘）（『内田吟風博士頌寿記念東洋史論集』）同朋舎、一九七八
「阿波藍商資本と徳島藩御銀主制度」（泉康弘）（『多田伝三先生古稀記念阿波文化論文集』）教育出版センター、一九七八
「瀬戸内水運における阿波廻船―阿波藍と薩摩国産品の交易」（泉康弘）（「瀬戸内海地域史研究」〈第一輯〉）文献出版、一九八七
「阿波藍販売政策の変遷」（沖野舜二）（「徳島大学学芸紀要　社会科学」〈一三〉）、一九六三
「幕藩制下における阿波藍の流通形態」（泉康弘）（『徳島の研究』〈四〉近世Ⅱ　石躍胤央・高橋啓編）清文堂出版、一九八二
「阿波藍の生産と流通」（高橋啓）（『徳島の研究』〈五〉近世・近代）清文堂出版、一九八三
「徳島藩における国産品生産と地域市場の形成」（泉康弘）、「藍作地帯における『豪農』の存在形態」（板東紀彦）（「阿波・歴史と民衆」「南海ブックス」）、一九八一
「徳島藩の展開期」「安永期徳島藩の財政収支構造」（安澤秀一）（『徳島藩の史的構造』三好昭一郎編）名著出版、一九七五
「天明末期徳島藩における『直仕置』体制の発端と財政問題」（安澤秀一）、「阿波藍専売仕法をめぐる幕藩対立―大阪市場を中心にして」（長谷川彰）、「阿波藩における藩政改革」（大槻弘）（『藩政改革の研究』堀江英一編）御茶の水書房、一九五五
「封建権力の商品統制（下）―阿波藍の場合」（三木雄介）（「史学」〈四〇・一〉「大坂問屋との抗争と統制の確立」）
「近世後期の琉球における藍の生産と流通」（仲地哲夫）（『前近代における南西諸島と九州―その関係史的研究』丸山雍成編）多賀出版、一九九六
「和菓子雑学事典―古川柳にみる江戸の和菓子」（平野雅章）（『名人の和菓子』）日之出出版、一九八八
「和菓子のあゆみ」（『和菓子入門』）淡交社、一九七九
「近世長崎における輸入砂糖とその流通」（八百啓介）（「和菓子」〈九〉）、二〇〇二／三

「砂糖をめぐる生産・流通・貿易史」（真栄平房昭）（『新しい近世史』「三、市場と民間社会」）新人物往来社、一九九六
「食生活上における砂糖の役割について（第一報）」（「全集　日本の食文化」〔五〕『油脂・調味料・香辛料』芳賀登・石川寛子監修）雄山閣出版、一九九八
「薩摩の砂糖」（原口虎雄）（「九州近世史研究叢書」〔八〕『九州の生産・流通』）国書刊行会、一九八五
「砂糖の来歴」（仲原善忠）（『仲原善忠全集一　歴史篇』）沖縄タイムス社、一九七七
「徳川時代の大阪の砂糖取引」「島津黒砂糖の取引」「大阪の砂糖問屋仲買と株仲間」「大阪と各地との砂糖取引」「江戸時代各地の砂糖取引」「江戸における砂糖取引」「各地方市場の砂糖取引」（樋口弘）（『日本糖業史』）（樋口弘）味燈書屋、一九五六
「江戸時代の砂糖貿易について」（岩生成一）（「日本学士院紀要」〔三一・一〕）、一九七三
「大坂の薩摩問屋」（宮本又次）（『近代商業経営の研究』宮本又次著）清文堂出版、一九七一（復刻版、初版一九四八）
「渡唐銀と薩琉中貿易」（崎原貢）（「日本歴史」〔通号三二三〕）、一九七五
「イギリス・オランダ商館の貿易活動と琉球・薩摩―一七世紀初期の動向」（真栄平房昭）（「史淵」〔一二五輯〕九州大学文学部編）、一九八三／三
「仏船来琉事件と薩摩藩の貿易構想」（島尻克美）（『球陽論叢』島尻勝太郎・嘉手納宗徳・渡口真清三先生古稀記念論集刊行委員会編）ひるぎ社、一九八六
「幕末におけるフランス艦隊の琉球来航と薩琉関係」（生田澄江）（「沖縄文化研究」〔一九〕「法政大学沖縄文化研究所紀要」）、一九九二
「解説　ロシア千島南下の真相を衝く『千島誌』」（和田敏明）（『千島誌』A.S.ポロンスキー・榎本武揚他訳）（「蝦夷・千島古文書集成」〔七〕）教育出版センター、一九八五
「弘化期の琉球外交事件と薩摩藩」（黒田安雄）、「東アジアの海外情報と琉球ルート―アヘン戦争後の中国情勢をめぐって」（真栄平房昭）（『開国と近代化』中村質編）吉川弘文館、一九九七

「薩摩藩の海外情報」（原口泉）（『海外情報と九州―出島・西南雄藩』姫野順一編）九州大学出版会、一九九六
「隠岐の俵物生産・集荷と役場引請制」（荒居英次）（「研究紀要」（一二）日本大学人文学部研究所編）、一九七八
「長崎俵物と中国人の健康食品」（坂本正行）（「港湾」）、一九九一／四
「松前蝦夷地の俵物生産」（荒居英次）（「日本歴史」（通号三四六））、一九七七／三
「南部藩近江商人の研究、ワカメ流通の発展過程」（『森嘉兵衛著作集　第一巻』）法政大学出版局、一九八七
「松前蝦夷地における長崎俵物の研究補遺」（白山友正）（「漁業経済研究」（一三・四）漁業経済学会編）、一九六五
「江戸幕府貿易政策と輸出海産物（俵物）」（小川国治）（「山口大学教育学部研究論叢　人文・社会科学」（一八））、一九六三
「江戸幕府貿易政策と輸出海産物」「俵物独占集荷体制の再編成」「諸藩の俵物生産と統制」「松前蝦夷」（小川国治）（『江戸幕府輸出海産物の研究』小川国治著）吉川弘文館、一九七三
「北方世界との交流から見えるもの―松前氏と南部氏の交流を素材に」（榎森進）（『東北の歴史再発見　国際化の時代を見つめて』渡辺信夫編）河出書房新社、一九九七
「近世後期における三陸地方の海産物流通」（細井計）（『東北の交流史』渡辺信夫編）、一九九九
「長崎俵物のもつ問題点―三陸漁村を中心として」（吉田六太郎）（「岩手史学研究」（一二））、一九五二
「三陸東海岸における長崎俵物生産の研究」（『森嘉兵衛著作集　第一巻』）法政大学出版局、一九八七
「近世後期の商品流通―南部領内吉里吉里村前川家を中心として」（中村吉治・守屋嘉美）（「研究年報」）
「南部の海商・前川善兵衛小伝」（花石公夫）（「ラメール」（二八・五）日本海事広報協会編）、二〇〇三／九・一〇
「長崎俵物の地域別集荷高について」（若松正志）（「東北大学附属図書館研究年報」（二四））、一九九一
「漁業と海産物流通」「南部藩における俵物の集荷」「中国向け輸出俵物の密売と抜荷取締り」（『近世海産物経済史の研究』荒居英次著）名著出版、一九八八
「俵物生産と盛岡藩の対応―安永期を中心に」（畑井洋樹）（「地方史研究」（五三・四））、二〇〇三
「北国東国筋における近世輸出海産物（俵物）の流通機構」（小川国治）（「山口大学教育学部研究論叢　人文・社会科学」

（二〇））、一九七一
「東北諸藩における輸出海産物（俵物）の生産と統制」（小川国治）（「山口大学教育学部研究論叢　人文・社会科学」（二一））、一九七二
「南部藩に於ける沿岸富豪の一形態」（板沢武雄）（「歴史地理」（八七・一／二））、一九五六
「奥羽諸藩における長崎俵物の統制」（鎌田永吉）（「文化」（二二・四）東北大学文学会編）、一九五六
「鮑を通して見た三陸と江戸―近世後期における三陸産鮑の生産・流通・消費をめぐって」（高橋美貴）（『近世日本の生活文化と地域社会』渡辺信夫編）河出書房新社、一九九五
「水産業経営の展開」「漁業権の構造」「海産物の販売」（「日本僻地の史的研究　下巻―九戸地方史」『森嘉兵衛著作集』第九巻）法政大学出版局、一九八三
「近世中期の漁村共同体」「領主的商品経済と特権商人」「近世後期の漁村共同体」「近世漁村共同体の変質・解体と諸階層間の対立の激化」（『近世漁村共同体の変遷過程』岩本由輝著）塙書房、一九七〇
「近世の三陸漁村にみられる商人資本の前貸支配について」（細井計）（『東北の考古・歴史論集』平重道先生還暦記念会編）宝文堂、一九七四
「一八世紀後半の幕府・対馬藩関係―近世日朝関係への一視角」（鶴田啓）（「朝鮮史研究会論文集」（二三））、一九八六
「一八世紀末対馬藩財政における朝鮮貿易の地位―寛政二年（一七九〇）対馬藩の朝鮮公貿易史料を中心として」（長野進・鄭成一）（「佐賀大学経済論集」（二二・六））、一九九〇
「対馬藩の朝鮮輸出銅調達について―幕府の銅統制と日朝銅貿易の衰退」（田代和生）（「朝鮮学報」（六六輯）朝鮮学会編）、一九七三
「天保改革期の薩摩藩の唐物商法」（黒田安雄）（「南島史学」（二五／二六））、一九八五
「周益湘著『道光以後中琉貿易的統計』の研究」（大石圭一・原田武夫・張　湧）（「南島史学」（二五／二六））、一九八五
「近世の〝漂流〟と密貿易」（真栄平房昭）（「Museum Kyusyu」博物館等建設推進九州会議編）、一九八四

「蘭・唐貿易制限政策と蘭・唐貿易船からの抜荷」（重藤威夫）（「長崎大学東南アジア研究所研究年報」〈一〇〉）、一九六九
「鎖国下の密貿易（上）（下）」（菊地義美）（「地理教育」〈一〇・九～一〇〉）、一九六二
「鎖国期における輸入品の流通と抜荷物」（中村質）（『鎖国日本と東アジア』〈下巻〉箭内健次編）吉川弘文館、一九八八
「脇荷貿易雑考」（山脇悌二郎）（『鎖国日本と東アジア』〈下巻〉箭内健次編）吉川弘文館、一九八八
「近世薩琉関係の一面―密貿易統制を中心として」（喜舎場一隆）（「琉球大学法文学部紀要〈社会編〉」一五）、一九七一
「近世中日貿易における唐通事―密貿易研究への序説として」（定宗一宏）（「史学研究」〈七二〉）、一九五九
「清代海上密貿易の発展について」（福田節生）（「史学研究」〈五八〉）、一九五五
「安永・天明期における薩摩藩の動向」（黒田安雄）（「地方史研究」〈一二〇〉二二・六、一九七二
「抜荷事犯の事例研究（一）」（清水紘一）（「中央大学論集」〈二四〉）、二〇〇三
「江戸幕府の抜荷取締令をめぐる法意識の変遷」（西村圭子）（「日本女子大学紀要　文学部」〈二三〉）、一九七三
「江戸幕府法からみた不正品売買―近世商人法の一齣」（隈崎渡）（「法学新報」）、一九五四
「『抜荷』罪雑考」（服藤弘司）（「法制史研究」〈六〉）、一九五五
「松平定信の入閣をめぐる一橋治済と御三家の提携―島津重豪の殊遇との関連で」（高沢憲治）（『近世国家の支配構造』林隆朗先生還暦記念会編）雄山閣出版、一九八六
「徳川齊昭と島津齊彬―琉球渡来佛英人事件」（宮田俊彦）（「南島史学」〈二一～二二〉）、一九八三
「フェートン号事件と一九世紀初頭の海運情勢」（松竹秀雄）（「東南アジア研究年報」〈三三・三四合併集〉）長崎大学経済学部東南アジア研究所、一九九二
「ペリー提督の日本遠征について―目的とその背景」（熊谷光久）（「軍事史学」〈一三・二〉）錦正社、一九八七／一〇
「ペリー来航予告をめぐる若干の考察」山口宗之）（「九州文化研究所紀要」〈三〇〉）、一九八五
「黒船前後の世界一―八」（加藤祐三）（「思想」〈七〇九～七一一、七一三、七一五、七一七、七一九、七二一〉）、一九八三／七～八四／五

「米外交の中の日本一―三」（田久保中衛）（「自由」（四七三〜四七五））、一九九九／七〜九
「日米関係前史の英学のあけぼの―幕末開国およびアメリカ捕鯨業」（庭野吉弘）（「工学院大学研究論叢」（三四））、一九八六
「モリソン号送還の日本人漂流民」「モリソン号派遣計画」（『天保八年米船モリソン号渡来の研究』相原良一著）野人社、一九五四
「最初の出会い」（『日本開国　ペリーとハリスの交渉』アルフレッド・タムリン著）高文堂出版社、一九八六
「日本遠征の背景」（『黒船が見た幕末日本　徳川慶喜とペリーの時代』ピーター・ブース・ワイリー著）ＴＢＳブリタニカ、一九九六
「鎖国と東アジアの国際関係」「イギリスの平戸商館と極東政策」（セイディー・バーチャー）（『鎖国と国際関係』中村質編）吉川弘文館、一九九七
「一アジアの歴史的地域秩序とその変容（一）一九世紀の東アジア世界―交易ネットワークを中心に」（「岩波講座世界歴史」（二〇）『アジアの〈近代〉』）岩波書店、一九九九
「一九世紀初期アメリカ海運業太平洋・東洋活動状況」（松本一郎）（「海事交通研究」（一七集）財団法人山縣記念財団海事交通文化研究所）、一九八〇
「一九世紀アメリカ捕鯨経済誌―ニューイングランドにおける捕鯨業中心地形成の考察」（大崎晃）（「地学雑誌」（一〇九・一））東京地学協会、二〇〇〇
「一七・一八世紀・一九世紀前期英国・仏国抗争期における海運企業研究」（松本一郎）（「海事交通研究」（一四）財団法人山縣記念財団海事交通文化研究所）、一九七七
「ペリーの日本開国はなぜ成功したのか？・」（『この一冊でアメリカの歴史がわかる』猿谷要著）三笠書房、一九九八
「堀達之助研究ノート・その七―ビッドルおよびペリー応接」（堀孝彦・谷澤尚一）（「名古屋学院大学論集」（二八・二））、一九九一
「ビッドル来航と海防問題」（上松俊弘）（「史林」（八五・一））、二〇〇二

「黒船と琉米条約—異文化交流史の視点から」（御手洗昭治）（『異文化コミュニケーション』〈一一〉）、一九九七
「モリソン号事件をめぐって」（大月明）（「人文研究」〈五・一〇〉大阪市立大学文学会編）、一九六二
「遺稿　モリソン号の旅—中国から日本へ」（友寄英一郎訳）（「琉大史学」〈一一〉）、一九八〇
「幕末史再考—ペリー来航は何故瞬時に大騒動となったのか」（家近良樹）（「日本経済史研究所開所七〇周年記念論文集」大阪経済大学日本経済史研究所編）、二〇〇三
「日米関係前史の英学のあけぼの—幕末開国およびアメリカ捕鯨業」（庭野吉弘）（「工学院大学研究論叢」〈二四〉）、一九八六
「漂流民と鯨捕りの物語一—一三」（Frank. Stuart M.・川澄哲夫他）（「英語教育」〈四八・一～四八・一五〉）、一九九九／四～一二、二〇〇〇／一～三
「神奈川条約とアメリカ捕鯨業一—二」（濱屋雅軌）（「秋田論叢　秋田経済法科大学法学部紀要」〈一四～一五〉）、一九九八～九九
「日本の開国とアメリカの捕鯨業」（猪谷善一）（「駒大経営研究」〈六・二〉）、一九七四
「一九世紀のアメリカ捕鯨とアジア太平洋」（都築博子）（「大学院論集」）日本大学大学院国際関係研究科、二〇〇一／一一
「一九世紀アメリカの対外関係とアジア・太平洋」（都築博子）（「大学院論集」〈一二〉）日本大学大学院国際関係研究科、二〇〇二
「独立と『同盟』—アメリカ革命の外交構想」（有賀貞）（「一橋論叢」〈九〇・一〉）、一九八三／七
「アメリカ革命と外交政策」（有賀貞）（「一橋論叢」〈八五・四〉）、一九八一／四
「独立から一〇〇年間のアメリカ外交」（『概説アメリカ外交史〈新版〉』有賀貞・宮里政玄編）有斐閣、一九九八
「建国期のアメリカ外交」「マニフェストデスティニーと西漸運動」（『アメリカ政治外交史—新大陸発見からポスト冷戦まで』西川吉光）晃洋書房、一九九二
「建国外交」「フランス革命戦争とアメリカ」「対欧孤立政策の宣明」「国際戦争の進行とアメリカ外交」（『アメリカ外交

史概説』本橋正著）東京大学出版会、一九九三
「英米戦争前後海運業研究」（松本一郎）（「海事交通研究」〈一六〉財団法人山縣記念財団海事交通文化研究所）、一九七九
「英国航海条令と北米合衆国独立史」（松本一郎）（「海事交通研究」〈二三〉財団法人山縣記念財団海事交通文化研究所）、一九八四
「黒船渡来の概要」（『元文の黒船―仙台藩異国船騒動記』安部宗男著）宝文堂、一九八九
「アジアの歴史的地域秩序とその変容（一）一九世紀の東アジア世界―交易ネットワークを中心に」（「岩波講座世界歴史〈二〇〉『アジアの〈近代〉』岩波書店、一九九九
「一七～一八世紀のヨーロッパのアジア貿易」（平田桂一）（「人間と社会の諸問題　新制三〇周年記念論文集」）松山商科大学、一九七九
「沈壽官家本『漂流対話』について」（鶴園裕）（「朝鮮学報」〈一五六〉）、一九九五
「近世朝鮮人の漂着と朝鮮通事」（池内敏）（『近世日本と朝鮮漂流民』）、一九九八
「近世に於ける対鮮密貿易と対馬藩」（森克己）（「史淵」〈四五〉）、一九五〇
「朝鮮に漂着した琉球船」（増田勝機）（『薩摩にいた明国人』高城書房）、一九九九
「日朝漂流民送還制度における幕藩関係」（池内敏）（『新しい近世史二　国家と対外政策』）新人物往来社、一九九六
「近世日本の貿易政策と国産化」（小山幸伸）（『新しい近世史二　国家と対外政策』）新人物往来社、一九九六
「ソビェト連邦採訪録―日露関係史料を求めて」（郡山良光）（「鹿児島短期大学研究紀要」〈一二〉）、一九七三
「日露関係研究史序説」（郡山良光）（「鹿児島短期大学研究紀要」〈一四〉）、一九七四
「新赤蝦夷風説考（一）」（郡山良光）（「鹿児島短期大学研究紀要」〈一七〉）、一九七六
「新赤蝦夷風説考（二）」（郡山良光）（「鹿児島短期大学研究紀要」〈一八〉）、一九七六
「安政以前の日露国境問題」（郡山良光）（「鹿児島短期大学研究紀要」〈一九〉）、一九七七
「ロシヤ側から見たラクスマンの対日交渉（一）」（郡山良光）（「鹿児島短期大学研究紀要」〈二〇〉）、一九七七

「ロシヤ側から見たラクスマンの対日交渉（二）」（郡山良光）（「鹿児島短期大学研究紀要」（二一））、一九七八
「ロシヤの世界貿易計画とレザーノフの対日交渉」（郡山良光）（「鹿児島短期大学研究紀要」（二二））、一九七八
「露米会社の日本北辺侵攻」（郡山良光）（「鹿児島短期大学研究紀要」（二三））、一九七九
「安永年間のロシア人蝦夷地渡来の歴史的背景」（コラー・スサンネ）（「スラブ研究」（五一））、二〇〇四
「安永年間の蝦夷地における日ロ交渉と千島アイヌ」（コラー・スサンネ）（「北大史学」（四二））
「対馬藩の俵物生産と統制」（小川国治）「日本歴史」（通巻二九六）、一九七三
「天明五年の大坂御用金と対馬藩」（賀川隆行）（「三井文庫論叢」（二七））、一九九三
「漂流民送還制度の形成について」（春名徹）（「海事史研究」（五二））、一九九五
「近世期対馬の沖合漁業と漁民の朝鮮漂流について」（木部和昭）
「近世対馬藩における日鮮貿易の一考察」（田代和生）（「日本歴史」（通巻二六八））、一九七〇
「近世東アジアの国際関係論と漂流民送還体制」（荒野泰典）（「史苑」六〇（二））
「近世日本の漂流民送還体制と東アジア」（荒野泰典）（「歴史評論」（通巻四〇〇））、一九八三
「近世東アジアにおける漂流民送還体制の形成」（春名徹）（「調布日本文化」（四）調布学園女子短期大学）、一九九四
「近世東アジアにおける漂流民送還体制の展開」（春名徹）（「調布日本文化」（五））調布学園女子短期大学）、一九九五
「朝鮮後期済州島漂流民の出身地詐称」（六反田豊）（「朝鮮史研究会論文集」（四〇））、二〇〇二
「近世における朝鮮漂流民と鳥取藩」（池内敏）「文政二年の朝鮮漂流民と鳥取藩の対応」（坂本敬司）（『鳥取に流れ着いた朝鮮人―文政二年伯耆国赤崎沖漂流一件史料集』（鳥取県立博物館）、一九九八
「漂流民が伝えた朝鮮語―島根県高見家文書『朝鮮人見聞書』について」（岸田文隆）（「富山大学人文学部紀要」（三〇））、一九九九
「漂着朝鮮人の日本認識」（河宇鳳）（『日本海学の新世紀二　環流する文化と美』青柳正規ほか編）角川書店飛鳥企画、二〇〇二

「清代の琉球漂流民送還体制について―乾隆二十五年の山陽西表船の漂着事例を中心に」（赤嶺守）（「東洋史研究」〈五八〉（三））、一九九九
「朝鮮から琉球へ、琉球から朝鮮への漂流年表」（小林茂・松原孝俊・六反田豊編）（「歴代宝案研究」〈九〉）、一九九八
「薩摩藩密貿易を支えた北前船の航跡―琉球口輸出品『昆布』をめぐって」（徳永和喜）（「黎明館調査研究報告」〈六〉）、一九九二
「薩摩藩の琉球口支配と天保の改革―越後国村松浜薩州船遭難事件をめぐって」（徳永和喜）（「尚古集成館紀要」〈七〉）、一九九五
「近世日本の四つの『口』」（鶴田啓）（「展望日本歴史」〈一四〉『海禁と鎖国』紙屋敦之・木村直也編）東京堂出版、二〇〇二（初出：「アジアの中の日本史二　外交と戦争」東京大学出版会、一九九二）
「近世癸亥約条の運用実態について―潜商・闌出事例を中心に」（尹裕淑）（「展望日本歴史」〈一四〉『海禁と鎖国』紙屋敦之・木村直也編）東京堂出版、二〇〇二（初出：「朝鮮学報」一六〇　一九九七）
「近世漂流民と中国」（相田洋）（「福岡教育大学紀要」〈三一第二分冊〉）、一九八一
「栗ヶ崎の者朝鮮漂着一巻口書―加能漂流譚解説」（中田邦造）（『加能漂流譚』中田邦造纂訂）石川県図書館協会、一九三八（復刻一九八二）
「薩州船清国漂流談」（解題山下恒夫）（『江戸漂流記総集　石井研堂これくしょん一』石井研堂編・山下恒夫再編）日本評論社、一九九二
「薩州人唐国漂流記」（解題山下恒夫）（『江戸漂流記総集　石井研堂これくしょん二』石井研堂編・山下恒夫再編）日本評論社、一九九二
「永寿丸魯国漂流記」（解題山下恒夫）「文化十三丙子歳薩州漂客見聞録」（解題山下恒夫）（『江戸漂流記総集　石井研堂これくしょん三』石井研堂編・山下恒夫再編）日本評論社、一九九二
「越前船宝力丸清国漂着覚書き」（解題山下恒夫）（『江戸漂流記総集　石井研堂これくしょん四』石井研堂編・山下恒夫再編）

日本評論社、一九九二
「清代中琉貿易における琉球船の貿易」「清代中琉貿易における封舟圧鈔貿易―那覇の冠船評価貿易」（『清代中国琉球貿易史の研究』松浦章）榕樹書林、二〇〇三
「清代における琉球の朝貢貿易」「渡唐銀と進貢貿易」「薩藩の進貢貿易撤退の理由」（『琉球の朝貢貿易』邊土名朝有著）校倉書房、一九九三
「唐船乗組員の個人貿易について―日清貿易における別段売荷物」（松浦章）（『社会経済史学』四一〈三〉）、一九七五
「対馬藩の貿易資金調達について―長崎会所を媒介とした借入れを中心に」（尾道博）（『九州経済学会年報』）、一九八一
「史料紹介　近世日本人の朝鮮漂流記」（翻刻・解題　飯島千尋）（『日本文化論年報』〈四〉）、二〇〇一
「琉球王国における海産物貿易―サンゴ礁海域の資源と交易」（真栄平房昭）（『歴史学研究』〈六九一〉）
「近世朝鮮人の対日認識論ノート」（池内敏）（『歴史学研究』〈六七八〉）
「近世北浦海岸に於ける朝鮮漂着船の取捌きについて」（河野良輔）（『山口県地方史研究』〈六〉）、一九六一
「琉球からの昆布輸出問題の周辺（一）」（新崎盛敏）（『南島史学』〈三一〉）、一九八八／四
「北海道昆布漁業史―徳川時代の昆布漁業」（田澤伸雄）（『北水試月報』〈四〇〉）、一九八三
「近世末期における長崎俵物の生産、流通の地域的特色」（田中豊治）（『漁業経済研究』〈一九・三〉）、一九七二／一二
「近世中期から明治初期の昆布流通に関する歴史地理学的考察」（片上広子）（『歴史地理学』〈四一五〉）、一九九九／一二
「西回り海運の発達と羽州塩業」（井川一良）（『日本水上交通史論集』〈第二巻〉）（柚木学編）、一九八七
「続日本海水上交通史」（柚木学編）（『日本水上交通史論集』〈第二巻〉）、一九八七
「長崎往来蘇州船と奄美諸島」（平和彦）（『南島史学』〈三一〉）、一九八八／四
「資料紹介　日本漂流民送還ロシア文書」（解説中村喜和）「神昌丸漂流事件関係年譜」（『江戸漂流記総集　別巻　大黒屋光太夫史料集』山下恒夫編纂）日本評論社、二〇〇三
「江戸時代のロシアイメージ―大黒屋光太夫とラクスマン遣日使節団」（生田美智子）（『ロシア・東欧研究』「大阪外国語大

学ヨーロッパI講座」八）、二〇〇四／三
「宝暦期・天明期における飛驒屋の企業者活動―支配人訴訟問題を中心にして」（三ツ木芳夫）（「札幌大学女子短期大学部紀要」三七〈通巻五六〉）、二〇〇一／三
「近世期における飛驒屋の企業者活動に関する研究―栖原家との関係を中心に（三ツ木芳夫）（「札幌大学女子短期大学部紀要」三九〈通巻五八〉）、二〇〇二／三
「飛驒屋の事業戦略転換に関する一考察―三代目九兵衛倍安の企業者活動を中心に」（三ツ木芳夫）（「札幌大学女子短期大学部紀要」四三〈通巻六二〉）、二〇〇四／三
「大黒屋光太夫関係資料の研究―平戸・根室の資料を中心として」（岩井憲幸）（「明治大学人文科学研究所紀要」〈五二〉）、二〇〇三／三
「薩琉関係史」（『那覇市史　資料編』〈一―二〉）、一九七〇
「進むべき道はどちらに　島津家五代の相克（上）」「果てしない父子の暗闇　島津家五代の相克（下）」（『お家の継承』童門冬二著　日経ベンチャー）、二〇〇四／八・九
「島津藩三島方砂糖惣買入小論」（酒井昌美）（「帝京経済学研究」〈三四・二〉）、二〇〇一／三
「享保改革期の薬草政策」（大石学）（「名城大学人文紀要」〈二四・一〉）

《著者プロフィール》

秦　新二（はた・しんじ）

財団ハタステフティング（在オランダ）理事長。

これまで数多くの「フェルメール展」を企画、世界の美術館での開催、交流事業に寄与してきた。近年ではドレスデン国立古典絵画館で2021年９月21日より「フェルメール展」を開催した。

主な著書に『文政十一年のスパイ合戦――検証・謎のシーボルト事件』（日本推理作家協会賞）、『ジョージ・ルーカスの大博物館』、共著に『フェルメール最後の真実』（いずれも文藝春秋刊）、「研究紀要　第１号　オランダ商館長日誌目録1609年－1860年」、"From Star Wars to Indiana Jones: The Best of the Lucas film Archives"（Chronicle Books Llc/U.S.A. Virgin Books/UK）など。

広島県出身。


竹之下　誠一（たけのした・せいいち）

福島県立医科大学理事長兼学長。

群馬大学医学部卒業後、後に同大学医学部第一外科学講座助教授。

1999年福島県立医科大学外科学第二講座教授に、2017年から同大学理事長兼学長に就任し現在に至る。

医師の立場から、秦氏と共に「研究紀要　第１号　オランダ商館長日誌目録1609年－1860年」を刊行した。

また、アムステルダム国立美術館やアンネ・フランク財団と絵画などのアートセラピーを行っている。

1986年シーボルト財団名誉上席研究員。1998年シーボルトメダル賞受賞。

鹿児島県出身。

《35年間のリサーチャー》

〈日本〉
水口洋一郎（フォン・シーボルト財団上席研究員）
山本博之（東京大学大学院在籍時）
樋口秀実（国學院大學在籍時）
高見澤美紀
別所直子
〈オランダ〉
ケン・フォス
アルフレッド・シモンズ

田《た》沼《ぬま》意次《おきつぐ》・意知《おきとも》父子《おやこ》を誰《だれ》が消《け》し去《さ》った？
海外文書《かいがいもんじょ》で浮《う》かび上《あ》がる人物《じんぶつ》

定価はカバーに表示

2024年 10 月 23 日　初　版　第１刷発行
2024年 11 月 7 日　初　版　第２刷発行

著　者　秦《はた》　新二《しんじ》・竹之下《たけのした》　誠一《せいいち》
発行者　野村　久一郎
印刷所　法規書籍印刷株式会社
発行所　株式会社　**清水書院**
〒102－0072
東京都千代田区飯田橋3－11－6
電話　03－5213－7151(代)
FAX　03－5213－7160
https://www.shimizushoin.co.jp

乱丁・落丁本はお取り替えします。 ISBN978－4－389－50155－6